Ilustração de MODA

```
S859i    Stipelman, Steven.
             Ilustração de moda : do conceito à criação / Steven
         Stipelman ; tradução: Luciene Machado. – 3. ed. – Porto
         Alegre : Bookman, 2015.
             x, 470 p. : il. color. ; 28 cm.

             ISBN 978-85-8260-300-0

             1. Moda - Ilustração. I. Título.

                                                           CDU 391
```

Catalogação na publicação: Poliana Sanchez de Araujo – CRB 10/2094

STEVEN STIPELMAN

Fashion Institute of Technology

Ilustração de MODA
DO CONCEITO À CRIAÇÃO

3ª Edição

Tradução
Luciene Machado
Mestre em Design pela Unisinos
Especialista em Moda pela ESAMC-SP
Professora dos cursos de graduação e extensão de Design e Design de Moda da ESPM-Sul

2015

Obra originalmente publicada sob o título
Illustrating Fashion: Concept to Criation, 3rd edition
ISBN 978-1-56367-830-1

© 2011 Fairchild Books, a division of Condé Nast Publications

Gerente editorial: *Arysinha Jacques Affonso*

Colaboraram nesta edição:

Editora: *Mariana Belloli*

Preparação de originais: *Monica Stefani*

Leitura final: *Miriam Cristina Machado*

Capa: *Musen Design Gráfico*, arte sobre capa original

Editoração eletrônica: *Techbooks*

Reservados todos os direitos de publicação, em língua portuguesa, à
BOOKMAN EDITORA LTDA., uma empresa do GRUPO A EDUCAÇÃO S.A.
Av. Jerônimo de Ornelas, 670 – Santana
90040-340 – Porto Alegre – RS
Fone: (51) 3027-7000   Fax: (51) 3027-7070

É proibida a duplicação ou reprodução deste volume, no todo ou em parte, sob quaisquer formas ou por quaisquer meios (eletrônico, mecânico, gravação, fotocópia, distribuição na Web e outros), sem permissão expressa da Editora.

Unidade São Paulo
Av. Embaixador Macedo Soares, 10.735 – Pavilhão 5 – Cond. Espace Center
Vila Anastácio – 05095-035 – São Paulo – SP
Fone: (11) 3665-1100   Fax: (11) 3667-1333

SAC 0800 703-3444 – www.grupoa.com.br

IMPRESSO NO BRASIL
PRINTED IN BRAZIL

Prefácio

Há aproximadamente 35 anos ministrei minha primeira aula, mas aquele dia ainda está muito vivo em em minha memória. Lá estava eu, em pé, em frente a um grupo de alunos, pronto para ensiná-los tudo o que sabia sobre ilustração de moda. Seria muito simples se ensinar fosse apenas distribuir fatos, mas eu tinha consciência de que não era bem assim — havia uma grande responsabilidade na minha frente.

Lembro-me de quando fui aceito na High School of Music and Art. Pela primeira vez na minha vida tive a sensação de pertencer a um grupo. Todos à minha volta eram artistas, e estávamos ali por propósitos similares. Éramos criativos, cheios de energia e apaixonados por nosso trabalho. Os professores nos inspiravam, impulsionavam nossa criatividade abrindo mundos que pensávamos nunca existir. Aquela foi a minha primeira experiência com esse tipo de ensino. Era muito diferente das aulas de matemática e ciências que vieram antes. Os projetos — não importava sua complexidade — não pareciam um fardo. Sempre queria expandi-los, fazer mais, colocar-me em níveis mais altos.

Após a formatura do ensino médio, frequentei o Fashion Institute of Technology (FIT, Instituto de Tecnologia de Moda), no qual me formei em Ilustração de Moda. Sabia que esta seria minha profissão. A fantasia diminuiu e a realidade começou a se definir — estava estudando um assunto que era meu futuro. Havia mais regras, mais restrições, mais responsabilidades reais. Mesmo assim, havia muitos professores que iam além do trabalho em sala de aula e ajudavam a trazer meu potencial máximo. Quando penso nisso, não recordo exatamente de tudo o que eles me ensinaram, mas lembro que se importavam, eles me guiaram e me inspiraram. Muitos anos depois, recebi o Mortimer C. Ritter Award e tenho certeza de que o apoio e o estímulo recebidos foram, pelo menos em parte, responsáveis por isso. Em 2000, recebi o prêmio Chancellors Award for Teaching Excellence do FIT e, em 2004, fui selecionado para o Who's Who Among America's Teachers.

Lembrei-me de todas essas coisas quando comecei a ministrar minha primeira aula. Embora fosse mais jovem do que a maioria dos alunos na classe, a partir daquele momento eu estava à frente da sala. Depois de algum tempo, comecei a perceber o que era "ensinar". Não são somente fatos e lições. É a inspiração e a curiosidade que se traz para a sala de aula. É orientar e direcionar, ajudar a tornar os alunos curiosos e apaixonados pelo assunto. Acima de tudo, ensinar é ver cada aluno como indivíduo — não apenas um entre muitos. Cada aluno traz um ponto de vista, um talento e uma capacidade para aprender específicos. Todo aluno tem uma vida pessoal dentro e fora da sala de aula, com problemas, inseguranças e níveis de aprendizado. E é minha responsabilidade construir uma relação com cada um deles.

Muitas vezes, tenho que abdicar dos meus gostos e sentimentos pessoais para ver as coisas do modo que os alunos as veem. Isso, eu sei, vai ajudá-los a alcançar seus próprios potenciais. Nem sempre é fácil aceitar que somos — os alunos e eu — de dois mundos diferentes, temos níveis de gosto diferentes, somos de idades diferentes. Ressentia-me dos professores que não me entendiam, por isso, trabalho realmente para entender meus alunos. Tento estabelecer confiança e compreensão, pois tenho que guiá-los em seus mundos. Tenho que ensinar os fatos sem destruir sua criatividade. Para fazer isso, tenho que entrar no mundo deles e eles devem estar abertos ao meu.

O processo criativo tem muitos níveis. Ele começa com a "energia bruta" que os alunos trazem consigo. Ao longo dos anos, o trabalho torna-se menos bruto — mais polido, com um gosto mais refinado. Às vezes, acho triste a energia bruta e a sofisticação não ocuparem o mesmo tempo e espaço. Entretanto, o professor e o aluno devem trabalhar juntos para tentar aproximar os dois níveis. Isso é sempre possível? Não. Isso sempre funciona? Não. Contudo, tento alcançar cada aluno e sinto que sou mais bem-sucedido do que malsucedido.

Como a moda é viva e muda constantemente, não é fácil aprender ou ensinar. Estudar os fatos e as regras é o modo de começar, o que é muito importante, mas nem sempre suficiente para garantir uma carreira de sucesso. Entender os conceitos e "desenvolver" a criatividade dos alunos devem acontecer simultaneamente. É preciso saber o "porquê" antes de saber "como", mas à medida que aprendemos os "porquês", temos que constantemente praticar o "como". Este livro é sobre isso.

Escrever este livro trouxe de volta muitos dos meus primeiros medos sobre o ensino. Agora eu estaria saindo da sala de aula e colocando no papel meus métodos e experiências. Minha obra seria estudada. Tive que me conscientizar de como diferentes professores e alunos iriam interpretar essa informação. Tive que lembrar que este livro também seria utilizado por professores muito competentes que tinham seus próprios pontos de vista e metodologias. Aprender a ensinar nunca acaba e, por isso, quis que meu livro oferecesse muitos métodos, técnicas e conhecimentos adicionais que aprendi pelo ensino. Não quis que meu livro oferecesse apenas "uma maneira". Tenho muitos anos de ensino e diversas experiências profissionais. Minha formação artística vem de muitas áreas, as quais me ajudaram a escrever este livro. Quis que ele transmitisse tudo isso para o aluno.

Meu primeiro emprego de ilustrador profissional foi como ilustrador auxiliar para Henri Bendel, naquele momento uma das lojas mais chiques do mundo. Eu fazia a arte para todos os anúncios de jornal. Na época, estava exposto aos melhores projetos e às roupas mais requintadas. Muitas vezes, ficava no estoque do salão do designer, estudando todas as roupas, como as de Norell, Galanos e Trigère, para nomear algumas. Não conseguia acreditar que estava tocando em um terno de Norell! Custava $850 em 1964! Sei que fui extremamente afortunado por estar rodeado por esse nível de moda em um período tão inicial da minha carreira.

Depois da Bendel, fui para a *Women's Wear Daily*, na qual atuei como artista de moda por 25 anos. Eu desenhava as roupas dos melhores designers do mundo — quase sempre a partir de esboços, antes que a roupa estivesse realmente pronta. Esbocei as melhores roupas de coleções de Nova York e também cobria muitos desfiles de alta-costura em Paris, enviando esboços por telegrafia sem fio para Nova York para publicação. Além disso, fiz retratos de mulheres elegantes, como Babe Paley, Jacqueline Kennedy Onassis e Nancy Reagan — todas nas suas roupas mais glamourosas.

Como freelancer, tive a oportunidade de trabalhar para designers de moda internacionais, agências de publicidade, marcas de cosméticos, e meu trabalho apareceu em jornais, revistas e publicações comerciais. Tive a sorte de vivenciar no dia a dia o que antes era apenas um sonho.

Apesar do "glamour" do mundo da moda, alguns dos momentos mais gratificantes e satisfatórios na minha carreira aconteceram nas salas de aula e nos auditórios das universidades em todo os Estados Unidos. Faço parte do corpo docente do Fashion Institute of Technology e ja lecionei na Parson's School of Design e no Marist College. Além disso, tenho ministrado palestras e oficinas no Mount Mary College, na Drexel University, na Cornell University, na Shannon Rodgers and Jerry Silverman School of Fashion Design and Merchandising, na Colorado State University, na University of Nebraska e no Stephens College. O ensino me deu a oportunidade de passar adiante meu conhecimento e minhas habilidades, o que, acredito, ajudou meus alunos a otimizar e a experimentar novos aspectos de sua arte e trabalho.

O importante não é somente alcançar o aluno "A"; às vezes, é mais satisfatório e recompensador alcançar aqueles que têm mais dificuldade em entender os conceitos ou o desenho real. Que emoção é vê-los produzir algo bonito depois de todo o trabalho árduo! Quero que os meus alunos alcancem a precisão nos detalhes em seus desenhos e esboços, mas que mantenham a espontaneidade e o entusiasmo. É muito importante que eles tragam seus próprios pontos de vista, sentimentos e emoções para seu trabalho artístico. Isso é o que dará ao trabalho deles a magia e aquele "algo especial" que separa sua arte da multidão. Acima de tudo, quero despertar a curiosidade sobre a arte da moda e desafiar o aluno a desenvolver seus talentos ao máximo. Essa é uma das razões pelas quais escolhi variar as abordagens ao desenho de moda artístico neste livro. Sinto que, ao oferecer mais de uma maneira, o aluno não vai sentir a pressão ou ficar bloqueado em qualquer estilo ou técnica. Para isso, enquanto desenhava as ilustrações deste livro, tentei adaptar a técnica à peça de roupa. Mesmo assim, todos os desenhos ainda são reconhecidamente meus — um fato que, espero, mostre aos alunos que, embora existam muitas técnicas de desenho, eles ainda podem manter seu estilo próprio e único.

Como quero que este livro sirva de referência tanto para os alunos de moda iniciantes quanto para os mais avançados, incluí fatos e conceitos básicos da arte da moda, bem como temas mais abstratos, complexos e difíceis. Cada capítulo começa com uma visão global do assunto. Quer tratem de uma breve história da moda, quer da relação da manga com o braço, os capítulos primeiro explicam o que virá depois. Ao longo do livro, desenhei roupas de grife que considerava importantes e que poderiam ajudar o aluno a compreender um conceito específico, além de conhecer um pouco sobre o designer e o lugar da peça na história da moda. Espero que isso mostre que uma roupa bem desenhada parecerá linda sempre. Também acredito que sem conhecer o passado é impossível desenhar para o futuro.

Como disse antes, não penso que haja apenas "uma maneira" ou "uma abordagem" para o trabalho artístico. Portanto, deixei a escolha de materiais e técnicas artísticas bastante aberta, para que o aluno nunca se sinta bloqueado. Muitas vezes, mostro formas alternativas de abordar ou entender um assunto. Por exemplo, não creio muito na abordagem de "10 cabeças" para desenhar uma figura, mas percebo sua importância para muitos alunos, assim como para professores. Por isso, a incluí com outras técnicas, como o corte, o traçado e os métodos de trabalhar por blocos. Quero que os alunos compreendam que tomando "emprestado" um pouco de um capítulo e aplicando em outro, eles conseguirão desenvolver sua própria técnica, que, acima de tudo, deve funcionar para eles.

A adição de cor, nesta terceira edição, traz um entusiasmo visual e mostra as cores reais das referências históricas. Há também um DVD com demonstrações de diferentes técnicas de representação, incluindo materiais de desenho, o método do traçado, a divisão da figura em blocos, o rosto de moda e as representações de tweed, paetês e tule. Essa combinação de DVD e texto traz mais realidade para o processo.

O livro é dividido em quatro partes. Antes da primeira, existe uma introdução chamada "Primeiros passos", em que discuto os conceitos da arte da moda, o desenvolvimento do seu próprio talento, as diferentes qualidades da linha e os materiais artísticos. Espero que esse início oriente os alunos, bem como os ajude a relaxar e a não se preocupar.

A Parte I, "A figura de moda", está dividida em 14 capítulos que cobrem os conceitos básicos do desenho da figura de moda. Alguns dos temas abordados: a proporção, as linhas de equilíbrio, o centro da frente, o rosto de moda e os tipos de figura. Nesta primeira parte, abordamos as várias técnicas de produção de uma figura de moda, que incluem corte, traçado e trabalho em blocos. Também analisamos o conceito de como ver e planejar a figura de moda. Os dois novos capítulos ensinam a desenhar a figura girada ¾ e de perfil e a ver como as roupas modelam o corpo. Depois de passar pelos capítulos iniciais, praticar todas as técnicas e aprender os conceitos, tenho certeza de que o aluno será capaz de desenhar uma figura de moda.

A Parte II, "Os detalhes de moda", aborda o desenho dos detalhes de moda na figura. Tal parte está dividida em 13 capítulos, que incluem assuntos como silhueta (e história) de moda, decotes e golas, mangas e blusas, bainhas e saias, calças, drapeados, alfaiataria e acessórios. Além disso, muitos desses capítulos incluem um "glossário de desenho" de vários estilos e detalhes da roupa essenciais (mas que podem ser confusos) para o aluno identificar. Esses capítulos ajudarão não apenas a desenhar as peças de roupa, mas a identificar o estilo e os detalhes da roupa, bem como a compreender a história por trás da roupa.

A Parte III, "Representação", tem apenas quatro capítulos, mas muito importantes — "Listras e xadrezes", "Conceitos de representação", "Técnicas de representação" e "Malharia". Ela foi incluída para o aluno mais avançado, que está pronto para assumir as dificuldades da representação. Acredito que esses capítulos também ajudarão o aluno iniciante a compreender alguns dos aspectos mais difíceis do trabalho artístico de moda.

A Parte IV, "Extras", inclui tudo o que acredito que um artista de moda precisa saber. Seus seis capítulos abrangem a moda masculina, o desenho de crianças, o volume e a manipulação da figura. O capítulo "A figura caminhando" demonstra como desenhar a figura caminhando ou em uma pose de passarela. Nesta parte, também há um capítulo essencial sobre "Desenho plano", que todos os artistas de moda devem dominar, se quiserem ser bem-sucedidos.

Por último, discuto brevemente o conceito de "estilo". Sempre me perguntam sobre isso mais do que qualquer outro assunto. A minha esperança é que, ao chegar ao final deste livro, o aluno tenha uma compreensão dos conceitos do desenho de moda, das técnicas básicas e avançadas, do seu próprio talento e dos objetivos, assim como uma ideia do seu próprio estilo pessoal.

Acredito que este livro possa ser adotado do início ao fim de um curso, bem como servir de referência para o aluno após o término de seus estudos. Os professores podem usá-lo como complemento ao que já ensinam. Além disso, estudantes de publicidade e design também podem usá-lo nas disciplinas de moda e arte da moda, quando houver.

Como disse antes, ensinar é uma grande responsabilidade. Lembro-me dos professores que me disseram a coisa errada na hora errada. Os resultados poderiam ter sido devastadores, mas felizmente tive professores profundamente preocupados e que foram os grandes responsáveis pela minha carreira. Eu me importo muito com o processo de aprendizagem e com o nível de qualidade para alunos e professores envolvidos no processo. No curto período em que estamos envolvidos com um aluno, o professor tem de criar um pequeno milagre. O professor não deve apenas transmitir os fatos, mas ajudar a expandir o mundo do aluno e a trazer o melhor do potencial e talento dele.

Minha esperança é que este livro sirva de ajuda. Que ele faça os alunos superarem o medo de desenhar e os ensine a pegar as regras e os conceitos e a torná-los seus. Fazendo suas próprias regras e conceitos, os alunos vão conseguir desenhar uma bela e recompensadora peça de arte que é — acima de tudo — pessoal e única.

Agradecimentos

Tive muita sorte de ter pais que me deram apoio e incentivaram meu trabalho artístico. Quero agradecer-lhes por terem me mandado para a escola de arte, permitindo que eu estudasse o que me fazia feliz, e por terem me apoiado em toda a minha carreira. Ver minha mãe fazendo roupas bonitas foi uma das minhas inspirações para estudar moda.

Tive muitos professores — alguns que não estão mais entre nós — que foram muito especiais para mim desde o início. Gostaria de agradecer a todos eles, mas especialmente a Julia Winston, Mae Stevens Baranik, Ruth McMurray, Ana Ishikawa e Beatrice Dwan. Um agradecimento muito especial a Frances Neady e Bill Ronin, dois professores que me ensinaram que carinho, inspiração e orientação eram tão importantes e necessários quanto o assunto estudado.

Agradeço a Geraldine Stutz, que me contratou em meu primeiro emprego na Henri Bendel. Pelos meus anos na *Women's Wear Daily*, um agradecimento muito especial a Rudy Millendorf, o diretor de arte que foi o grande responsável pelos anos iniciais da minha carreira, e aos editores de moda Tibby Taylor e June Weir por sua orientação, bem como a todos os ilustradores de moda excepcionalmente talentosos com os quais trabalhei durante os 25 anos que passei na *WWD*.

Um agradecimento especial pelo apoio a Sandi Keiser, Barbara Borgwardt e irmã Aloyse do Mount Mary College; Robert Hillstead da University of Nebraska; e Elizabeth Rhodes da Shannon Rodgers and Jerry Silverman School of Fashion Design. Expresso minha gratidão a Linda Tain, professora no Fashion Institute of Technology, por todo seu incentivo durante a escrita e o desenho deste livro.

Obrigado a Marilyn Hefferen, por tricotar as amostras maravilhosas para o capítulo sobre malharia, e a Chelsey Totten por suas belas placas de tecidos.

Um grande agradecimento a Aaron Duncan e Pablo Hernandez por me ensinarem a como usar o computador — algo que me assustava muito mais do que escrever este livro!

Pelo apoio e encorajamento, gostaria de agradecer a Josephine Vargas e Lincoln Hess.

Obrigado a Charles Kleibacker e Elizabeth Gaston por sua ajuda em criar as roupas históricas para serem fotografadas.

Gostaria de agradecer às seguintes pessoas por suas revisões construtivas, úteis e profundas dos capítulos introdutórios: Diane Ellis, Meredith College; Annette Fraser, Ph.D.; Lisa Gellert, Helen Lefeaux School of Fashion Design; Betsy Henderson, University of Minnesota. A ajuda de vocês foi de grande valia para este livro.

Quando fui nomeado membro honorário da International Textile and Apparel Association, Olga Kontzias e Pamela Kirshen Fishman da Fairchild Books and Visuals sugeriram que eu escrevesse este livro. Sou grato pela oportunidade e pela confiança que depositaram em mim. Um agradecimento à equipe da Fairchild que cuidou do desenvolvimento, da arte e da produção do texto e do DVD: Joe Miranda, editor sênior de desenvolvimento, Emily Spiegel, estagiária de desenvolvimento, Erin Fitzsimmons, ex-diretora de arte associada, Elizabeth Marotta, editora sênior de produção, e Lauren Vlassenko, freelancer de produção.

Gostaria de agradecer também a Alicia Freile e a Tango Media, que criaram o design do texto revisado e trataram a composição, e à equipe de produção do DVD — Katie Fitzsimmons, diretora e editora do DVD, Frank Marino, assistente de câmera, e Cynthia Chou, assistente de som.

Finalmente, agradeço às centenas de alunos que estavam (e estão) nas minhas aulas. Se não fosse pelas questões e curiosidade deles, este livro nunca teria existido. Um milhão de agradecimentos!

Sumário

Primeiros passos   1

A figura de moda

1	Proporção e a figura de moda	10
2	O desenho da figura de moda	26
3	A linha de equilíbrio	32
4	O centro da frente	36
5	Gesto — Linhas de movimento ou de ação	46
6	Método de corte	54
7	Método do traçado	60
8	Divisão da figura em blocos	64
9	Figuras giradas ¾ e figuras de perfil	72
10	O rosto de moda	84
11	Braços, pernas, mãos e pés	108
12	Modelando o corpo	118
13	Como ver e planejar a figura	130
14	Tipos de figura de moda	136

Os detalhes de moda

15	Silhuetas de moda	146
16	Decotes	166
17	Golas	174
18	Mangas	184
19	Blusas, camisas e tops	208
20	A história das saias, do comprimento das barras e das silhuetas	216
21	Desenhando saias	228
22	Calças	246
23	Drapeados e viés	260
24	Alfaiataria	278
25	Analisando a alfaiataria	288
26	Acessórios	294
27	Colocando acessórios na figura	312

Representação

28	Listras e xadrezes	324
29	Conceitos de representação	338
30	Técnicas de representação	370
31	Malharia	392

Extras

32	A figura caminhando	406
33	Moda masculina	412
34	Crianças	426
35	Desenho plano	438
36	Volume	448
37	Manipulando a figura	460
	Além do estilo	466
	Índice	468

Primeiros passos

O que é a arte da moda?

A arte da moda é a combinação das roupas (as quais têm vida própria) e da figura de moda (com sua própria vida), tornando-se uma única coisa. O artista de moda pode pegar uma roupa e transformá-la, transmitir um estado de espírito, definir um estilo, ou dar-lhe uma atitude. Ele consegue criar uma mulher específica vestindo uma roupa específica e torná-la perfeita.

A arte da moda é um registro histórico de uma peça de roupa e de um período de tempo. A arte rupestre mais antiga mostrava as pessoas vestindo certo tipo de roupa. Ao longo da história, sempre que alguém era pintado ou esboçado, o que usavam acabava sendo uma importante indicação de sua posição social. Quando olhamos os retratos de Sargent ou Gainsborough, os homens e mulheres que eles pintaram vestiam roupas que eles achavam que os representavam melhor.

Na atualidade, vemos como os grandes artistas de moda ilustram as mulheres mais elegantes em suas melhores roupas. Os desenhos de Eric e Bouche de mulheres elegantes dos anos 1940 e 1950 — por exemplo, a Duquesa de Windsor ou Marlene Dietrich usando Schiaparelli, Dior ou Balenciaga — mostra a mais alta sofisticação daquele período. Os desenhos de Kenneth Paul Block de Babe Paley, Gloria Guiness e Jacqueline Kennedy nos ajudam a perceber o requinte do início dos anos 1960. As ilustrações de Antonio dos anos 1970 e 1980 nos mostram a nova mulher, jovem e moderna, quebrando regras e definindo seu próprio estilo.

A arte da moda também foi utilizada por lojas de departamento para projetar suas imagens. Suas ilustrações frequentemente identificavam a loja antes que o cliente visse o logo ou o nome da loja. Nos anos de 1950 e 1960, as aquarelas de Dorothy Capuz tornaram-se o símbolo da Lord & Taylor, e os desenhos à tinta nanquim e pincel de Esther Larson identificaram a Bergdorf Goodman. As ilustrações a carvão de Kenneth Paul Block e J. Hyde Crawford foram a imagem da Bonwit Teller nos anos de 1960 e 1970.

Quando eu estava na *Women's Wear Daily*, a alta-costura de Paris era sempre coberta por artistas, já que as fotografias só eram autorizadas depois de algum tempo decorrido. Toda publicidade de varejo era feita por trabalhos artísticos.

A arte da moda tem um papel crucial no mundo do design. Antes de começar uma coleção, o designer de moda faz uma série de desenhos, denominados "croquis". "Croqui" é uma palavra francesa para esboço pequeno e rudimentar. Os croquis carecem de detalhes específicos, mas mostram as proporções e as silhuetas das roupas com um senso de estilo.

As próximas etapas incluem os trabalhos artísticos mais detalhados que começam a enfocar a forma de fabricação e os detalhes. A etapa final é uma peça de arte finalizada — com todos os elementos de detalhes, fabricação, proporção e acessórios —, como se as roupas estivessem na passarela ou em uma revista.

Além da ilustração da moda tradicional, há outras formas de trabalho para um artista de moda. Por exemplo, o desenho plano. Eles são esboços de roupas sem a figura de moda, frequentemente desenhados com réguas e curvas francesas. A linha é exata e todas as partes são proporcionais entre elas. Muitos itens de *sportswear*, roupa masculina e infantil são feitos apenas em desenho plano. Além disso, nesse tipo de desenho há especificações com várias medidas da roupa indicadas, por exemplo, o centro das costas, os ombros e os comprimentos das mangas.

Atualmente, com mais produção terceirizada no exterior, o papel do artista de moda é ainda mais importante. Esboços finalizados, desenhos planos e especificações viajam milhares de quilômetros para serem trabalhados por pessoas que falam línguas diferentes. O desenho é um meio de comunicação universal. Portanto, a precisão, a proporção e os detalhes são vitais.

Para ser um artista de moda, é preciso entender os conceitos e ter flexibilidade no desenho, além de uma mente aberta sempre pronta para aceitar mudanças. É necessário todo o conhecimento técnico da anatomia e dos detalhes da roupa, bem como um conhecimento de moda — tanto histórico quanto contemporâneo. Com o tempo e a prática, um senso de fantasia, paixão e uma quantidade certa de realidade sensata, você vai ver que não há limites para o que pode ser alcançado.

Ver o Capítulo 35, Desenho plano, p. 439.

Como os artistas se desenvolvem

O desenho é uma combinação de três elementos: o cérebro, os olhos e as mãos. Quando se olha para uma folha de papel em branco, sabe-se exatamente o que se quer ver nela – uma bela ilustração. No começo, suas mãos não têm as habilidades técnicas, nem seu cérebro tem a riqueza de conhecimento para alcançar esse objetivo.

O crescimento envolve tempo. Não importa o quanto se pratique, o elemento tempo é o mais importante. Se você se sentar por uma semana e desenhar nada além de cabeças, elas certamente vão melhorar, mas, ao longo de um ano, vão se tornar desenhos com muito mais substância.

À medida que seu trabalho se desenvolve, diferentes níveis de aprovação são alcançados. No início, você provavelmente ficará feliz por ter conseguido qualquer coisa que se assemelhe a uma figura de moda! Vamos chamar isso de nível um. Conforme o tempo passa, você almeja algo melhor. Esse é o nível dois. O problema é que não existe uma transição suave entre esses níveis e não se pode chegar lá em uma única etapa. Você desenha algo, rasga e joga fora – um desenho após o outro. É extremamente frustrante, até você perceber que não está perdendo seu talento – apenas não está pronto para chegar ao nível dois. A parte positiva é que o nível um não é mais aceitável.

A coisa mais importante a fazer nesse momento é relaxar e praticar o que você faz bem – uma cabeça, um detalhe da roupa ou uma técnica específica de representação. Você não só vai melhorar suas habilidades, como também vai construir a confiança necessária que lhe permitirá avançar para o próximo nível.

Finalmente, você alcança o nível dois e, depois de um tempo, o ciclo se repete. O processo continua por toda a vida. Se isso não acontecer, não há crescimento. A parte boa é que você começa a construir um banco de recursos das técnicas e habilidades que faz muito bem e que pode servir de referência ao atingir esses patamares.

Em todos esses anos como ilustrador, acumulei um enorme banco de recursos que posso usar a qualquer momento. Quando alcanço um nível frustrante para mim, tenho muitas técnicas e soluções que me fazem superar isso. O mundo sabe disso? Claro que não! Desenvolvi minhas habilidades o suficiente para fazer um desenho que sempre será aceitável em certo nível profissional.

Estou totalmente satisfeito com a minha arte? Nem sempre. Sei que é impossível fazer o desenho mais maravilhoso, perfeito e criativo sempre, não importa quanto tempo já se trabalhou ou quão talentoso se é. O máximo que se pode fazer é o melhor nível possível de trabalho no momento em que o realizamos. Todos temos áreas em que somos melhores e outras em que sentimos maior dificuldade, as quais exigem estudo e prática extras. É essencial aceitar o fato de que existem técnicas e conceitos que levam anos de prática para alcançar resultados ainda medíocres.

A arte não é atacar uma folha de papel, nem deve ser um acidente. Com certeza, ao longo do caminho, um acidente pode produzir um resultado interessante, mas seu objetivo final deve ser a consistência. Ela vem da compreensão de conceitos e do desenvolvimento de competências. É a combinação de ver, analisar, tomar decisões e solucionar problemas. É definir os melhores padrões possíveis, e não os impossíveis.

Se você não tem padrões de referência ou um passado para comparar o seu trabalho, então, aonde você pode chegar? Se tudo é aceitável, em última análise, nada é aceitável. Com o passar dos anos e com o trabalho árduo, você refina suas habilidades e desenvolve sua técnica e, assim, seu trabalho cresce tecnicamente e de modo criativo. Seus conceitos se tornarão mais sofisticados.

Vamos torcer para que esse processo nunca pare.

Qualidade da linha

Pense na escrita. A escrita é a forma mais pessoal de qualidade da linha. Escreva seu nome. Você não está preocupado com o escuro, a luz, o traço grosso, o traço fino, nem com o modo como está segurando o lápis. A assinatura tem um tipo de qualidade da linha que é só seu. Vem de dentro e parece bastante natural. Foi sempre assim tão simples? Não!

Pense em quando você estava aprendendo a escrever. A professora escrevia as letras no quadro-negro. Você desesperadamente tentava segui-la e, ao mesmo tempo, pensava em como estava segurando o lápis. Nunca, nunca serei capaz de fazer isso, você dizia para si mesmo, como se também estivesse tentando ficar entre as linhas do papel pautado.

Mas, um dia, depois de muita prática, você começou a escrever com facilidade. Não usava mais o papel pautado, mas as palavras estavam em linha reta. Você passou a estar mais consciente do que estava escrevendo do que de como estava escrevendo. Na verdade, depois de um tempo, você não estava nem mesmo escrevendo com todas as curvas e pontos que lhe ensinaram. Todo o mundo desenvolveu uma forma original de escrita e, ainda assim, você era capaz de ler tudo o que escreviam. Isso se tornou sua própria linha natural e única – sua assinatura.

Depois de um tempo, você passou a usar uma linha forte quando queria fazer uma declaração enfática ou uma linha mais suave quando queria escrever uma graciosa nota de agradecimento. Isso veio de dentro de você. Você estava em harmonia com todos os elementos da escrita, sem ter consciência disso.

O mesmo princípio se aplica ao desenho. Como fazê-lo parecer fácil e ainda ter o controle sobre tudo? A linha deve vir de dentro. Você deve se sentir confortável, como se estivesse "em sintonia com o lápis ou o marcador".

Na arte, a qualidade da linha é a sensibilidade ao que você está desenhando. Capturar linhas grossas, finas, escuras, claras, fortes e suaves, bem como as delicadas e as densas, é capturar a essência de uma peça de roupa usando apenas linhas. A qualidade da linha é diferente da representação. Quando você adiciona tons, começa a representar. A linha nos traz para um tipo de roupa e a representação nos dá os detalhes. No entanto, se você não capturar a qualidade da linha, nenhum tipo de representação a tornará correta.

Algumas pessoas têm um toque leve e trabalhariam bem com canetas marcadores extrafinas ou finas, lápis mais duros e pincéis macios. Outras, com um toque mais pesado, vão se sentir mais confortáveis com materiais que podem ser pressionados, como marcadores mais grossos, lápis macios e pincéis de pelo, sem medo de quebrá-los. É extremamente importante se sentir confortável com os materiais que está utilizando.

Para começar a desenhar, segure o lápis ou marcador de maneira semelhante à que você escreve. Você vem fazendo isso durante toda a sua vida, e é o modo mais fácil. O lápis ou o marcador deve se mover em sua mão naturalmente, à medida que você desenha. A menos que você esteja muito confortável com seus materiais, não será possível obter uma linha suave e fluida. A coisa mais importante não é como você segura o lápis, mas os resultados que obtém com isso.

Se, em algum momento, você não estiver satisfeito ou se sentir inibido com o tipo de linha que está desenhando, considere mudar o material ou o modo como está trabalhando com ele.

Como desenvolver a qualidade da linha

Pense na linha como a ferramenta para interpretar a peça de roupa que você quer desenhar. Antes de realmente colocar a mão no papel, reflita sobre a linha necessária para ilustrar a peça.
- O crepe de seda exigiria uma linha "lenta".
- O tafetá precisaria de uma linha curta, saltitante.
- O cetim exigiria uma linha redonda, suave.
- O mohair (pelo da cabra angorá) ficaria melhor com uma linha ondulada suave.
- A renda ficaria bonita em uma linha fluida, lírica.
- O chiffon precisaria de uma linha ligeiramente fluida.

Depois de pensar e decidir que tipo de linha é apropriada e "certa" para você e seu desenho, comece a fazer esses mesmos gestos ou movimentos no ar, quase como se estivesse desenhando em uma folha de papel. Tente pensar "se eu tivesse que representar esta peça com apenas uma linha, qual seria a mais perfeita?" Velozes e rápidas, lentas e suaves, macias e sombreadas ou duras e enroladas? Continue fazendo isso até seus gestos começarem a imitar a linha que melhor representa a peça de roupa. Lentamente, traga isso para uma folha de rascunho e comece a rabiscar a roupa, mantendo-a abstrata. Quando sentir um ritmo acontecendo, comece a desenhar. No início, a linha vai ser tímida, mas o tempo e a prática aos poucos vão torná-la mais natural.

Um mau hábito é desenhar uma linha por meio de muitas linhas. Não use dez riscos para fazer uma linha, tente obtê-la com apenas um. Os alunos geralmente usam muito mais linhas do que o necessário. Como um exercício fácil, estude uma peça de roupa – sua ou de uma foto – e veja por quanto tempo você consegue desenhá-la antes de precisar quebrar a linha.

Deixe a linha captar a característica do projeto, o tecido do qual é feito e o sentido de suas propriedades. No entanto, em nenhuma circunstância, a pele ou as partes expostas do corpo devem ter uma qualidade de linha texturizada. Elas têm de permanecer o mais suaves possível. Todas as linhas mais interessantes devem ser reservadas para a roupa e os detalhes de fabricação.

Estude as diferenças entre as diversas texturas da roupa e tente capturar uma qualidade distinta da linha em cada uma das partes, por exemplo, o tecido, os botões ou os recortes. Primeiro, desenhe uma roupa inteira que tenha muitas texturas com apenas um marcador ou lápis. Deixe seus riscos e movimentos darem a cada parte sua própria característica. Em seguida, desenhe linhas abstratas para indicar a sensação de babados de tafetá, de uma grande saia de baile de cetim ou de um luxuoso suéter de mohair. Nem sempre pense no óbvio: às vezes pode ser interessante desenhar uma lingerie com um marcador pesado e um mohair com um marcador fino. Acima de tudo, a economia de linhas lhe dará os melhores resultados.

Você vai saber que atingiu um bom nível de habilidade quando não estiver mais ciente da qualidade da linha, quando estiver mais envolvido com o que está realmente desenhando.

Lembre-se: a melhor linha de todas é a mais natural — e a mais pessoal.

Materiais de desenho

Os materiais de desenho são um meio de elevar ou explicar um trabalho artístico. Lembre-se:

- Uma folha de papel e um lápis são tudo o que você precisa para fazer um desenho.
- Nenhum material de desenho vai encobrir um trabalho ruim.
- Nenhum material de desenho lhe dará estilo.

Nem todo o mundo consegue trabalhar bem com todos os materiais. Muitos fatores determinam quão bem trabalhamos com certos materiais. Alguns artistas têm um toque mais pesado e trabalham melhor com algo que podem pressionar. Outros têm um toque leve e delicado e trabalham bem com canetas e lápis finos. Alguns alcançam melhores resultados com aquarela, outros com marcadores. A coisa mais importante para se ter em mente é que você tem que se sentir confortável com os materiais que está utilizando.

Durante seus estudos, você deve ser exposto a muitos tipos diferentes de materiais e seus usos. Com prática e experimentação, você vai aprender quais materiais funcionam melhor para você e com quais trabalha melhor. No entanto, o que não funciona bem para você em um determinado momento de sua vida talvez funcione muito bem em outro.

Toda vez que você for a uma loja de materiais de arte, observe que sempre existem materiais novos e diferentes. Na próxima seção, separo os materiais em categorias e explico os diferentes tipos e seus usos.

Lápis

O material mais comum é o lápis grafite (feito de grafite, mineral não tóxico). Crescemos escrevendo com esse tipo de lápis. O grafite vem em gradações que variam do H (gradação dura) — usado para fins mais técnicos ou para esboçar uma figura antes da representação — ao B, que é macio e mais utilizado para fazer esboços e sombreamentos.

Existem gradações que variam do H ao 9H e do B ao 8B, todos em gradações que vão do duro ao macio. Muitos alunos acham que as lapiseiras — que podem ser carregadas com diferentes minas — funcionam muito bem. Além disso, sugiro ter um apontador pequeno operado por bateria, pois é muito mais fácil usá-lo do que os apontadores manuais. Ele não quebra a ponta do lápis e permite ter uma ponta bem fina sempre. Os desenhos neste livro foram trabalhados com lápis Prismacolor nas cores cinza frio 90% e preto.

Lápis de cor

Acho o lápis de cor um dos materiais artísticos mais úteis. Ele funciona bem sozinho ou pode ser o complemento perfeito para marcadores ou aquarelas. Como pode ser apontado até ter uma ponta fina, esse tipo de lápis é maravilhoso para pequenos detalhes, por exemplo, em pespontos, bolsos ou bainhas, bem como em sombras e detalhes no rosto e nos cabelos.

Os lápis de cor vêm em variedades de minas duras e macias e em conjuntos que variam de 12 a mais de 100 lápis. Também são vendidos separadamente, para que você possa adquirir apenas a cor que deseja.

Sombras de olho em pó

Quando usadas com o seu aplicador de espuma, as sombras em pó produzem linhas suaves e aveludadas sem bordas nítidas. Os tons de cinza são bons para sombrear. Os tons de castanho servem para sombrear o rosto e a pele. As cores produzem efeitos maravilhosos para transparências e estampas suaves.

Borrachas

Acredito na borracha. Ela é muito útil para refinar um desenho guia. Os alunos são levados a crer que a primeira linha deve ser perfeita e, devido a essa pressão, ficam muito tensos quando desenham. Apagar pode facilitar bastante a obtenção de um bom resultado, especialmente no início. Há muitas borrachas rosas e brancas que são boas para uso geral. As lapiseiras têm borrachas recarregáveis, e há borrachas que vêm em forma de lapiseira.

Acho a borracha maleável (limpa-tipo) a mais útil, pois remove as linhas de um desenho preliminar muito claro sem ferir o papel. Ainda é excelente para apagar levemente as linhas antes de usar a cor. Essa borracha remove a camada superior do grafite e deixa apenas as linhas guias, suficientes para orientar no trabalho. Também a uso para criar destaque e limpar o papel depois de terminar a arte.

Marcadores

Os marcadores (ou canetas marcador) são uma invenção dos anos 1960. Estamos muito acostumados a selecioná-los a partir de uma variedade infinita de tamanho de pontas. Hoje, é difícil imaginar fazer trabalhos artísticos sem eles.

Os marcadores de nanquim preto vêm em todas as larguras, do extrafino ao mais grosso. O mais importante a considerar é que o marcador fique confortável na sua mão e seja fácil de manipular. Experimente-os antes de comprá-los. Muitos marcadores são à prova d'água, mas sempre que usar água com eles, faça um teste em um pedaço de papel, antes de trabalhar em seu original.

Os marcadores coloridos vêm em tanta variedade que é difícil escolher. Há diferentes penas – finas, médias, largas, chanfradas. Alguns marcadores têm todas as pontas em um só.

Atualmente, há os "marcadores misturadores" ou *"blenders"*. Trata-se de marcadores incolores que misturam as cores de marcadores coloridos e pretos ou de lápis de cor, viabilizando muitos efeitos. Os marcadores cinza também vêm em uma variedade de cores frias e quentes, do 1 ao 9, em que 1 representa o mais claro e 9, o mais escuro.

Antes de usar qualquer marcador, desenhe um quadrado para ver se a cor não vai sangrar. Isso permite determinar o quão perto da borda do desenho você pode chegar e verificar a cor real do marcador sobre o papel que está utilizando.

Pincéis

O melhor pincel é feito de pelo de marta, mas é muito caro e, no início, não é tão necessário. Há muitos pincéis sintéticos de pelo de marta que funcionam bem. Um de número 6, 7 ou 8 com ponta aguda é bom para os iniciantes. Para um trabalho muito delicado, pode-se usar um 00, 0 ou 1. Esses pincéis mais finos não são tão caros – neste caso, vale a pena comprar um feito de pelo de marta. Além do pelo de marta natural ou sintético, os pincéis de cerdas também funcionam bem com acrílicos.

Quando você começar a aumentar sua coleção de pincéis, experimente diferentes tamanhos e formas. Depois de usar um pincel, seque o excesso de água e faça uma ponta. Nunca guarde o pincel com o pelo voltado para baixo – guarde-os com os pelos voltados para cima ou na horizontal, lado a lado.

Canetas-tinteiro e nanquim

Recentemente, os marcadores substituíram as canetas-tinteiro (ou canetas nanquim). Às vezes, porém, a caneta é necessária para uma representação específica. Elas estão disponíveis desde em penas delicadas e muito finas até pontas mais grossas e que podem ser inseridas em um suporte para pena. As canetas-tinteiro (que são completadas com tinta nanquim) são muito adequadas para uma linha ininterrupta. Há muitas canetas-tinteiro mais baratas e descartáveis que também funcionam bem. As canetas-tinteiro não descartáveis devem ser completadas com tinta nanquim apropriada para elas. O nanquim da marca India é o mais popular. Técnicas aguadas também podem ser feitas com o nanquim India.

Aquarela

A tinta aquarela vem na forma de pastilhas e tubos. Os preços variam muito, mas as aquarelas escolares são muito boas. Compre o tipo com o qual você se sente mais confortável. Alguns alunos acham que a aquarela em tubo é a mais fácil para misturar as cores. Há conjuntos de aquarela em pastilha de boa qualidade com as cores organizadas de acordo com a cartela de cores. Godês e paletas para misturar tinta costumam ser muito caros, então, use pratos de vidro e coloque a água em qualquer recipiente ou xícara que esteja à mão.

Guache

A tinta guache tem uma cor mais opaca do que a aquarela e está disponível em potes ou tubos. Há uma grande variedade de cores no mercado.

Papel

O papel pode servir a muitas necessidades, desde as variedades mais baratas (onde podemos colocar nossas ideias) até as mais caras (para um trabalho finalizado e elaborado). O papel para desenho vem em diversos tamanhos – A0, A1, A2, A3, A4. Diferentes tamanhos servem a diferentes propósitos. Os vários tipos de papel incluem:

- Papel sulfite. Maravilhoso para desenhos e esboços de ideias. Como é mais barato que o papel manteiga e tem certa transparência, ele não inibe o processo criativo como um papel mais caro pode fazer.

- Papel manteiga. Fino e transparente, sendo muito fácil ver através dele. Também é usado para fazer correções e proteger uma arte finalizada.
- Papel vegetal. Mais grosso e transparente, é bom para certos tipos de representação e pode ser usado com diferentes materiais. A cor pode ser aplicada no verso para obter resultados interessantes.
- Papel Canson para marcador artístico. Feito para trabalhar com marcadores. É levemente transparente, o que possibilita traçar melhor. Algumas marcas permitem trabalhar no verso.
- Sulfite escolar (papel para todos os propósitos). Em geral, é um papel branco de qualidade aceitável. Por um preço relativamente mais baixo, é possível comprar muitas folhas, e elas aceitam bem tanto lápis quanto marcadores.
- Papel couché para desenho artístico. Brilhante e mais pesado, com uma superfície extremamente macia, pode ser usado para montagens com papel vegetal ou outros tipos de trabalho artístico.
- Papel Color Plus ou quadro para ilustração. Funciona mais como um quadro do que propriamente um papel para desenhar, trabalha bem com diferentes meios e é vendido em folhas de vários tamanhos. Esse papel vem em algumas cores, sendo bom para fazer montagens de trabalhos.
- Papel-jornal. Papel de qualidade inferior, muito fino e de cor amarelada. Geralmente, é mais usado para esboços do que para arte-final.
- Papel para aquarela. Tem uma superfície macia ou texturizada. É vendido em folhas e blocos. Os preços variam bastante, mas os papéis mais baratos funcionam bem para alunos e iniciantes. Papéis de boa qualidade podem ser usados dos dois lados.

Outros materiais e equipamentos

Incluem o pastel seco, o pastel oleoso, a tinta acrílica, o giz de cera, o carvão, o lápis aquarela e o lápis pastel, os corantes, entre outros. Todos utilizados para necessidades específicas. Além desses materiais, há outros equipamentos que você precisará comprar ou desenvolver.

Arquivo de referências

Um arquivo de referências pessoais é uma das ferramentas mais úteis que se pode ter. Toda vez que você folhear uma revista de moda ou um jornal, selecione e marque o que gostar, o que lhe inspirar ou o que achar mais importante. Compre envelopes pardos de tamanhos iguais e os etiquete — rostos, golas, poses, penteados, e assim por diante — e coloque o desenho ou a foto de referência neles. Isso deve ser feito a partir do primeiro dia. Desse modo, sempre que precisar de uma pose específica ou de um rosto de perfil, por exemplo, terá a referência em mãos. Lembre-se de que, se precisar ver um determinado estilo (por exemplo, um xadrez, um decote ou um sapato), ele talvez não esteja em uma revista de moda atual.

Revistas de moda — coleção de edições

Disponíveis várias vezes ao ano. Em geral, são caras, mas quase sempre têm fotos de poses de passarela de muitas coleções de moda. São um meio rápido de achar uma boa pose e também servem como referência para tecidos específicos que talvez não sejam fáceis de encontrar.

Catálogos de amostras de padronagem

Pergunte nas lojas de tecido locais se há catálogos antigos de tecidos disponíveis. Eles têm poses muito claras e simples com bons exemplos de detalhes de moda.

Revistas de padronagem

São ótimas para se ter como referência rápida. As poses tendem a ser simples e claras, com muitas fotos de diferentes tecidos.

Esses são os materiais e equipamentos básicos utilizados na arte da moda. Entretanto, há muitos outros materiais — suficientes para preencher um livro inteiro e que mudam e são aprimorados constantemente! No momento em que este livro foi feito, havia uma safra nova de materiais. Portanto, é muito importante visitar as lojas de material artístico regularmente para ver o que há de novo.

Só para lembrar: os alunos de arte tendem a comprar materiais em excesso. Muitas vezes, ter materiais demais pode ser muito confuso. Os materiais artísticos mais valiosos são seu cérebro, seus olhos e suas mãos. Quando os três trabalham bem entre si, tem-se o melhor início. E mais: um bom artista consegue fazer maravilhas com qualquer material artístico.

Madame Grès 1944

Parte I

A figura de moda

Lagerfeld/Chanel, 2004

1

Proporção e a figura de moda

Um dos conceitos mais difíceis de internalizar na moda é como determinar a proporção certa para a figura de moda. O corpo humano, seja na moda, seja na vida, basicamente tem sido o mesmo ao longo do tempo – sempre duas pernas, dois braços, um tronco e uma cabeça.

A figura de moda é aquela pessoa cuja aparência e corpo representam a proporção perfeita em um determinado momento. Todo o mundo tem uma ideia diferente de quantas "cabeças" a figura de moda deve atingir. Só podemos pensar "geralmente" em oposição à "definitivamente", porque nós, como artistas de moda, sempre desenhamos a figura ideal do momento. Quando olhamos para filmes, pinturas ou revistas antigas, a figura de moda parece ter um foco diferente em cada década.

Para entender esse conceito, deve-se estar totalmente aberto a mudanças, pois a figura que funcionava na década de 1940 não vai funcionar na década de 2000. As roupas e a silhueta, bem como as roupas de baixo, determinam as proporções da figura de moda. Às vezes, algo considerado o "ideal" do momento, durante um período, parece muito diferente em outro. Ao olhar para as fotos de Marilyn Monroe da década de 1950, muitos podem achá-la um pouco pesada e não tonificada para os padrões de hoje.

Marilyn Monroe à parte, na década de 1950, a modelo de moda ideal tinha cerca de 1,70m e era muito magra. Os artifícios para mudar o corpo (por exemplo, cintas para a cintura e o quadril, sutiãs acolchoados) faziam-no parecer ainda mais fino e mais perfeito para as roupas do período. A modelo parecia sofisticada e indiferente. Ao estudar as fotografias desse período, vê-se que as poses eram o resultado das restrições das peças colocadas sobre o corpo. Muitas vezes, apenas uma perna estava em frente à outra e os braços eram apoiados nos quadris. A aparência era alta e esbelta e as poses tinham um movimento estudado.

Duquesa de Windsor

Jackie Kennedy Onassis

Audrey Hepburn

As atitudes refletem a mudança na moda

O visual do início dos anos 1960 era baseado no requinte e na perfeição. Audrey Hepburn e Jacqueline Kennedy abriram caminho para uma sofisticação mais jovem. Givenchy desenhou a roupa perfeita para elas usarem, logo, tornaram-se os ideais de beleza do momento — magras e elegantes. Eram populares e sofisticadas com um toque de glamour e juventude. Suas aparências eram estudadas, mas tinham uma qualidade mais casual e menos formal. Isso foi um contraste marcante com o estilo muito sério e formal estabelecido por suas antecessoras, como a Duquesa de Windsor. Elas trouxeram vida nova para o ideal de moda.

Na metade da década de 1960, ocorreu uma das mudanças mais importantes no foco da moda. Estilistas como Mary Quant nos deram a minissaia, e nunca a atitude de moda foi tão livre. A saia curta permitiu às modelos pular pelas páginas das revistas. Fotógrafos, como Richard Avedon, e ilustradores, como Antonio, deram um novo movimento para a figura de moda. De repente, as mulheres queriam parecer mais jovens. A aparência inacessível das modelos dos anos 1950, como Dovima e Suzy Parker, deu lugar a Twiggy, Jean Shrimpton e Penelope Tree. Elas eram jovens e espirituosas e seus corpos eram praticamente livres de todos os artifícios. As saias mal estavam ali e, na figura, apareciam somente as pernas. A figura de moda era menos curvilínea e a aparência era mais de "menina" do que de "mulher". A maquiagem era menos séria e mais divertida. Os cabelos soltos ganharam mais volume do que nunca.

A partir da década de 1960, a figura de moda tornou-se mais natural. A maquiagem parecia menos artificial e a figura de moda "perfeita" era atlética, tonificada e saudável — não magra como um cabide, mas sim uma mulher com um corpo mais real. Ela não era nem muito sofisticada, nem menina — mas uma mulher livre, completamente à vontade com ela mesma.

Temos que aprender com isso para sermos flexíveis sobre qual seria a proporção ideal e aceitarmos o fato de que ela está aberta a mudanças. Lembre-se: o que parece perfeito em uma década parece muito estranho em outra.

Mesmo o "retrô" não representa a década com perfeição. A inspiração pode vir de uma certa época, mas trazemos nossa própria época a ela e a mudamos apenas o suficiente para parecer confortável e "correta".

Uma mulher de 1,70m pode ter um corpo de proporções perfeitas, assim como uma mulher de 1,65m ou 1,57m. Uma figura de moda, no entanto, deve ser mais alta do que a média das mulheres a fim de mostrar mais as roupas — para exagerar e passar uma grande dramaticidade na passarela, seja em uma fotografia, seja em uma ilustração. Quando uma modelo caminha na passarela, o espaço no qual ela está é maior do que na vida real. Vê-se a modelo em um ambiente grande e artificial e, se não fosse alta, ela iria desaparecer nesse espaço.

Descobri que, por agora, a figura de moda de 10 cabeças funciona melhor. Isso significa que uma figura de 9 ou 11 cabeças é completamente errada? Claro que não.

Vamos imaginar uma sala cheia das modelos mais perfeitas. Mesmo entre as perfeitas, cada uma terá algo que a outra não tem. Algumas terão pernas mais longas, outras um pescoço ou tronco mais longo, ou talvez ombros mais quadrados.

Em um desenho, queremos representar a melhor figura possível para a roupa — mostrar uma blusa poderosa com mangas grandes, gola grande e muitos detalhes no corpete —, portanto a figura de moda deve ter uma cintura um pouco mais longa e um pescoço mais comprido.

Para mostrar uma manga morcego exagerada, os braços talvez devam ser um pouco mais longos. Para mostrar uma minissaia, as pernas terão de ser um pouco mais longas. Roupas diferentes pedem focos diferentes. Focos diferentes pedem exageros diferentes. Assim como os artistas, escolhemos o mais perfeito dos perfeitos.

Vamos olhar para as três figuras na página 15, todas com a mesma roupa, todas usando um cinto na "linha da cintura". A primeira tem um cinto estreito que fica na cintura. A segunda tem um cinto bem largo que fica acima da cintura natural. A terceira tem um cinto largo que fica abaixo da cintura natural. Vê-se nos três casos, que a definição de "linha da cintura" muda. O mais importante: a relação entre a parte superior e a inferior da roupa também muda.

Muitos fatores influenciam a proporção. Então, seja aberto e flexível.

Na próxima seção, vamos discutir as proporções de moda do século XX. Veremos que, em cada década, diferentes partes do corpo tornaram-se mais ou menos focadas, por exemplo, cinturas pequenas ou nenhuma cintura; destaque para os seios, quadris ou ombros; ou uma figura mais curvilínea.

Conforme novas formas de vestimenta são feitas a cada ano, as medidas são determinadas pelo tipo de corpo ideal do ano. Ao verificar o tamanho 38 de um vestido ao longo dos últimos 10 anos, vê-se as variações mais incríveis da figura de mesmo tamanho.

Uma figura de moda deve ser mais alta do que a média

CAPÍTULO 1   PROPORÇÃO E A FIGURA DE MODA

Os seguintes critérios determinam a figura de moda "ideal" de um tempo específico:
- A modelo ou celebridade do momento.
- O foco em certas partes do corpo e também na postura da figura.
- O ajuste das roupas e das roupas íntimas, ombreiras ou outros dispositivos, ou a falta deles.

Pense em Jean Harlow na década de 1930, Katharine Hepburn na década de 1940, Grace Kelly e Marilyn Monroe na década de 1950, Audrey Hepburn na década de 1960, Lauren Hutton na década de 1970, Madonna na década de 1980, princesa Diana na década de 1990 e Nicole Kidman e Halle Berry na década de 2000. Cada uma é um exemplo perfeito de seu tempo. As roupas que usavam eram perfeitamente adequadas à sua aparência. Seria difícil imaginar qualquer uma delas trocando de lugar com a outra.

Na sequência, apresentamos uma visão muito geral do modo como as silhuetas de moda do século XX mudaram a proporção do corpo.

Na virada do século XIX para o XX, o corpo era quase completamente coberto. O espartilho deu à figura uma cintura pequena. As saias moldavam a figura e tocavam o chão, muitas vezes com anquinhas e caudas. Os chapéus eram bastante elaborados e davam grande importância à cabeça. A postura da figura ganhou uma curva "S". Os principais designers desse período foram Charles Frederick Worth (o "pai da alta-costura"), Paul Poiret, Paquin, Doucet e Fortuny.

A década de 1920 trouxe uma das mais importantes mudanças na silhueta de moda no século XX. As mulheres mostraram as pernas pela

Roupas diferentes pedem um foco diferente

O mesmo vestido, com três linhas de cintura diferentes, muda de proporção

primeira vez nesse século. Elas jogaram fora os espartilhos elaborados que lhes davam uma silhueta muito artificial e começaram a usar roupas íntimas de malha elástica que davam a seus corpos uma aparência mais reta e de menino. A silhueta reta foi a mais popular da época. Nesse período, a linha da cintura desceu até o quadril. O "pretinho básico" de Chanel, em jersey de lã ou crepe de seda, era o visual. Outros designers importantes dessa década foram Vionnet, Lanvin e Patou.

A década de 1930 foi marcada por estrelas de cinema glamourosas, como Greta Garbo, Marlene Dietrich, Joan Crawford e Ginger Rogers. A depressão fez as mulheres desejarem o glamour que suas vidas não tinham. Os vestidos em corte viés de Madeleine Vionnet deram às mulheres uma silhueta muito feminina. Os casacos eram feitos com pele, as roupas estilo pijama longo tornaram-se moda e os ternos foram inteligentemente adaptados com bainhas mais longas no início da década e mais curtas no final. O visual era glamouroso e chique. Nascia o zíper. Schiaparelli, Molyneux, Grès, Mainbocher, Balenciaga e Lelong estavam entre os importantes estilistas dessa década.

A Segunda Guerra Mundial trouxe grandes mudanças no mundo da moda. Quando os alemães ocuparam a França, a maior parte da alta-costura parou. As restrições dos tecidos nos tempos de guerra conferiram às roupas uma silhueta curta e sob medida. Adrian deu às estrelas de cinema uma silhueta com ombreiras, as roupas ganharam uma influência "militar" e o chapéu tornou-se uma das partes realmente criativas da roupa. Os sapatos plataforma deram uma nova ênfase para as pernas. Em 1947, o New Look de Christian Dior devolveu à alta-costura de Paris a extravagância que a guerra havia tirado. Os corpetes estruturados, a cintura apertada, os quadris acolchoados e os metros de saias até os tornozelos, com anáguas elaboradas, trouxeram a silhueta de moda de volta, quase como era na virada do século. Outros estilistas franceses da época foram Jacques Fath, Maggy Rouff e Pierre Balmain. A década de 1940 também deu à moda americana um começo sólido. Estilistas como Pauline Trigère, Norman Norell, Hattie Carnegie e Charles James colocaram os americanos no mapa da moda.

CAPÍTULO 1   PROPORÇÃO E A FIGURA DE MODA

Doucet, 1909

Chanel, 1926

Vionnet, 1930

Faith Early, década de 1940

Dior, 1947

CAPÍTULO 1   PROPORÇÃO E A FIGURA DE MODA

Charles James, 1955

Balenciaga, 1955

Givenchy, 1962

Rudi Gernrich, 1963

Yves Saint Laurent, 1978

Montana, 1985

Armani, 1991

Ann Demeulemeester, 2000

CAPÍTULO 1   PROPORÇÃO E A FIGURA DE MODA

A silhueta dos anos 1950 nos deu um corpete ajustado na cintura, uma jaqueta mais solta e uma bainha ajustada. Foi em 1957 que a moda teve sua próxima revolução — Balenciaga introduziu o vestido saco. Tais vestidos tinham a silhueta em linha reta, sem cintura, e a barra começava a diminuir em direção ao joelho. O vestido (também interpretado por Givenchy, assim como o vestido "trapézio" introduzido por Yves Saint Laurent) permitiu que a roupa caísse solta no corpo, o qual agora se movia dentro dela. A silhueta era geométrica e o corpo se perdia sob essas formas. Outros estilistas americanos importantes da década de 1950 foram Charles James, Claire McCardell, Anne Klein, Bonnie Cashin e Vera Maxwell, que estavam trazendo a moda esporte (*sportswear*).

As silhuetas do início dos anos 1960 eram continuações das do final dos anos 1950, levemente ajustadas ao corpo e ficando lentamente mais curtas. Alguns estilistas, como Pierre Cardin em Paris, Valentino na Itália e James Galanos nos Estados Unidos, estavam começando a deixar suas marcas.

Foi na metade da década de 1960 que a moda seria abalada por outra revolução — a minissaia, introduzida por Mary Quant em Londres, por André Courrèges em Paris e por Rudi Gernreich nos Estados Unidos. As pernas passaram a ser, naquele momento, o ponto de foco do corpo. As meias-calças e as botas foram os novos avanços. As saias eram mais curtas do que nunca, as roupas íntimas eram mínimas e o cabelo era curto, estilo "tigela", corte de Vidal Sassoon, ou empilhados com apliques artificiais. Rudi Gernreich, então o novo estilista de vanguarda, também nos deu o primeiro traje de banho topless.

Modelos de todas as tendências étnicas estavam na passarela e nas revistas. A juventude era o *look*. Os códigos de vestimenta estavam sendo quebrados. As calças estavam se tornando aceitáveis. Até o momento, eram os estilistas influentes que ditavam o *look* de moda aceitável. Os estilistas estavam começando a tirar suas inspirações do que estava acontecendo nas ruas, nas discotecas, nos filmes e na música. Os jovens vestiam-se do seu próprio modo, combinando o novo com o que encontravam nos brechós e fazendo seus próprios códigos de vestimenta. As tendências passaram a vir das ruas

Algumas das proporções do século XX

para "cima" (para a passarela), em vez de a alta-costura ir para "baixo" (para as ruas).

A década de 1970 nos deu as opções: três silhuetas ao mesmo tempo (mini, midi ou maxi), mais a opção das calças. Foi em 1976 que Yves Saint Laurent desenhou sua coleção Gypsy Fantasy, e o comprimento longo foi o *look* de muitos anos que se seguiram. Camadas e camadas de tecidos suaves — o oposto do visual típico da década de 1960. Outros estilistas de destaque da década de 1970 foram Geoffrey Beene, Bill Blass, Oscar de la Renta e Halston.

Na década de 1980, havia uma silhueta "poderosa" — ombreiras, mangas grandes e saias mais curtas. O vestuário era rico e extravagante. O visual "punk" de Londres era um contraste marcante em relação ao visual rico de Nancy Reagan. O punk foi definido por cabelo roxo e alfinetes de segurança, roupas de couro e correntes. De repente, os astros do rock estavam ditando a moda e Zandra Rhodes estava bem no alvo com suas interpretações desse visual punk de Londres, onde começou. Jean-Paul Gaultier, Claude Montana, Kenzo e Karl Lagerfield nos deram a moda de Paris; Issey Miyake e Commes des Garçons, do Japão; e Ralph Lauren, Donna Karan, Calvin Klein, Perry Ellis e Norma Kamali, dos Estados Unidos.

Uma das contribuições mais importantes da década de 1980 veio de Milão — Giorgio Armani, cujas silhuetas soltas e relaxadas da alfaiataria masculina nos levaram para a década de 1990.

Na década de 1990, havia muitas silhuetas ao mesmo tempo — curta e longa, opaca e simples. As mulheres combinavam botas coturno com saias de crepe georgette. As regras mais uma vez foram quebradas. Madonna trouxe as roupas íntimas para as ruas — seus bustiês, criados por Gaultier, tornaram o choque aceitável.

No século XXI, há a regra da perfeição do corpo. Seja passando horas com um *personal trainer* ou fazendo cirurgia plástica, o corpo humano atingiu a perfeição tonificada.

As estrelas de cinema e os cantores de rock aparecem com vestidos de noite justos, com corte em viés, de Versace ou Galliano, expondo mais do corpo do que jamais havia sido testemunhado. O busto foi acentuado e o umbigo foi exposto com calças ou saias de cintura baixa.

De onde virá a próxima revolução da moda?

Ela virá de seu mundo.

Quando você distinguir todas as silhuetas deste século, verá que, em menos de 100 anos, a silhueta mudou a tal ponto que parece que o corpo continua se reinventando. Vê-se também que a moda é a relação da figura de moda com a roupa. Não o corpo sozinho, nem as roupas sozinhas: ambos juntos. Eles não estão separados.

CAPÍTULO 1   PROPORÇÃO E A FIGURA DE MODA

Vamos dar um passo adiante.

Aqui temos a mesma figura dividida ao meio – o lado esquerdo representa a década de 1960, e o lado direito, a década de 1970.

Fica claro que, em diferentes períodos, certas partes do corpo estão mais em evidência do que outras. É importante lembrar, ao desenhar a figura, que há sempre um corpo sob a roupa (mesmo que não pareça). Se você consegue vê-lo claramente ou não, não importa, é ele que determina como a roupa vai se ajustar. O tecido e seu ajuste no corpo também são fatores determinantes.

Década de 1960

- Cabelos soltos fazem a cabeça parecer maior.
- Os detalhes do vestido são focados mais na parte de cima, devido ao comprimento curto.
- A linha da cintura parece mais alta do que a cintura normal.
- As saias são mais curtas do que jamais foram. As pernas são a parte mais importante do corpo.
- Os vestidos são muito estruturados – os tecidos são rígidos.

Década de 1970

- O cabelo preso faz a cabeça parecer menor.
- Devido ao longo comprimento, pode-se cobrir o corpo com mais roupa.
- A linha da cintura parece mais baixa do que a cintura normal.
- As saias vão quase até o tornozelo, cobrindo completamente a perna.
- Tecidos mais fluidos permitem uma silhueta mais suave.

Às vezes, o corpo é enfatizado. Outras vezes, a roupa é enfatizada. Ou ainda, ambos estão em equilíbrio. Quando a ênfase está no corpo, como em um vestido longo colante, a roupa não ganha vida até que esteja no corpo. Quando a ênfase está na roupa, como em um casaco volumoso, o corpo é meramente um cabide para ela. Mas, muitas vezes, é uma combinação de ambos.

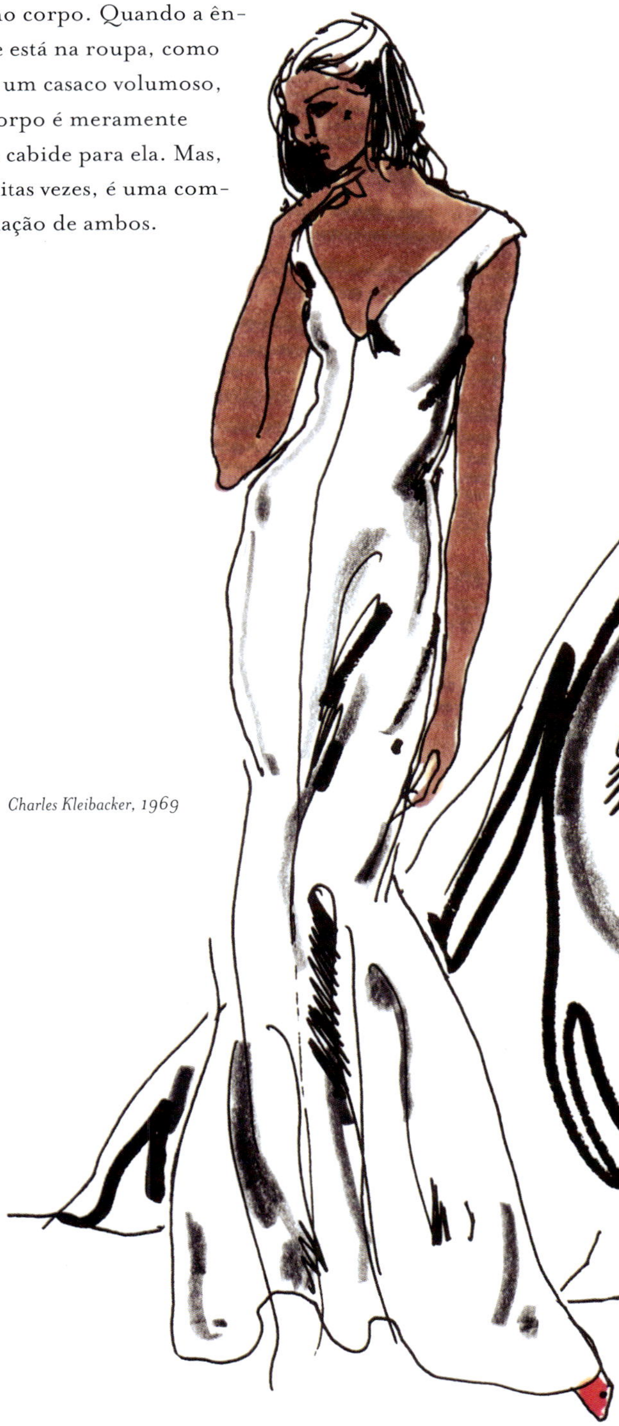

Charles Kleibacker, 1969

Charles Kleibacker, 1984

Dolce & Gabbana, 2009

O desenho da figura de moda

Como discutido anteriormente,

na seção sobre a qualidade da linha, em "Primeiros passos", aprender a desenhar a figura é muito parecido com aprender a escrever. No início, trabalha-se com um papel pautado, usando linhas guias para o direcionamento, e se segue as regras exatas da caligrafia. As letras logo se transformam em palavras; as palavras, em frases; e as sentenças, em pensamentos. Depois de se sentir seguro nesse processo, você consegue se concentrar no conteúdo, e não em como as letras estão sendo escritas.

Aprender a desenhar a figura de moda é um processo similar. É a maneira de você colocar as ideias no papel e mostrar o produto final de seus designs. Tenha em mente que um corpo não é uma medida exata e, conforme vimos, há muitos fatores que continuam mudando a figura de moda de um período para outro.

A figura que estudaremos é muitas vezes referida como um croqui. Um croqui é um esboço, além de um corpo de moda básico, no qual a roupa é projetada e desenhos planos são trabalhados, servindo como ponto de partida para uma arte mais finalizada.

Os capítulos seguintes vão se concentrar mais em detalhes, como equilíbrio, centro da frente, mãos e rostos. Neste capítulo, estudaremos a divisão da figura de moda em partes iguais. Esta é a etapa de "trabalhar com papel pautado" o desenho da figura e a análise. Depois de entender bem tais princípios, você começa a trabalhar lentamente com a divisão da figura em blocos e com a abordagem gestual para desenhar a figura de moda. O objetivo final é entender o conceito da divisão da figura. O tempo e a prática trarão os resultados bem-sucedidos.

Lembre-se: todos têm seu próprio ritmo de crescimento pessoal e ninguém segue uma ordem robotizada. Há sempre uma parte do desenho de moda que é mais fácil do que outra. Para alguns, o rosto será fácil; para outros, o tronco; e ainda outros vão achar a representação mais simples.

A figura de moda

No início, há certas regras de proporção com as quais você deve se familiarizar. A figura é medida em "cabeças", sendo que cada cabeça representa 2,54cm (correspondente a uma polegada). Essas cabeças serão usadas para indicar e colocar as diferentes partes da figura de moda. Com a prática, todas as "cabeças", de repente, vão se tornar uma figura e, depois de um tempo, você estará desenhando!

Dividindo uma figura básica em blocos

Vamos começar estudando a divisão da figura em 10 cabeças. Primeiro, desenhe uma linha no papel e a divida em 10 seções de 2,54cm. Nomeie cada linha, começando no topo com 0 e terminando na parte inferior com 10.

A primeira seção contém a cabeça, com o queixo apoiado na linha 1, de 2,54cm.
- 1 cabeça e ½ é a linha do ombro.
- 2 cabeças e ¼ é o ápice (ou ponto alto) da linha do busto.
- 3 cabeças e ¼ é a linha da cintura.
- 3 cabeças e ½ é a linha do alto quadril, ou o osso do quadril.
- 4 cabeças é a parte mais larga do quadril, a linha do quadril médio.
- 4 cabeças e ½ é a linha do baixo quadril, ou da virilha. (Esta medida é aproximadamente o meio da figura de moda.)
- 6 cabeças e ½ é a linha do joelho.
- 9 cabeças e ¼ é a linha do tornozelo.
- 10 cabeças é a linha do dedo do pé.

Agora vamos determinar as larguras. Use a cabeça — deitada de lado — para medir as larguras. Isso dará uma orientação sobre o quão largas serão as partes da figura.
- Os ombros têm de 1 cabeça e ½ a 1 cabeça e ¾ de largura. Qualquer estilo de moda específico pode variar essa medida.
- A cintura tem cerca de ¾ de cabeça de largura.
- O quadril tem aproximadamente 1 cabeça e ¼ de largura.

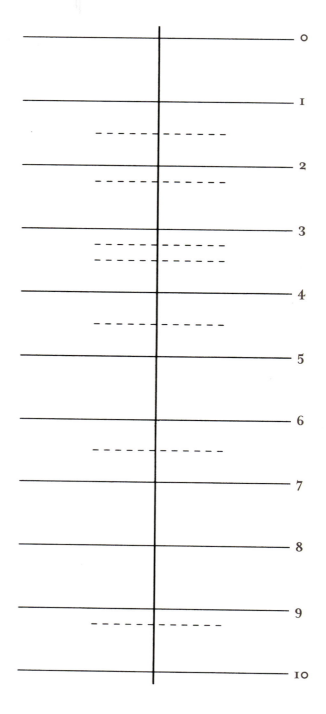

Agora que você conhece as divisões e o que elas representam, vamos começar a desenhar a figura por blocos:

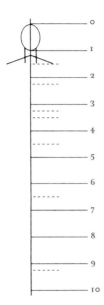 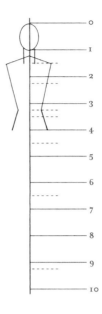

1 Desenhe uma forma oval na primeira parte. O pescoço vai tocar o ombro no início, mas, em seguida, você terá que indicar os músculos do trapézio. Para fazer isso, trace um triângulo estreito entre o queixo e o ombro. A parte superior está meia cabeça abaixo do queixo e toca a extremidade do ombro.

2 Para formar o tronco, trace uma linha de cima para baixo a partir da extremidade do ombro até a cintura (3 cabeças e ¼). Para indicar o quadril, desenhe uma linha da cintura até a parte mais larga do quadril (4 cabeças).

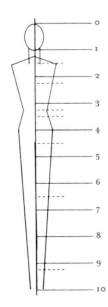 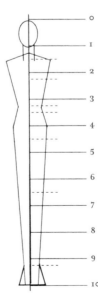

3 Para as pernas, desenhe linhas retas levemente afuniladas, do quadril até a linha 10. Para a divisão das pernas, escureça a linha do centro da frente a partir da linha 10 até a virilha (4 cabeças e ½).

4 Para indicar os pés, desenhe um triângulo no lado de fora das pernas. O triângulo deve estender-se da linha 10 até aproximadamente 9 cabeças e ¼, que é o tornozelo.

CAPÍTULO 2   O DESENHO DA FIGURA DE MODA

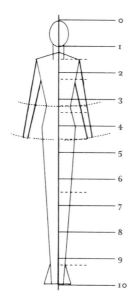
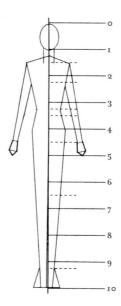

5 Na cintura e na virilha, desenhe linhas ligeiramente curvas. Essas linhas vão ajudar no posicionamento do cotovelo e do pulso. A partir do ápice da linha do busto (2 cabeças e ¼), desenhe os braços com linhas ligeiramente afuniladas até a virilha (4 cabeças e ½).

6 Desenhe as mãos com retângulos e triângulos. Agora você tem uma figura básica de moda em blocos.

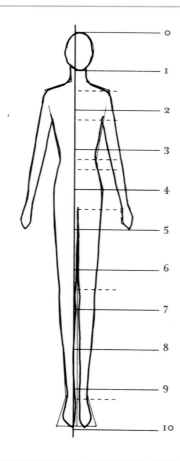

7 Para arredondar, coloque a figura sob uma folha de papel manteiga ou sulfite e refine a forma oval da cabeça. Suavize a linha do pescoço sobre o triângulo. Isso vai formar o músculo trapézio e ajudar o pescoço a fluir até os ombros. Arredonde a linha a partir da axila, atravessando a linha do busto, até a cintura.

Agora, arredonde levemente a linha da cintura até o alto quadril e, então, arredonde a área do quadril. Em seguida, desenhe linhas levemente afuniladas da virilha até o tornozelo. Endireite a parte interna do pé e, então, para os braços, desenhe duas linhas ligeiramente afuniladas do ombro até o pulso. Por último, misture os retângulos e triângulos utilizados para as mãos.

Agora você tem um croqui básico arredondado. Nos Capítulos 9 e 10, nos quais os braços, as pernas e o rosto são examinados com mais detalhes, você aprenderá a desenvolver e a refinar a figura com músculos e estrutura óssea mais precisos.

As linhas de estilo

As linhas de estilo no croqui devem corresponder às linhas de estilo da forma da roupa. Elas são extremamente importantes tanto no desenho quanto no projeto da roupa. Para duplicar as linhas de estilo da forma da roupa:

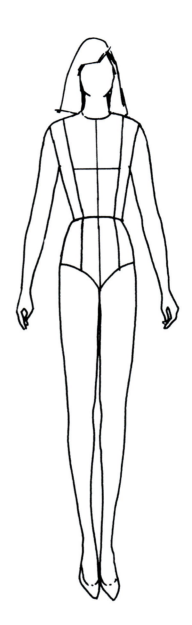

1 Indique a base do pescoço. Desenhe uma linha reta a partir da base do pescoço até a virilha. Essa linha representa o centro da frente.

2 Desenhe outra linha horizontal na linha da cintura e do quadril. Para mostrar a forma cilíndrica da figura, desenhe as linhas ligeiramente curvadas.

3 Desenhe as cavas e a linha da calcinha.

4 Coloque um ponto marcando o centro do ombro, da linha do busto, da cintura e do quadril. Ligue esses pontos para formar as linhas de costura com recorte princesa e indique a linha do busto com uma linha reta.

Você agora reproduziu as linhas de estilo da forma da roupa. Isso será de grande valor, não só no desenho a ser projetado, mas na colocação exata dos detalhes de moda.

Agora que já aprendeu o "alfabeto" e a "caligrafia" da figura de moda, com o tempo e a prática, você será capaz de desenvolver o "conteúdo".

Seu objetivo final deve ser uma figura relaxada, fluida e luxuosa. Ela nunca deve parecer sobrecarregada — independentemente de quanto tempo leve para desenhar. A roupa e a pose devem estar em perfeita harmonia uma com a outra e, acima de tudo, ter a sua própria visão e ponto de vista.

3

A linha de equilíbrio

Para conseguir uma figura "em pé" — que não pareça cair —, você deve entender a linha de "equilíbrio". A linha de equilíbrio é a linha reta imaginária que desce do pescoço até o chão. Ela nunca se desvia ou vai mais para um lado ou para outro — é sempre absolutamente reta.

Como exercício, analise as linhas de equilíbrio em fotografias de revistas de moda ou catálogos. Reúna fotos claras de modelos em poses simples e fique longe de poses muito distorcidas ou exageradas. Com um marcador, indique as linhas de equilíbrio com uma cor. Indique o alto quadril e as pernas de apoio com outra cor.

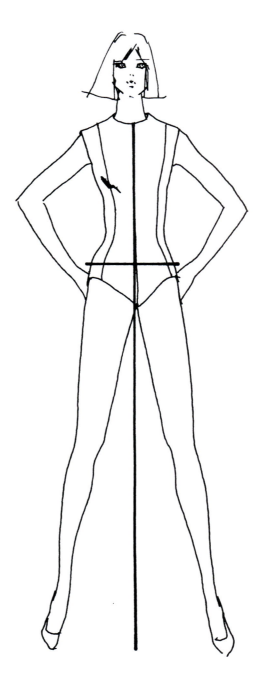

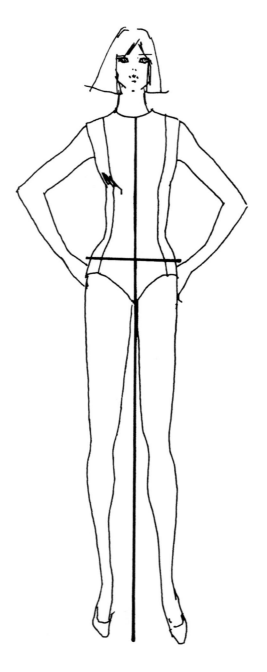

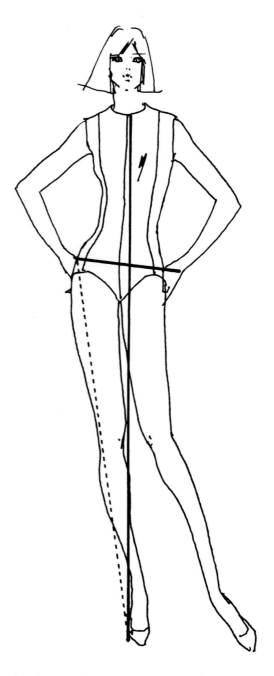

Quando a figura está em pé com o peso distribuído em ambas as pernas (abertas ou fechadas), note que o quadril fica em linha reta e a linha de equilíbrio fica entre as pernas.

Quando a figura coloca mais peso em um lado do quadril do que em outro, o alto quadril apoia a perna que equilibra a figura. Essa perna de apoio começa no alto do quadril e faz um ângulo para baixo para tocar a linha de equilíbrio. A perna de apoio está sempre em ângulo – ela nunca está em linha reta. Além disso, uma parte do pé deve tocar a linha de equilíbrio.

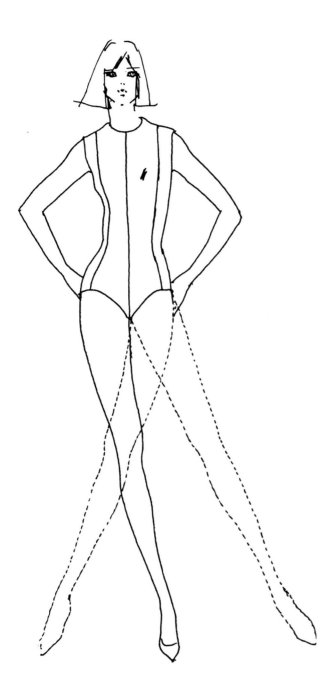 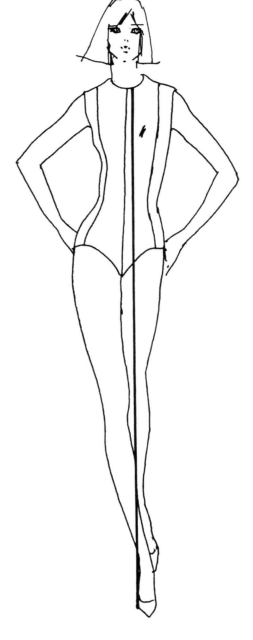

Se você colocar o peso todo em um lado do quadril, vai perceber que a perna de apoio fica angulada. Tente movê-la e seu desenho certamente começará a tombar. Por outro lado, é possível mover a perna que não é a de apoio — a perna estendida — em muitas posições diferentes sem afetar o equilíbrio. A perna estendida é completamente móvel e nada tem a ver com o equilíbrio da figura. Ela dará uma atitude à pose.

Em algumas fotografias, nota-se que a linha de equilíbrio está um pouco para fora. Lembre-se de que, quando está posando na frente de uma câmera, a modelo muitas vezes está em movimento e não consegue estabilizar seu peso quando a foto é feita. Além disso, em algumas poses caminhando — especialmente na passarela —, a perna de apoio pode vir do baixo quadril. Mas essas são exceções. Tenha em mente que cada pose pode ter sua própria regra especial.

Norell, 1968

4

O centro da frente

Pense na maneira como o seu nariz se relaciona com o rosto – ele o divide ao meio. Olhe no espelho e veja que os olhos estão um de cada lado. Ao virar a cabeça, vê-se que o nariz não está mais dividindo o rosto pela metade: uma parte maior do rosto está de um lado e uma parte menor, do outro. Sabe-se, no entanto, que o nariz é e sempre será o centro do rosto. É o "centro da frente" do rosto.

O corpo também tem um centro da frente. A roupa tem um centro da frente. Ele é tão importante que, se estiver só um pouquinho desalinhado, cada detalhe da roupa será desenhado de forma incorreta. Toda roupa é equilibrada a partir do centro da frente, assim como todos os detalhes, como bolsos e botões. Ele é o meio de cada peça de roupa, e o meio de cada parte da roupa, como as mangas, a saia, as pernas da calça, e assim por diante. O centro da frente do corpo ou da roupa move-se conforme o corpo se move. É uma linha reta desde o pescoço até os pés ou até a barra da roupa.

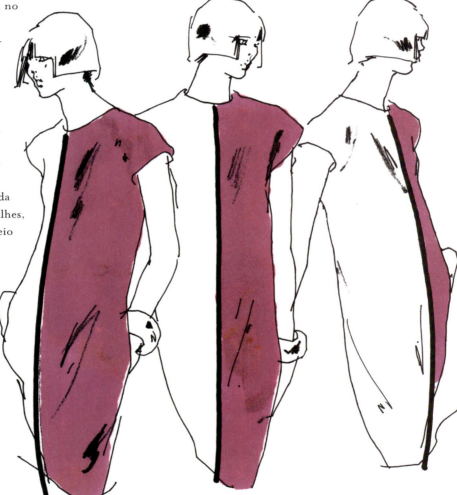

Em um vestido visto totalmente de frente, há apenas um centro da frente. Ao adicionar mangas, tem-se três centros: um sobre o corpo e um para cada manga. Ao adicionar calças, cada perna tem seu próprio centro da frente (as linhas de vinco podem ajudar a ver essas linhas do centro da frente, porque o vinco é o centro de cada perna da calça).

Em uma vista frontal, o centro da frente das mangas está na borda externa delas. Em uma roupa de duas peças, tanto a parte superior quanto a parte inferior têm um centro. Pode até parecer que uma linha de centro da frente será o suficiente, mas, para exatidão, você deve desenhá-la como duas unidades distintas: primeiro, desde o ombro até a bainha na parte superior; segundo, a partir da cintura ou do quadril na parte inferior.

Quando a figura está de perfil, o centro da frente torna-se a borda externa da peça de roupa.

Em uma vista frontal, o centro da frente está na borda externa da manga.

Cada parte tem um centro da frente.

Na vista de perfil, o centro da frente se torna a borda externa.

PARTE I A FIGURA DE MODA

O centro da frente e o decote em "V"

O centro da frente é mais evidente em um vestido com um decote em "V". O ponto de encontro do "V" é exatamente no meio. Quando a figura começa a se virar, o centro — ou centro "V" — move-se com ela. O lado que se afasta torna-se menor. Esse lado sempre mostra o contorno do busto. O lado que está perto se torna maior e sempre tem uma linha mais reta, que é o plano lateral da figura. Ele nunca mostra o contorno do busto.

Karl Lagerfeld/Chanel, 2001

Algumas roupas combinam o abotoamento simples com o duplo

CAPÍTULO 4   O CENTRO DA FRENTE   39

O centro da frente e a figura girada ¾

Em uma figura girada ¾, o centro da frente segue este caminho:

- A cova do pescoço ou onde as clavículas se encontram.
- O centro do busto.
- O umbigo.
- A virilha, ou onde as pernas começam.

Um exercício útil é pegar um marcador e indicar o centro da frente de cada peça de roupa que você encontrar em uma revista. Com o tempo, você será capaz de passar o olho e encontrá-lo facilmente, mesmo em uma pose difícil. Quando o centro da frente estiver estabelecido em seu desenho guia, as chances de erro serão eliminadas.

Para exemplificar esse princípio, vamos olhar para um corpete. Ao estudar o centro da frente em um corpete, você verá que:

- As armações do bojo se encontram no centro.
- A barbatana está no centro e em cada recorte princesa.
- O contorno do busto se mostra apenas no lado que está curvado.

O recorte princesa no lado que mostra o contorno do busto está mais perto da borda externa do corpete. O recorte princesa do lado que é maior tem mais espaço antes da borda. Qualquer recorte ou detalhe horizontal também tem uma leve curva para mostrar o lado da figura.

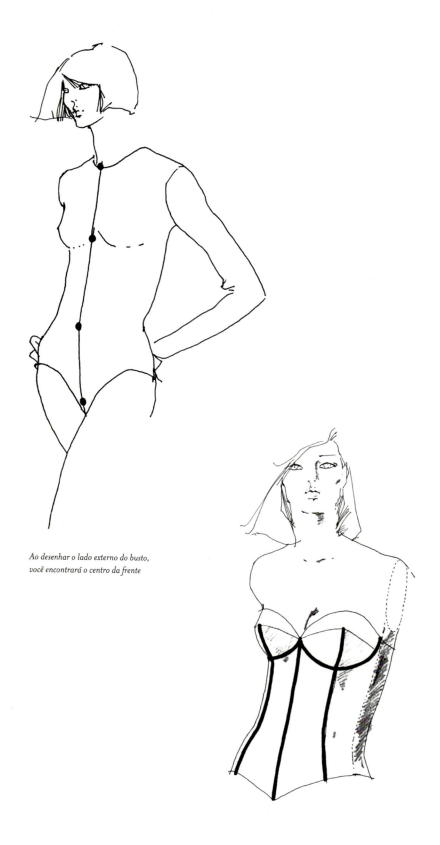

Ao desenhar o lado externo do busto, você encontrará o centro da frente

O lado que mostra o contorno do busto é sempre o lado que está mais longe de você e é sempre o lado menor. Você nunca vai ver dois seios de perfil em uma figura.

Conforme a figura gira, começamos a ver o plano lateral do corpo. Para ter certeza da colocação exata do plano lateral, é mais simples deixar a figura sem os braços na etapa inicial do desenho em blocos. Desenhe a forma oval em que o braço se encaixa e siga com uma linha para baixo da figura. Isso dará maior precisão.

Ao desenhar uma figura girada ¾, lembre-se de parar de desenhar a linha do centro da frente no busto, na cintura e no quadril, mesmo se puder ser feita em uma única linha. Isso vai ajudá-lo a alcançar maior precisão. Portanto, cada vez que você chegar em uma linha horizontal de costura, pare para verificar a precisão e, em seguida, continue.

Para maior precisão, interrompa a linha no busto, na cintura e no quadril.

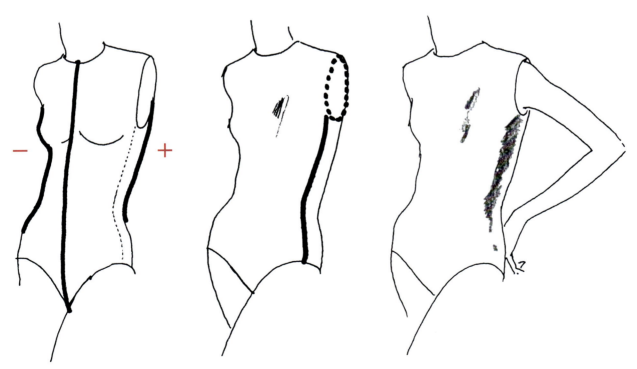

O plano lateral do corpo.

O centro da frente e os detalhes da roupa

Ao desenhar os detalhes de uma roupa, por exemplo, um decote, lembre-se:

- Primeiro, desenhe do lado de fora para o centro.
- Em seguida, desenhe do centro para o lado de fora.
- Cuide para que a linha fique mais curta no lado que está longe de você e mais longa no lado mais próximo a você.
- Verifique se as costuras do centro da frente têm uma curva ascendente.

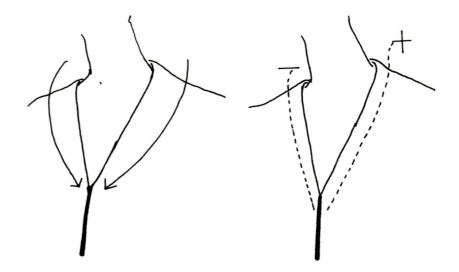

A vista de costas tem os mesmos princípios que a vista frontal, exceto que as linhas dos recortes horizontais têm uma curva descendente.

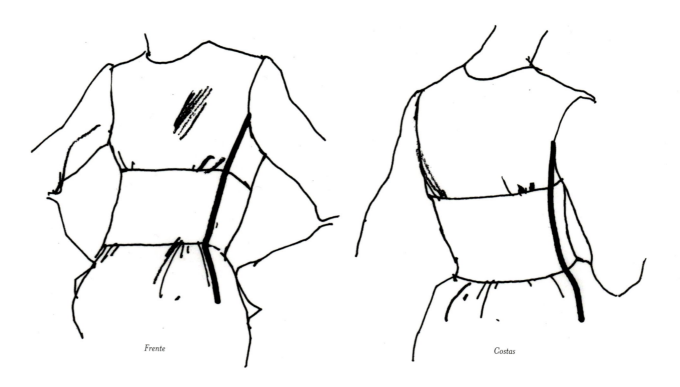

Frente *Costas*

Para aplicar o princípio do centro da frente ao desenhar roupas, vamos olhar para os botões e fechamentos.

Em uma roupa com abotoamento simples, os botões são colocados no meio do corpo, ou no centro da frente. O fechamento vai para a lateral do centro da frente.

A única vez em que os botões se alinham com o centro da frente são em:

- Fechamento de botão e alça.
- Zíperes.
- Casacos de lã.
- Fechamento acordoado.

Seu desenho pode ser uma camisa, um casaco ou uma jaqueta e ter um botão ou dezenas deles. Essa regra nunca muda.

Abotoamento simples

Botão e alça

Casaco de lã

Fechamento acordoado

Zíper

CAPÍTULO 4   O CENTRO DA FRENTE

Em uma roupa com abotoamento duplo (transpassada), os botões ficam a uma distância igual do centro da frente, não importando o quão perto ou longe eles estão. Há roupas com abotoamento duplo — por exemplo, um blazer — em que há duas distâncias iguais entre os botões.

Hoje, os fechamentos podem ser projetados com inúmeras opções, mas os botões devem sempre relacionar-se com o centro da frente. As regras do abotoamento duplo também se aplicam aos fechamentos laterais — exceto que os botões laterais de enfeite não são colocados. Conforme a figura com uma roupa de abotoamento duplo gira e você percebe a perspectiva do corpo, note que os botões perto da lateral são circulares e os botões mais próximos às extremidades da figura são ovais. Em uma roupa de perfil com abotoamento simples ou duplo, os botões parecem ter sido colocados na borda externa da figura.

Independentemente do estilo, da quantidade de botões ou do espaçamento, lembre-se de que, se o centro da frente estiver errado, todos os detalhes da roupa estarão errados. Na verdade, se o seu desenho tem algo errado e você não sabe o que é, há boas chances de o centro da frente estar incorreto.

Em peça com abotoamento duplo (transpassado), os botões estão a uma distância igual do centro da frente.

Além disso, o centro da frente que você encontra quando começa a desenhar uma figura pode nem sempre estar correto. Continue ajustando-o até que ele esteja perfeito. Vá apagando-o em seu desenho guia até que esteja correto. Passe algum tempo praticando e trabalhando isso até aperfeiçoar a sua técnica.

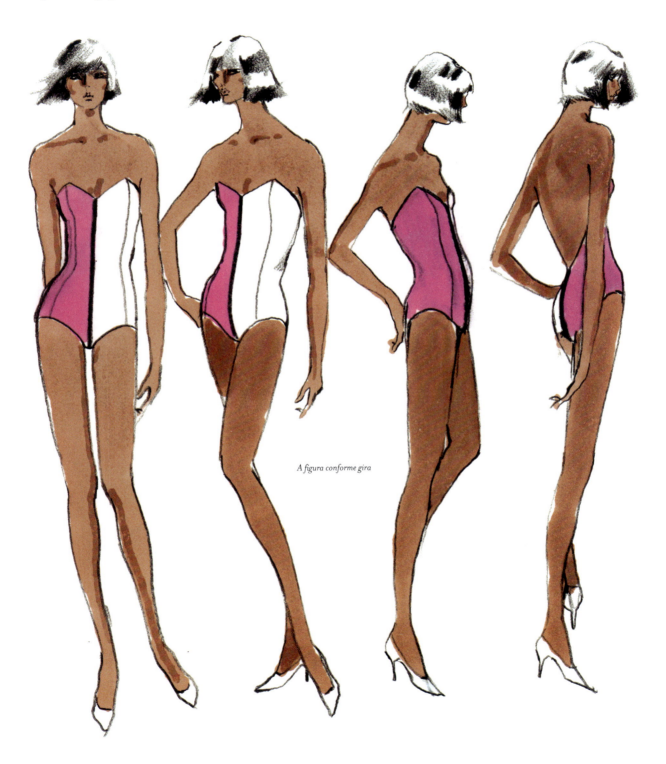

A figura conforme gira

CAPÍTULO 4　　O CENTRO DA FRENTE

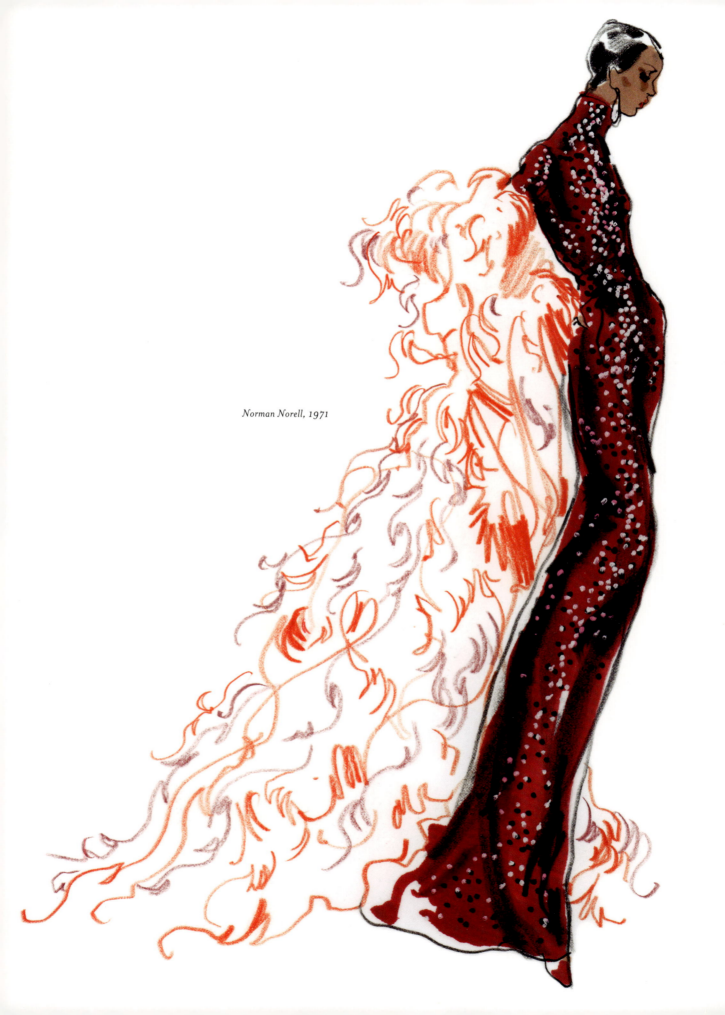

Norman Norell, 1971

5

Gesto —
linhas de movimento ou de ação

Em última análise, queremos que a nossa figura de moda tenha fluidez e movimento maravilhosos. Uma figura de moda deve parecer dançar na página — como se não houvesse esforço algum em seus gestos. Neste capítulo, estudaremos as linhas de movimento ou de gesto, que ajudam a determinar tanto o movimento quanto a pose da figura.

Lembre-se: fazer um desenho de moda parecer natural requer muito empenho, conhecimento e prática.

Para ajudá-lo a entender as linhas de movimento ou de ação de uma figura, abra uma revista de moda e desenhe linhas fluidas sobre uma fotografia, na provável direção ou gesto da figura. O que vai acontecer é que você começará a registrar abstratamente como a figura poderia se mover.

Assim que seus olhos começarem a sentir um certo fluxo, você pode começar a ser mais específico e analisar os movimentos. Dependendo da pose, a figura pode parecer:

Mais aberta na parte superior e fechada na parte inferior

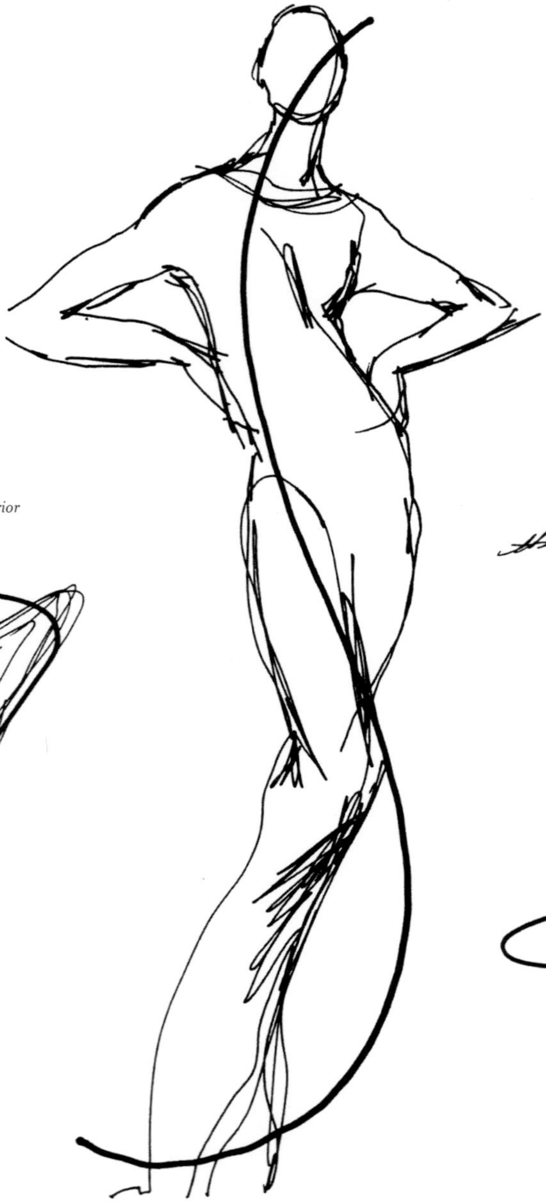

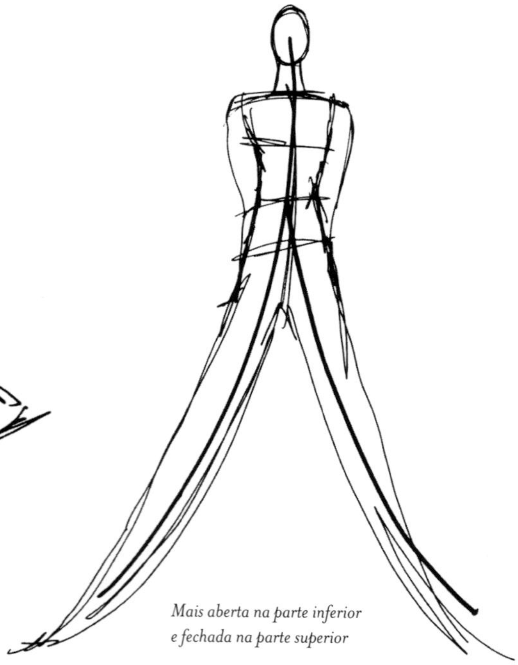

Mais aberta na parte inferior e fechada na parte superior

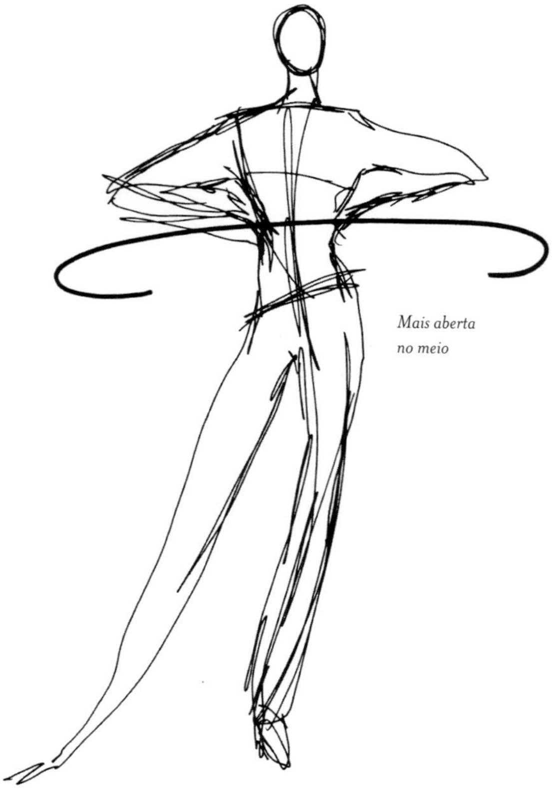

Cair em uma clássica curva em "S"

Mais aberta no meio

Em seguida, reproduza esses movimentos no papel utilizando o dedo como ferramenta de desenho. Deixe seus dedos sentirem o gesto, o movimento e a ação. Agora, com um lápis ou marcador, reproduza os gestos no papel.

Não pense em precisão. Este é simplesmente um exercício, e você pode jogar fora os resultados finais. Quando se sentir seguro, você vai desenhar de verdade esses gestos no papel. Inicie com sua primeira reação e continue desenhando sobre as linhas anteriores, quase como se estivesse construindo os gestos da figura a partir do zero. Comece observando a relação de uma parte do corpo com a outra. Tenha como objetivo aumentar cada vez mais a precisão. As quatro seções seguintes são estudos curtos de diferentes tipos de figuras em vários gestos ou movimentos.

Curva em "S"

É uma das poses mais clássicas e elegantes, além de ser um movimento muito importante — flexão e alongamento.

Pela vista da frente, a figura terá um movimento destacado do alto quadril. A linha da cabeça até o alto quadril e do alto quadril até o pé de descanso formará uma curva em "S". Observe como o lado da figura com o quadril elevado se flexiona levemente entre o busto e o quadril e se alonga no lado oposto.

Lado alongado *Lado flexionado*

CAPÍTULO 5 GESTO — LINHAS DE MOVIMENTO OU DE AÇÃO 49

A curva em "S" e a figura girada ¾

Na figura girada ¾, a cabeça fica um pouco à frente do pescoço, o tronco fica em ângulo para a frente e o quadril fica em ângulo para dentro, fluindo nas pernas.

O movimento da curva em "S" é particularmente bonito em qualquer peça de roupa ajustada ou elegante. Também funciona bem em roupas de noite fluidas, pois permite que o tecido e detalhes fluam para fora da figura.

Parte superior aberta e inferior fechada (o triângulo invertido)

Nesta pose, a ênfase principal está no topo da figura, com os braços sendo o ponto de foco da pose. Eles podem estar esticados para fora ou para cima. Um braço pode estar para cima e o outro para baixo, ou em qualquer posição na qual a parte superior da figura ocupe mais espaço que a parte inferior. Este movimento é excelente para silhuetas dramáticas ou com volume na parte superior da peça — por exemplo, uma manga quimono ou dolman.

CAPÍTULO 5   GESTO – LINHAS DE MOVIMENTO OU DE AÇÃO

Parte inferior aberta e superior fechada (o triângulo)

Nesta pose, o foco está na metade inferior da figura. As pernas podem estar abertas ou em uma pose mais animada. A silhueta das calças ou da saia pode ser a característica dominante da roupa. Este gesto funciona bem em roupas esportivas e mais casuais.

52   PARTE I   A FIGURA DE MODA

O meio aberto (o diamante)

Você vai usar este movimento muitas vezes, e ele pode ter uma ou ambas as mãos no quadril. O foco do movimento ou da pose está no centro da figura. Isso funciona bem para a maioria das roupas, pois permite um espaço negativo no lado da figura, de modo que o ajuste da roupa fique claro. Esta pose funciona com roupas esportivas casuais e ainda com roupas mais formais.

Lembre-se de que, com a prática, suas figuras terão um movimento fácil e fluido.

CAPÍTULO 5   GESTO – LINHAS DE MOVIMENTO OU DE AÇÃO

Gucci, 2003

6

Método de corte

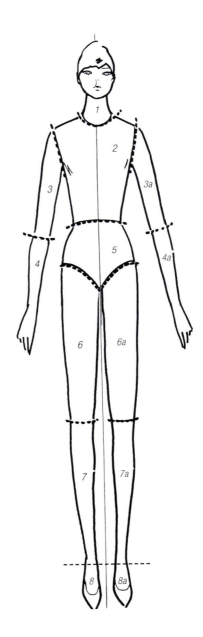

O método de corte permite criar um modelo "vivo" no papel. Como você vai mover o corpo por partes, conseguirá criar poses simples e realmente ver como o quadril, os ombros, os braços, as pernas e o tronco se movem. Isso vai ajudá-lo a treinar o olho para detectar erros de equilíbrio ou de proporção e, como você poderá corrigir esses erros apenas movendo as partes da figura, será mais fácil compreender o que deu errado no início.

Depois de ter desenhado um croqui que o satisfaça, já com as linhas arredondadas, faça várias cópias dele. Você também precisará de uma tesoura e de um rolo de fita adesiva transparente.

Corte o croqui nos seguintes lugares:
- Na cabeça e no pescoço – numere-os com 1.
- No tronco – numere-os com 2.
- Em cada braço de ombro a ombro – numere ambos com 3 e 3a.
- A partir do cotovelo até a mão – numere ambos com 4 e 4a.
- Na área do quadril – numere-a com 5.
- Em cada perna da área do quadril até o joelho – numere ambos com 6 e 6a.
- Do joelho até o final do pé – numere-os com 7 e 7a.
- Nos pés – numere-os com 8 e 8a.

A numeração vai ajudá-lo a evitar confusão quando você cortar a figura e movê-la.

Em seguida, em uma folha de papel em branco, desenhe uma linha no centro — ela vai representar a linha de equilíbrio. Coloque os pedaços da figura sobre essa linha para que ela pareça como antes de ser cortada. Mova a área do quadril para deixar um lado mais alto. Ligue a perna em repouso para tocar a linha de equilíbrio. Cuidadosamente coloque fita adesiva no lugar — a figura está começando a "se mover".

Mova a perna estendida para diferentes posições. Mova a figura para que ela mostre diferentes ações, por exemplo, caminhar ou correr. Fica claro que a perna pode ser movida sem que a figura perca seu equilíbrio. Essa perna dará à figura uma "atitude" esportiva, elegante, sofisticada, e assim por diante. Trabalhe os braços em diferentes posições e misture todas as áreas abertas. Depois de se familiarizar com esse método, é possível cortar as mãos e os pés para conseguir posições ainda mais sutis.

Quando alcançar a pose que deseja, coloque uma folha de papel sobre ela, redesenhe a figura e faça as alterações necessárias. Trabalhe com outras cópias para tentar duplicar poses simples e vistas de frente a partir de fotografias de revistas. Com isso, você formará um arquivo de poses para uso futuro. Se precisar de um tamanho menor ou maior da mesma figura, é possível reduzir ou ampliar quando fizer a cópia.

Exagero especial

É importante distinguir o exagero e a distorção. O exagero valoriza o trabalho. É um "algo a mais" que leva um desenho de comum a extraordinário. Por outro lado, a distorção enfatiza uma única área — por exemplo, as pernas — ao desenhá-la tão fora de proporção que a figura é deformada e as roupas ficam distorcidas.

Como mostrado nos capítulos anteriores, às vezes uma roupa específica exige uma figura que precisa de um pouco mais de comprimento no tronco para que se tenha uma parte superior extravagante, ou um pouco mais de perna para uma saia curta ou um vestido volumoso. Utilizando o método de corte, pode-se esticar a figura um pouco mais em qualquer área que precise desse exagero especial. Na realidade, o que você faz é escolher um modelo que vai ter uma cintura ou uma perna mais longa, ou o que for necessário para "vestir" aquela roupa especial de maneira perfeita.

O método de corte vai ajudá-lo a ver como uma figura pode ser exagerada, sem o uso de um modelo-vivo. Permite ver os erros e corrigi-los, bem como manter a proporção exata enquanto é enfatizada aquela área da roupa que tem um foco especial.

Distorcida

Exagerada

CAPÍTULO 6   MÉTODO DE CORTE

Tenha em mente que não há uma maneira exata ou um único método de desenho. Mantenha-se aberto e flexível para determinar o que funciona melhor para si mesmo e como você pode usar um exercício (como este) como ponto de partida para desenvolver ainda mais suas habilidades e capacidades. Além disso, esse método facilita a combinação de várias figuras, pois você consegue manipular com mais simplicidade os braços e as pernas a fim de melhorar o trabalho de composição.

O método de corte ajuda a combinar figuras em uma mesma folha.

CAPÍTULO 6   MÉTODO DE CORTE

Valentino, 1988

7

Método do traçado

Uso e ensino o método do traçado. Ele produz resultados muito bons, pois há sempre um desenho guia por baixo, a partir do qual se trabalha. Você faz um desenho direto, mas como há um desenho guia por baixo para ajudá-lo, a chance de fazer um desenho melhor e mais preciso é grande.

Os desenhos diretos muitas vezes apresentam problemas. Quando a cabeça está correta, os braços podem estar longos demais. Quando os braços estão certos, a linha da cintura pode estar muito alta, e assim por diante. O método do traçado ajuda a eliminar isso. No começo, ele permitirá fazer correções na proporção, nos detalhes, na linha, e em outros tantos. Nos níveis mais avançados, possibilitará um refinamento da figura ou da pose.

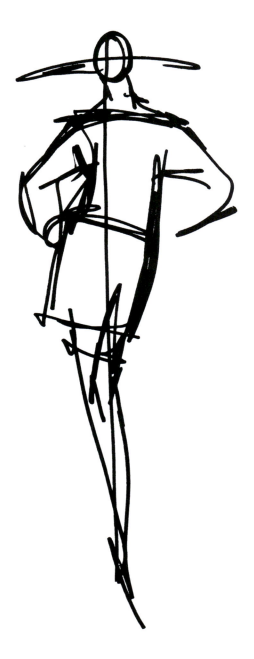

Comece desenhando a figura em blocos. Use essa figura como figura guia, colocando-a embaixo de uma folha de papel vegetal, manteiga ou sulfite. Você deverá ver só um pouco através do papel. Se ele for muito transparente, utilize duas ou mais folhas.

Desenhe como se fosse um desenho direto, mesmo que você tenha um desenho guia. Não o considere um traçado.

Se não estiver satisfeito com os resultados, faça correções. Continue a repetir isso até ter um desenho acabado e correto o suficiente para dar continuidade.

Como você trabalha sempre com um desenho guia, permita-se se sentir seguro e relaxado e, consequentemente, a arte vai parecer pura e espontânea. Esse método também é útil para colocar corretamente xadrezes, listras, estampas ou detalhes de construção na roupa.

Se o papel não for transparente o suficiente, você vai precisar usar uma caixa de luz por baixo da folha.

CAPÍTULO 7 MÉTODO DO TRAÇADO

63

Donna Karan, 1999

Divisão da figura em blocos

Para aprender a desenhar uma figura de moda, começa-se seguindo as regras estabelecidas, as quais são as diretrizes para a aprendizagem. Regras, no entanto, são diferentes de fatos. Os fatos dão conhecimento e precisão, enquanto as regras são úteis no início, mas depois podem ser improdutivas. Se muitas regras controlarem sua arte e suas próprias reações, então, seus pontos de vista e criatividade serão reprimidos, o que pode levá-lo a produzir ilustrações rígidas. A figura de 10 cabeças e os métodos do corte e do traçado são meios para ajudá-lo, mas um dia será hora de apenas "desenhar".

Quando você preparou o seu primeiro bolo, certamente teve o cuidado de que cada ingrediente e medição estivessem exatamente como a receita indicava. À medida que foi se acostumando com o processo, começou a alterar os ingredientes para o seu próprio gosto e, depois de um tempo, o bolo tornou-se mais seu do que da receita original.

Assim, uma bela arte também deve ter suas próprias qualidades pessoais. Deve parecer sem esforço — independentemente da quantidade de trabalho. Deve ser motivo de alegria — não de tensão. Primeiro, é assustador colocar as regras de lado, sobretudo se você as utiliza há um bom tempo. Para facilitar, desprenda-se das regras gradualmente.

Dividir a figura em blocos é uma forma muito natural de desenhar, mas há sempre o problema de erros de proporção. Desenvolvi um método quase à prova de erro para ajudar a resolver esse problema e descobri que a técnica funciona muito bem.

Vamos partir da suposição de que, seja qual for a altura de uma pessoa, o quadril é o meio do corpo. Como uma figura de moda precisa de um comprimento extra, vamos adicionar uma cabeça na metade inferior da figura. Isso produzirá uma figura de moda muito bem proporcionada para trabalhar.

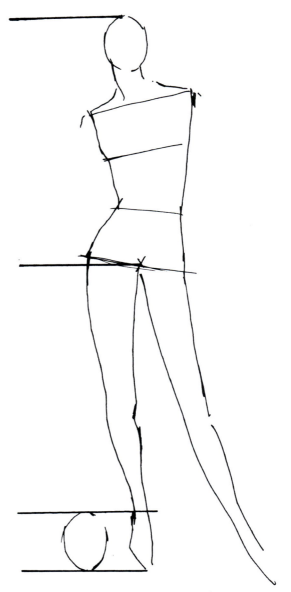

Adicione uma cabeça na metade inferior da figura.

65

Divisão em blocos da figura com saia ou vestido

Agora que conhecemos as proporções do croqui da figura de moda, queremos dar a ela algum movimento.

A figura clássica de moda tem movimento oposto entre os ombros e o quadril. Quando os ombros se movem em uma direção, o quadril se move na direção oposta. Isso vai formar uma curva em "S", que nos dá um movimento ágil e fluido.

Quando estudamos a proporção da figura de moda, descobrimos que a metade inferior é mais longa do que a metade superior. Se dobrarmos a fotografia de uma figura em ação vista de frente horizontalmente na linha da roupa de banho, notamos que os pés ficam acima da cabeça.

Logicamente, concluímos que a figura não vai ser metade e metade, mas metade, metade e mais na parte inferior. Se somarmos uma cabeça na metade inferior, nossa figura torna-se metade/metade/mais uma cabeça.

Para dividir em blocos a metade superior da figura:

1 Desenhe uma forma oval para a cabeça. Ela deve ser um pouco menor do que uma polegada (2,54cm). Desenhe a linha de equilíbrio até a parte inferior da página.

2 Desenhe a linha da direção do ombro e a linha da direção do busto. Os ombros e o busto vão sempre para o mesmo sentido. A distância do pescoço até o ombro será a medida da cabeça virada de lado.

Desenhe a linha da cintura e do quadril na direção oposta. A cintura e o quadril vão sempre para o mesmo sentido.

Observe que os ombros e o busto são mais ou menos iguais em tamanho em relação à linha da cintura e do quadril. A área do busto até a cintura é um pouco maior.

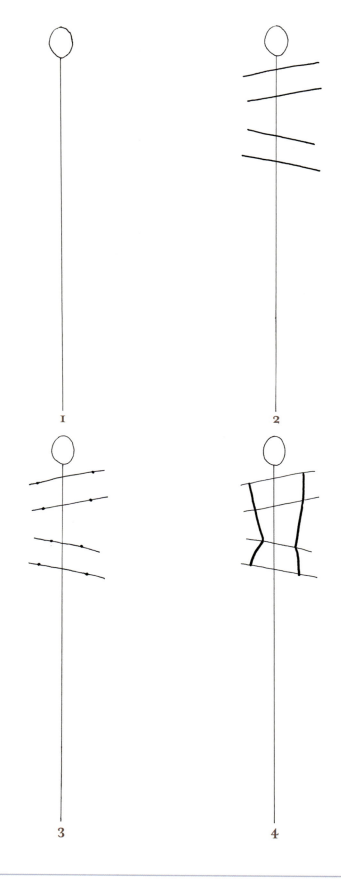

As maiores medidas horizontais são os ombros, seguidas pelo quadril, pelo busto e pela cintura, a qual é a menor. Vamos agora dividir o tronco:

3 Com a medida da cabeça, faça um ponto de cada lado da linha de equilíbrio. Isso dará a medida do ombro.
- Faça um ponto um pouco menor do que a medida do ombro para o quadril.
- Faça um ponto um pouco menor do que a medida do quadril para o busto.
- Faça um ponto um pouco menor do que a medida do busto para a cintura.

4 Ligue os pontos desenhando linhas. Você vai notar que há uma linha curva no lado mais alto do quadril e uma linha mais reta no lado oposto.

5 – 5a Agora, adicione linhas em forma de um biquini na parte inferior e as linhas do pescoço.
   Isso completa a metade superior.

6 Posicione um dedo sobre a parte superior da cabeça e outro na parte inferior do biquini. Repita essa medição para a metade inferior. Adicione a medida de uma cabeça na parte inferior para achar a medida da metade/metade/mais uma cabeça.

7 Desenhe uma linha a partir do lado mais alto do quadril junto à linha de equilíbrio. Essa linha se torna a perna de apoio. A perna de apoio será a perna que está atrás e a perna estendida será a perna da frente.

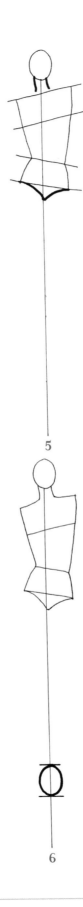

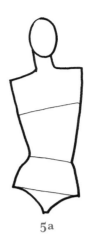

5a

CAPÍTULO 8   DIVISÃO DA FIGURA EM BLOCOS   67

8 – 8a Para alongar a figura ainda mais, desenhe linhas diagonais no joelho, no tornozelo e na parte inferior do pé. Desenhe a perna estendida entre estas linhas diagonais. Sua figura básica em ação não deve ser dividida com a perna estendida ou com os braços. A roupa e a atitude é que vão determinar a perna estendida e os braços.

9 Observe que, trazendo a perna estendida para perto do corpo e soltando os braços, temos a base de uma figura muito esbelta que pode funcionar bem para um vestido de corte em viés.

10 Se afastarmos a perna estendida e colocarmos as mãos no quadril, teremos uma figura muito esportiva e casual.
   * Depois que essa proporção está estabelecida, é possível adicionar até uma cabeça e meia à altura para um exagero extra.

As possibilidades são infinitas.

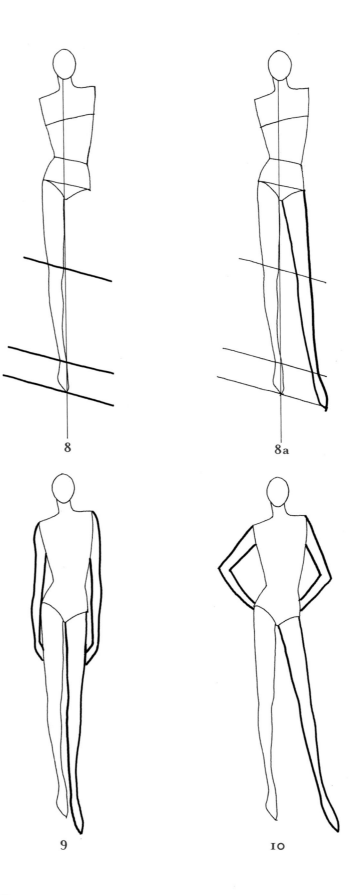

Figuras completas

CAPÍTULO 8 DIVISÃO DA FIGURA EM BLOCOS

69

Como exercício, tente pegar uma pose simples e realista de uma revista. Se quiser, pode ser uma pose de passarela. Coloque uma folha de papel manteiga sobre a fotografia e analise o que a figura está fazendo. Procure:
- A linha de equilíbrio.
- O centro da frente.
- O movimento dos ombros, da cintura e do quadril.
- A perna de apoio.
- A perna estendida.
- Os braços.

Em seguida, veja revistas de moda e analise os movimentos nas fotografias usando com uma caneta marcador. Sempre escolha fotos em que a modelo pareça estar bem na sua frente e com uma pose natural. Evite poses exageradas, da moda ou artísticas que têm posições ou proporções distorcidas. Além disso, não use fotos em que o fotógrafo criou um clima altamente pessoal. Lembre-se: você quer criar o clima.

Combinando mais de uma figura

Ao combinar o "método de dividir a figura em blocos" com o "método do traçado", você pode usar figuras individuais para criar grupos. É possível finalizar cada figura e combiná-las depois, ou combiná-las e finalizá-las como um grupo.

Trabalhe com as figuras individualmente até obter uma composição agradável. Corte as figuras, deixando pelo menos meio centímetro em torno de cada uma. Cole as figuras com fita adesiva, agrupando-as. Comece a desenvolvê-las e, em vez de pensar em um desenho finalizado, deixe cada etapa trazer mais vida às figuras. Às vezes, isso é feito em duas ou três etapas, mas, em outras situações, pode demorar mais. Tudo isso depende da complexidade da roupa, da técnica de representação ou da própria figura — mas o "acabamento" deve ocorrer do modo mais natural possível.

Para figuras giradas ¾ e figuras de perfil, consulte o Capítulo 9

70   PARTE I   A FIGURA DE MODA

CAPÍTULO 8 DIVISÃO DA FIGURA EM BLOCOS

Galanos, 1962

9

Figuras giradas ¾ e figuras de perfil

Imagine a figura de frente como 100%, com cada lado do centro da frente sendo igual. Na figura girada, o lado que gira para longe do centro da frente torna-se menor. Na figura de perfil, o centro da frente torna-se o contorno da frente da figura.

Na vista frontal, não vemos o contorno do busto, pois os lados da figura são a caixa torácica. À medida que a figura gira, começamos a ver o busto no lado que está se afastando. Nota-se também que o lado com o contorno do busto é o menor.

No lado maior do centro da frente, começamos a ver a cava e o plano lateral do corpo. Uma vez que a figura está girada ¾, a cava, que é redonda, torna-se uma forma oval. A perna de apoio ainda segue as regras da vista frontal, e a perna estendida pode ser manipulada em várias posições. Quando apoiado sobre o quadril, o braço do lado girado torna-se ligeiramente encurtado.

Karl Lagerfeld/Chanel, 2004

Desenhando a figura girada ¾

1 Comece dividindo em blocos uma figura de vista frontal, com os ombros e o quadril indo em direções opostas.

2 Para convertê-la em uma figura girada ¾, só precisamos nos preocupar com a metade superior da figura. Faça uma linha tracejada que removerá cerca de ¼ da figura, do lado do quadril que está elevado. Já dividimos o centro da frente em partes desiguais.

3 Incline o pescoço para o lado oposto do quadril elevado.

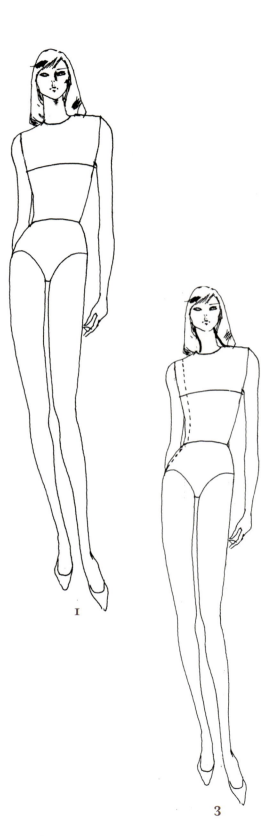

4 Marque o contorno do ombro.

5 Marque o contorno do busto.

6 Desenhe a caixa torácica, passando da cintura, e ligue-a com o quadril.

7 Figura concluída até agora.

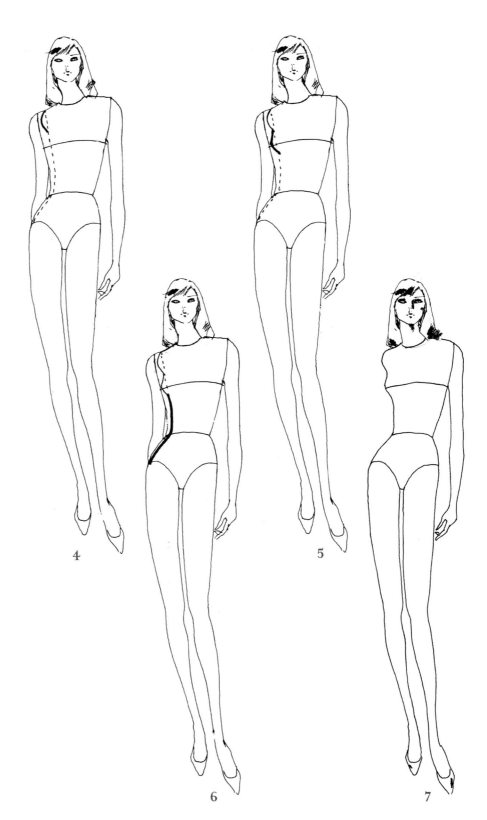

CAPÍTULO 9   FIGURAS GIRADAS ¾ E FIGURAS DE PERFIL

Centro da frente e plano lateral

Para indicar o novo centro da frente:

1 Desenhe o seio que está na borda externa.

2 Traceje uma linha a partir do meio do busto, paralela à borda externa, ligando-a até o final do gancho.

3 O segundo seio é desenhado entre o centro da frente e o plano lateral.

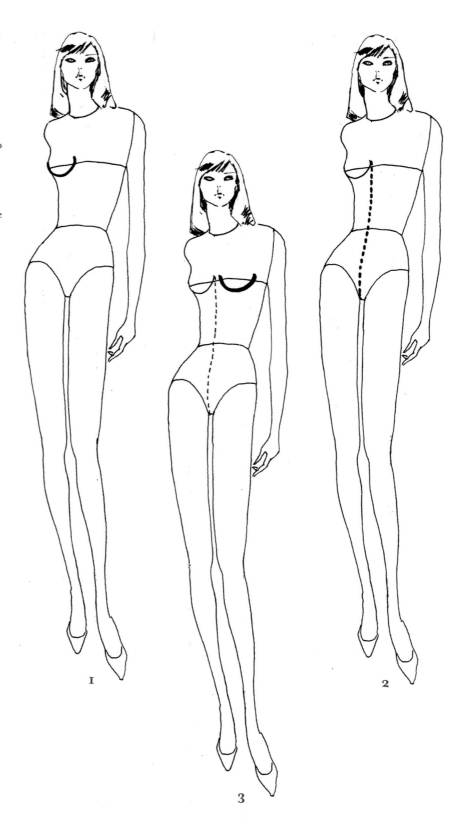

Para indicar o plano lateral:

4 Indique a colocação do plano lateral desenhando uma forma oval para a cava, passando um pouco da cava existente.

5 Trace uma linha da cava até a cintura, paralela à borda externa, para indicar o plano lateral.

6 Em paralelo à linha do plano lateral, traceje uma linha a partir da cava, passando a cintura até chegar ao quadril.

7 O plano lateral será, geralmente, uma sombra, pois os braços cobrem a lateral do corpo. Uma leve sombra aparecerá sob os seios em um vestido justo ao corpo. O tronco vai estar para trás do braço. Esse braço, bem como o outro, pode estar em várias posições.

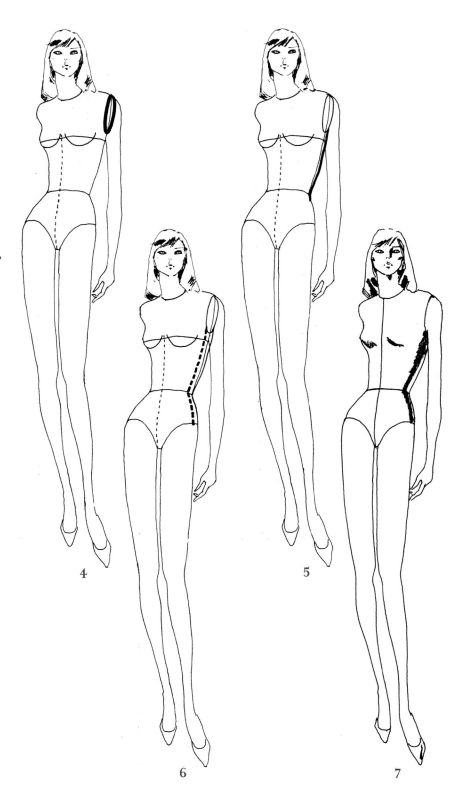

CAPÍTULO 9   FIGURAS GIRADAS ¾ E FIGURAS DE PERFIL

Várias poses são obtidas pela manipulação dos braços e da perna estendida.

Desenhando a figura de perfil

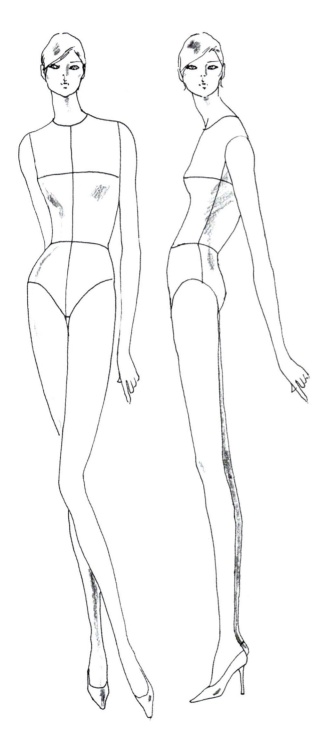

Comparação entre a figura vista de frente e a figura de perfil.

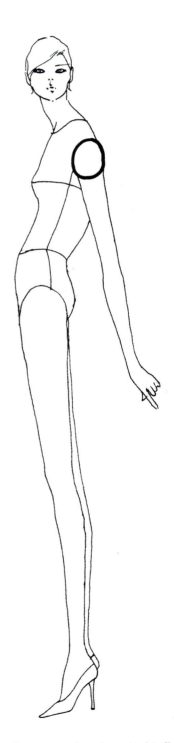

A cava se transforma em um círculo completo na vista de perfil.

CAPÍTULO 9   FIGURAS GIRADAS ¾ E FIGURAS DE PERFIL

Desenhando a figura de perfil

Quando o corpo gira completamente para o lado, nós o vemos em seu perfil. A parte maior dessa figura torna-se o plano lateral, e a cava transforma-se em um círculo completo. O pescoço assume um ângulo para frente e a área do quadril fica ligeiramente projetada.

1 Comece dividindo uma figura vista de frente em blocos, com os ombros e o quadril indo na mesma direção. Desenhe a figura de perfil ao lado dela. Todas as medidas horizontais (ombros, busto, cintura e quadril) permanecem no mesmo nível.

2 A forma oval da cabeça permanece a mesma. Incline o pescoço para trás.

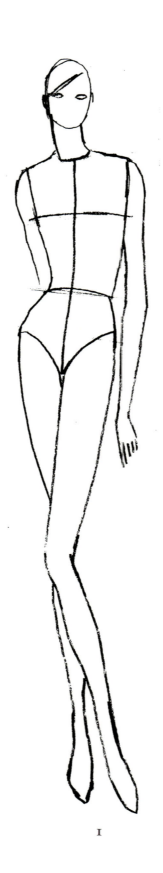

1

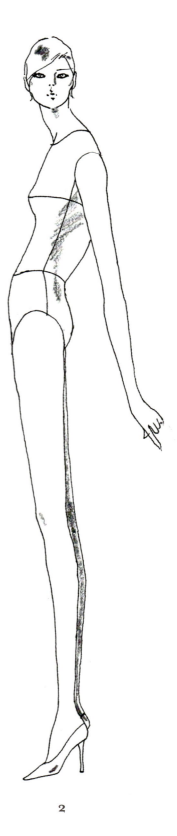

2

3 Desenhe o contorno do seio na linha do busto e continue até a cintura.

4 Incline o quadril um pouco para frente.

5 Traga a perna para baixo até tocar a linha de equilíbrio.

A perna estendida e os braços podem ser manipulados em diferentes posições, como vista frontal, permitindo uma variedade de poses.

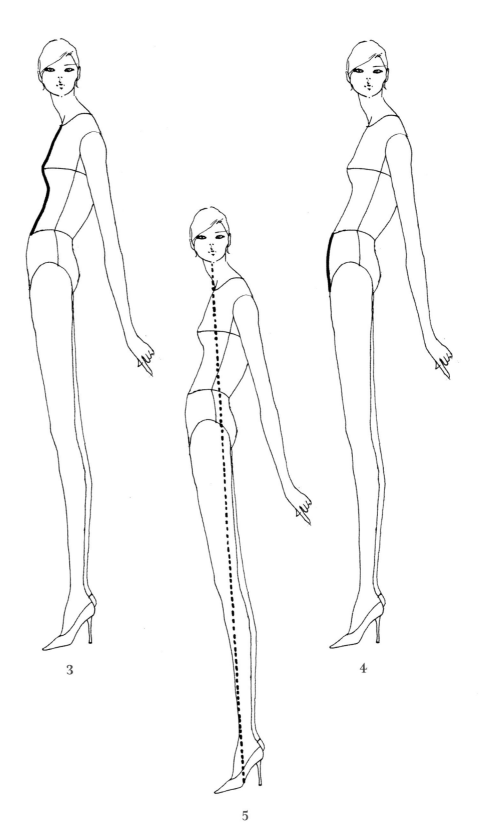

Poses e atitudes podem ser alteradas pela manipulação da perna estendida e dos braços.

CAPÍTULO 9   FIGURAS GIRADAS ¾ E FIGURAS DE PERFIL

83

10

O rosto de moda

Ao olhar ao redor, você percebe a diferença entre o seu rosto e o de qualquer outro. No entanto, quando você para para analisá-lo, vê que o rosto é composto de quatro partes básicas: dois olhos, um nariz e uma boca. Ao contrário das roupas, que têm detalhes adicionados, como golas, mangas e cintos, o rosto é uma série de sombras e aberturas.

A cabeça representa cerca de um décimo do corpo e é completamente autossuficiente. Não se pode mover o nariz do jeito que se move os braços e as pernas. Se inclinarmos a cabeça para baixo, todos os componentes do rosto permanecem no lugar.

Ninguém está habituado a ver um rosto estático. As pessoas falam, abrem e fecham os olhos e mudam constantemente suas expressões. O cabelo, às vezes, cobre partes do rosto, mas, em outros momentos, ele o emoldura, deixando-o totalmente exposto.

As diferentes combinações – lábios cheios, lábios finos; nariz proeminente, nariz achatado; maçãs do rosto altas, bochechas redondas; pele escura, pele clara; cabelo crespo ou liso – são interessantes. E ao girar ligeiramente a cabeça, da frente para o perfil, todos os componentes parecem mudar.

O rosto de moda difere de um rosto real, pois os diferentes estilos de maquiagem podem focar determinados componentes do rosto e tornar outros menos importantes. Tais estilos mudam de década para década e, às vezes, até de ano para ano. Ao desenhar o rosto, é extremamente importante manter isso em mente.

O rosto de moda é o ideal do que é belo em um determinado momento. Não é uma mulher única, mas sim uma mistura de todas as etnias e tipos, cada qual contribuindo com qualidades especiais que nos proporcionam a aparência do momento. Personalidades populares, a moda e a situação do mundo também contribuem. As modelos de moda são escolhidas por representarem melhor esse ideal.

Vamos voltar várias décadas e estudar como o cabelo e a maquiagem mudaram o rosto de moda. Estude o foco de cada década, de modo que aprenda a dar ao seu trabalho a aparência que deseja alcançar.

Década de 1920

A década de 1920 foi a era das melindrosas. As mulheres estavam muito mais emancipadas do que na virada do século. A maquiagem tinha um visual de boneca pintada, com Clara Bow e Gloria Swanson definindo o estilo. Havia um equilíbrio entre os olhos e os lábios, os quais eram muitas vezes em forma de coração e vermelhos. Os olhos tinham sombra escura, e as sobrancelhas eram bastante finas. As bochechas eram rosadas e, às vezes, uma pinta era colocada perto do queixo. O cabelo era liso e chanel curto na altura do maxilar, fazendo a cabeça parecer pequena.

Gloria Swanson, década de 1920

85

Jean Harlow, década de 1930

Greta Garbo, década de 1930

Década de 1930

O visual era muito glamouroso. Hollywood ditava as regras, e as mulheres queriam se parecer com as estrelas de cinema. Jean Harlow era a deusa do sexo. Ela foi uma das primeiras loiras platinadas a se tornar uma estrela de cinema. Seu cabelo em ondas contra o rosto parecia quase branco na tela. As sobrancelhas eram muito finas, quase uma linha. Os lábios eram brilhantes e muito vermelhos. O visual era completamente glamouroso e artificial.

Junto a todo esse glamour, havia também o visual altamente sofisticado de Greta Garbo. Muito discreto e nunca chamativo, suas pálpebras profundas eram muito exageradas, e seus olhos sensuais, muito definidos. Seus lábios eram pontudos e seu cabelo era naturalmente estiloso e elegante.

Década de 1940

Devido às restrições sobre maquiagem e roupas durante a Segunda Guerra Mundial, "Rosie the Riveter" (Rosie, a rebitadora) costumava ser a imagem das mulheres que trabalhavam nas fábricas no início dos anos 1940. Mesmo com tais restrições, as mulheres ainda imitavam as estrelas de cinema. Um exemplo é que elas queriam usar o cabelo como Veronica Lake usava – ondulado na frente de um dos olhos. Como era perigoso para as trabalhadoras das fábricas usarem o cabelo desse modo, o governo dos Estados Unidos pediu à Veronica para cortar o seu famoso cabelo no olho, e ela obedeceu.

Entretanto, depois da guerra e do New Look de Dior, as mulheres mais uma vez queriam voltar para o glamour que tinham anteriormente. O rosto da moda dos anos 1940 tinha uma forte ênfase nos lábios. Eles eram muito escuros e, em geral, delineados além da linha natural dos lábios. As sobrancelhas eram naturais e os cílios, maquiados. O cabelo era ondulado com comprimento até os ombros ou arredondado em forma de "U" na parte de trás. Joan Crawford e Ava Gardner eram as estrelas de Hollywood que melhor exemplificavam esse visual.

Joan Crawford, década de 1940

Década de 1950

A cor no cinema e a marca de maquiagem Max Factor foram fortes influências nos anos 1950. O cabelo era tingido de louro amarelado ou cenoura avermelhada. As sobrancelhas eram muito marcadas com lápis e o traço do delineador preto era feito para levantar o olhar. Os penteados variavam: desde ondulados e na altura da mandíbula, até o corte curto italiano. Elizabeth Taylor, Marilyn Monroe e Sophia Loren foram excelentes exemplos desses visuais. As modelos de moda eram distantes e artificiais. Elas representavam, junto com as estrelas de cinema, um ideal intocável que as mulheres tentavam imitar.

Década de 1960

Durante a primeira metade da década de 1960, o visual era elegante, de dama, sofisticado e reluzente. Jacqueline Kennedy e Audrey Hepburn representavam melhor esse visual. A maquiagem era mais natural e a ênfase estava nos olhos. As sombrancelhas eram desenhadas com lápis e os lábios, moderadamente coloridos; o cabelo era arrumado com apliques altos ou com coque banana.

Os movimentos jovens em Londres, as maquiagens da butique de moda feminina Biba e os cortes de cabelo curtos estilo tigela de Vidal Sassoon foram as grandes influências na segunda metade da década de 1960. Os olhos assumiram o controle do rosto, com cílios falsos e pálpebras carregadas de sombra. Os lábios eram pálidos, em geral cor de boca. O cabelo era cortado geometricamente ou arrumado com muito volume no alto da cabeça utilizando apliques. A modelo londrina Twiggy era o ícone desse visual, com seus cílios falsos — na pálpebra inferior e superior —, lábios muito pálidos e cabelo curto. Modelos de todas as etnias começaram a trazer seus visuais próprios e únicos para as passarelas e revistas.

Elizabeth Taylor, década de 1950

Hioko, década de 1960

Audrey Hepburn, década de 1960

Twiggy, década de 1960

CAPÍTULO 10 O ROSTO DE MODA

Década de 1970

O rosto de moda dos anos 1970 trouxe realismo e sensibilidade. O visual era totalmente natural. Havia mais ênfase nos cuidados com a pele e a saúde. Os olhos e os lábios compartilhavam um foco igual, e as cores da maquiagem em tons de terra eram utilizadas para sombrear e valorizar o rosto. O cabelo era cortado e arrumado com simplicidade ou recebia permanente. As modelos não eram mais intimidantes, ao contrário, pareciam reais e críveis. Lauren Hutton tornou-se uma das principais modelos da década e foi uma das mais bem pagas da história. As mulheres entraram de vez no mercado de trabalho e não eram mais as deusas pintadas do passado.

Década de 1980

Dependendo de quem fosse você, os anos 1980 ou eram sobre maquiagem poderosa, ou sobre punk rock. Por um lado, o rosto tinha que competir com as ombreiras da roupa. As estrelas de novelas do horário nobre, como Joan Collins e Linda Evans, deram à rica e ousada maquiagem uma nova personalidade. Brooke Shields tornou-se uma das primeiras supermodelos. Ela desfilou, fotografou e fez trabalhos para a televisão, e foi a "imagem" do jeans Calvin Klein. Os lábios eram vermelhos, os olhos sombreados, as sobrancelhas grossas e o blush definia as bochechas. O rosto era equilibrado e o cabelo, muito volumoso ou curto.

No outro extremo estavam os "punks", que eram o oposto direto do visual rico e "arrumado". O cabelo era raspado, esculpido e preso em formas estranhas por mousse e gel. A maquiagem era feita para chocar, e ganchos e alfinetes perfuravam o nariz e os lábios, bem como as orelhas. As estrelas do rock frequentemente ditavam o estilo.

Lauren Hutton, década de 1970

Brooke Shields, década de 1980

Década de 1990 em diante

A marca do rosto de moda da década de 1990 era a individualidade. Ele tinha um visual saudável, limpo e natural, ou impactante de uma estrela do rock. Frequentemente, a roupa retrô determinava a maquiagem. As modelos de moda tornaram-se os rostos mais famosos e a maquiagem variava de criança inocente, como a de Kate Moss, a sensualidade de Naomi Campbell. O cabelo era curto, longo ou mediano. As mulheres definiam o seu próprio estilo.

O rosto de moda do final dos anos 1990 até a década de 2000 era de oposições e contrastes, e nenhum tipo de maquiagem foi dominante. Havia a loira elegante do Upper East Side compartilhando os holofotes com o hip-hop dos guetos, o punk do centro da cidade e os visuais góticos. Tatuagens e piercings tornaram-se tão aceitáveis quanto os cosméticos.

Celebridades como Madonna e Nicole Kidman mudaram o visual de sua maquiagem e a cor do cabelo tanto quanto quiseram. A busca da perfeição e o desejo de permanecer com a aparência jovem fizeram da cirurgia plástica e das injeções de botox coisas comuns.

A partir dessa visão geral, vemos que o rosto ideal de uma década é muito diferente dos que vieram nas décadas anteriores ou posteriores. Ao desenhar um rosto de moda, esteja ciente da estrutura do rosto sob a maquiagem e misture esses elementos em um só. Estamos em um mundo onde qualquer etnia tem sua própria identidade e beleza e, consequentemente, as possibilidades do que é belo tornam-se ainda maiores.

Naomi Campell, década de 1990

Madonna, década de 1980-2000

Kate Moss, década de 1990-2000

Desenhando o rosto de moda

Neste capítulo, estamos estudando o rosto como uma unidade isolada. Quando é desenhado como parte da figura completa, no entanto, ele é muito mais simplificado. Primeiro, vamos estudar e desenhar o rosto visto de frente.

Em geral, a melhor forma para começar é com uma forma oval. Lembre-se: o rosto não é redondo. Quanto mais redondo for o rosto, mais jovem será o visual. Os bebês têm o rosto mais redondo.

1 Divida a forma oval do rosto ao meio, tanto no comprimento quanto na largura.

2 Pense nos olhos como uma forma de amêndoa e coloque-os na linha horizontal. Geralmente, há a distância de um olho entre os olhos. Há também a distância da metade de um olho no final de cada olho. Faça essa divisão primeiro, para que os olhos não fiquem nem muito perto, nem muito longe e sejam posicionados da maneira correta.

3 Desenhe duas linhas a partir do centro inferior do rosto até a extremidade final dos olhos.

4 Divida a metade inferior do rosto ao meio.

5 Coloque a abertura da boca abaixo dessa linha com as laterais da boca tocando as linhas diagonais.

6 Desenhe os lábios pontudos para ficar mais fácil posicioná-los. (Mais tarde, você achará mais fácil arredondá-los.) O lábio superior se estende do centro para as linhas diagonais. O lábio inferior é uma linha curva que se estende de uma linha diagonal para a outra.

7 Coloque um ponto em cada lado do centro da frente para indicar as narinas. Esses pontos devem ser bastante próximos da boca.

8 As diagonais também servem de guias para as sobrancelhas e as maçãs do rosto. Desenhe uma linha levemente curva no lado de fora, a partir da parte inferior dos olhos até a parte inferior do nariz, para indicar as maçãs do rosto. As orelhas são colocadas nas laterais do rosto, começando nos olhos e terminando na parte superior dos lábios.

Agora você tem uma cabeça dividida em blocos. Apague, corrija e refine essa cabeça até que as proporções pareçam precisas.

Coloque a cabeça dividida em blocos embaixo de uma folha de papel manteiga ou sulfite. Certifique-se de que consegue ver através da folha. (Às vezes, é melhor colocar o desenho guia embaixo de duas ou três folhas de papel manteiga, de modo que não fique tão visível.) Vamos agora estudar cada componente do rosto separadamente e desenhá-los sobre o desenho guia.

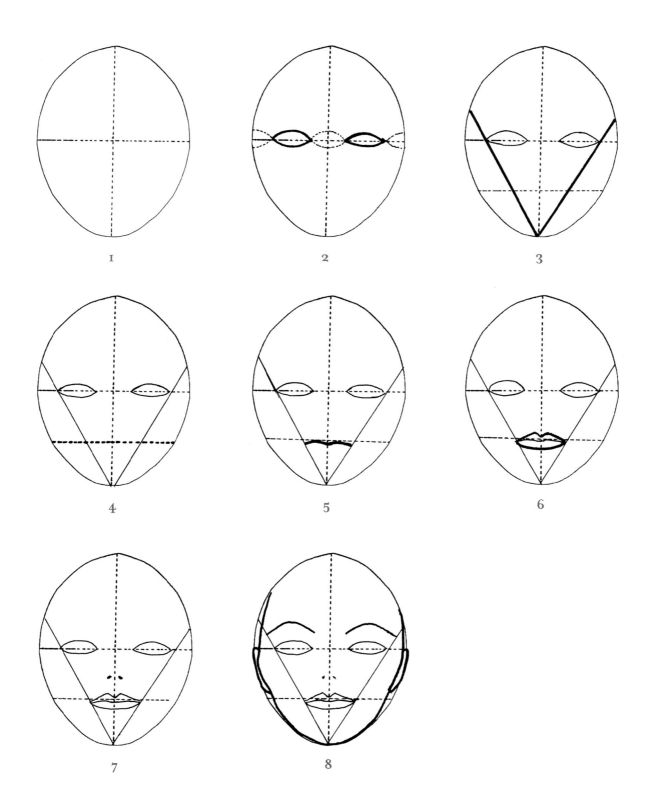

CAPÍTULO 10   O ROSTO DE MODA

Os olhos

1 Defina mais a forma de amêndoa. Faça um pequeno canal lacrimal. O globo ocular ultrapassa a parte superior do olho. Nunca desenhe o círculo completo do olho dentro da pálpebra. A pupila, que é um ponto escuro no centro do olho, fica no centro do círculo completo da íris.

2 A pálpebra segue a forma geral do olho. Ela pode mal aparecer ou ser muito profunda.

3 Para dar profundidade à pálpebra, concentre as sombras em cada extremidade do olho e mantenha o centro mais claro.

4 Desenhe os cílios como uma massa, em vez de fazer pelos individuais. Desenhe a sobrancelha como se fosse uma plumagem, toda no mesmo sentido.

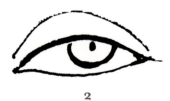

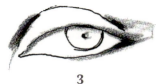

A boca

1 Primeiro, desenhe o centro da boca como se fosse a letra "M" muito esticada. Para dar profundidade, concentre as sombras nas extremidades e bem no centro.

2 Desenhe uma metade do lábio superior e, em seguida, a outra. O centro do lábio superior está na linha do centro da frente.

3 Desenhe o lábio inferior. Ele é um pouco mais cheio do que o superior. Coloque uma sombra sob o centro do lábio inferior.

4 Para desenhar uma boca entreaberta, preencha a metade superior da forma "M". Isso pode dar à boca mais vida e expressão. Nunca desenhe os dentes.

5 Quando estiver refinando os lábios, tenha em mente que um contorno pesado vai parecer falso. Tente usar mais sombra (cor) do que linha.

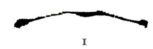

O nariz

O nariz é um pouco mais difícil, pois é mais sombra do que linha. Quanto menos elaborado nariz, melhor — mantenha-o o mais simples possível.

1 A parte inferior do nariz é formada por três círculos. O central é o maior e os laterais são menores e de tamanho uniforme. As narinas têm uma forma oval. Para dar dimensão às narinas, não feche toda a linha.

2 Uma maneira de desenhar o nariz é fazer uma sombra apenas em um lado. Fazer hachuras em ângulo mostra a profundidade.

3 Outra maneira é desenhá-lo como uma única linha. Se você desenhar o nariz assim, mantenha essa linha mais clara do que as outras linhas do rosto.

4 Observe a relação entre o nariz e os olhos. Deve haver um pequeno espaço entre eles.

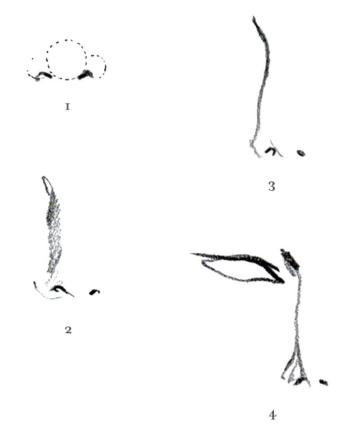

As orelhas

Talvez nenhuma outra parte do corpo tenha tanta coisa acontecendo em tão pouco espaço como a orelha. Mais uma vez, quanto menos, melhor.

1 Faça as orelhas em forma de ponto de interrogação em cada lateral do rosto.

2 De qualquer vista, indique uma linha clara e graciosa para o interior.

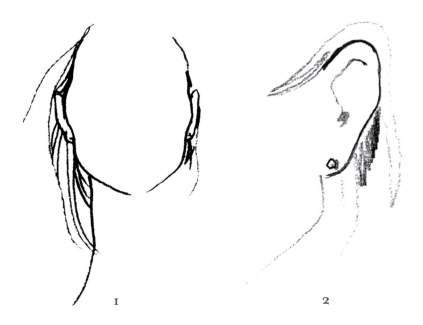

CAPÍTULO 10   O ROSTO DE MODA

Aperfeiçoando o contorno

Esta é uma parte muito sutil do rosto, e muito individual. Alguns de vocês vão querer um queixo menor, uma forma mais redonda, uma forma mais quadrada, maçãs do rosto altas, e assim por diante.

O modo mais belo de finalizar a cabeça de moda é com um pescoço longo e gracioso.

1 O pescoço se une com o músculo trapézio antes de chegar aos ombros. Ele é indicado com uma forma triangular e não flui diretamente para os ombros.

2 Não continue a linha do pescoço diretamente a partir da linha da mandíbula.

3 Deixe um espaço para dentro da mandíbula. Não estenda o pescoço a partir da mandíbula.

4 Tenha o cuidado de deixar espaço suficiente em torno dos componentes do rosto. Caso contrário, elas vão parecer muito grandes para o rosto.

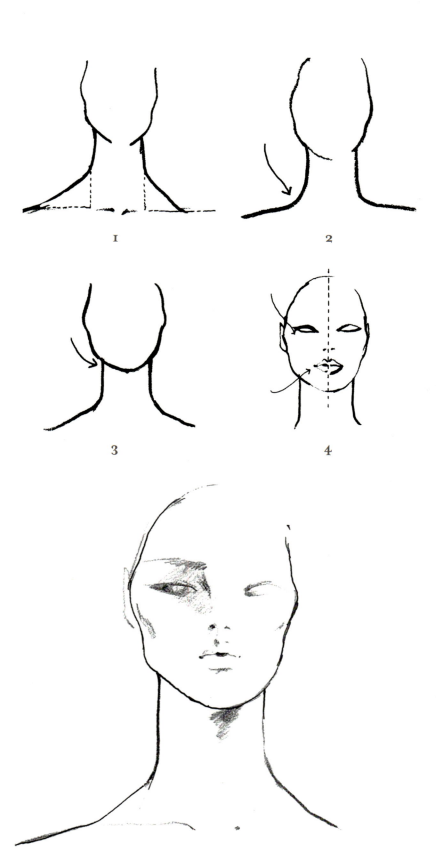

PARTE I   A FIGURA DE MODA

O cabelo

A linha do cabelo começa aproximadamente um terço abaixo da metade superior da face. Estabeleça a relação entre o estilo e a quantidade de cabelo para o rosto. O cabelo é macio, crespo, liso ou geométrico? Longo, médio ou curto? Como cresce a partir da cabeça? Onde ele está repartido?

Geralmente, as sombras mais escuras no cabelo são as mais próximas do rosto. A parte superior e externa são as mais claras. Para ver isso, estude fotos de cabelo loiro, pois nele é mais fácil visualizar essas sombras.

Em vez de desenhar um contorno rígido, pense em "pentear" o cabelo com o lápis. Que movimentos você faria com um pente? Traga esses movimentos para o papel com o lápis. Isso lhe dará o fluxo do penteado.

Pense em "pentear" o cabelo com o lápis.

As sombras mais escuras estão mais próximas do rosto.

A sombra de olho funciona bem para as sombras do rosto.

CAPÍTULO 10   O ROSTO DE MODA

Para o cabelo liso ou ondulado, comece no repartido e use movimentos descendentes. Para cabelos crespos, imite os movimentos que seus dedos fariam para obter os cachos. Os cortes geométricos têm uma forma exata e definida. Eles são cortados para ficar no lugar e devem ser desenhados com um contorno linear e geométrico. O cabelo preso no topo da cabeça deve ter um bom fluxo e ritmo para a sua linha. Deixe franjas e tufos laterais de cabelo muito claros.

Nunca desenhe o cabelo com um contorno rígido. Desenhe a massa e o volume de cabelo em bloco ao redor da área facial e em qualquer outro lugar que o estilo ditar. Tenha em mente que o cabelo vai ao redor da cabeça; cuide para que a sombra toque o rosto, e não fique longe dele.

Cabelo preso

Cabelo chanel

Cabelo liso ou ondulado

Cabelo crespo

CAPÍTULO 10   O ROSTO DE MODA

As cabeças giradas ¾ e as cabeças de perfil

A linha do centro da frente divide a vista da frente do rosto pela metade. À medida que a cabeça gira, o mesmo acontece com essa linha. No momento em que a cabeça fica de perfil, a linha do centro da frente torna-se o contorno do rosto.

Para entender os componentes da cabeça girada ¾ e da cabeça de perfil, vamos pensar nestes princípios: conforme a cabeça se afasta da vista frontal, começamos a perder alguns componentes dessa vista. Quando a cabeça está totalmente de perfil, perdemos metade dos componentes. Portanto, a vista frontal representará o olho ou a boca inteiros. Na cabeça girada ¾, cortamos um quarto dos componentes.

A porção maior será colocada no lado do desenho mais próximo a você. A porção menor, no lado mais afastado. O lado que mostra o contorno da maçã do rosto é sempre o lado do desenho que está mais longe. Com o nariz de três quartos, perdemos os dois planos e vemos apenas um lado.

Criando os componentes girados ¾

Na cabeça de perfil, cortamos metade do olho e da boca e vemos apenas um plano do nariz.

Você deve ter notado uma forte direção diagonal \ \ \ \ \ acontecendo na cabeça girada ¾. Na cabeça de perfil, essa direção torna-se totalmente diagonal \ \ \ \ \.

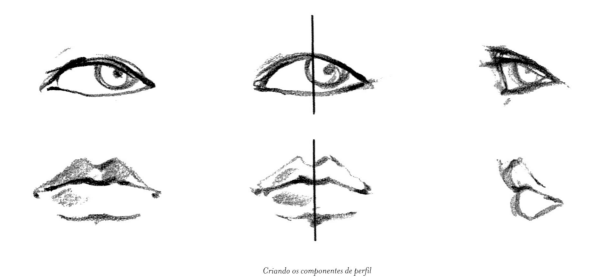

Criando os componentes de perfil

CAPÍTULO 10   O ROSTO DE MODA

Desenhando a cabeça girada ¾ ou cabeça ¾

1 Desenhe uma forma oval. Divida a cabeça em partes do mesmo modo que na vista frontal, mas com linhas guias arredondadas. Divida com duas linhas horizontais, arredondando-as para mostrar o plano lateral.

2 Desenhe os olhos. (Lembre-se de deixar a medida de três quartos de um olho entre eles.) Coloque as linhas diagonais e desenhe a boca. Disponha os componentes maiores do lado do desenho mais próximo a você e os componentes menores, do outro lado.

3 Desenhe o nariz. A parte inferior do nariz toca a linha do centro da frente e a narina fica do outro lado da linha. Desenhe as sobrancelhas. Não deixe que o olho ou a boca toquem o contorno. Sempre deixe um pouco de espaço.

4 O crânio é a metade da cabeça virada de lado. Ele deve tocar a linha do centro da frente no topo da cabeça.

5 Acho mais fácil desenhar o contorno do rosto após os componentes estarem posicionados. A testa segue uma linha curva em direção aos olhos. A maçã do rosto estende-se, aproximadamente, da parte inferior do olho até a parte superior da boca, e há uma pequena curva na região da boca e do queixo.

6 Em uma vista girada ¾, a linha externa do pescoço estende-se até o trapézio. A linha interna é mais curta e flui na frente da linha do ombro. Observe como o pescoço é mais baixo na frente do que atrás. Coloque a orelha. Apague e refine até o seu desenho parecer correto e, então, coloque-o sob uma folha de papel em branco e redesenhe.

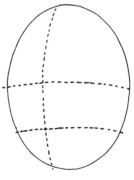
1

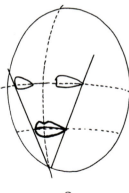
2

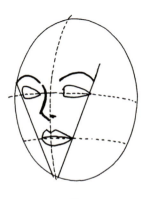
3

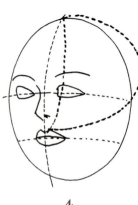
4

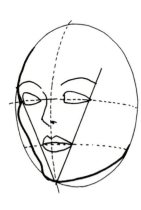
5

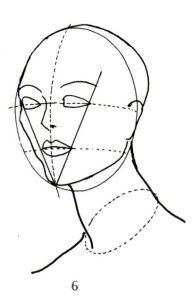
6

Desenhando a cabeça de perfil

1 Desenhe uma forma oval. Divida o rosto do mesmo modo que na vista frontal.

2 Coloque a metade do olho ligeiramente acima da linha superior. O olho deve ficar a uma distância um pouco menor que um olho a partir da borda. Indique o nariz.

3 Se você desenhar uma linha reta imaginária na frente da forma oval:
- A testa vai tocá-la.
- O nariz vai passá-la.
- O lábio superior vai tocá-la.
- O lábio inferior vai se afastar um pouco dela.
- O queixo também vai estar um pouco para trás da linha.

4 A largura do crânio é a metade do comprimento da cabeça.

5 Mantenha um toque leve ao desenhar a mandíbula. Coloque a orelha na área entre o olho e o lábio superior – um pouco afastada da linha central. Em uma vista de perfil, mantenha o pescoço ligeiramente reto à medida que desce a partir do crânio. Há uma pequena curva para frente do pescoço. A parte da frente do pescoço é menor do que a parte de trás. Agora, adicione o cabelo como foi feito anteriormente. Refine e coloque sob uma folha de papel limpa e redesenhe.

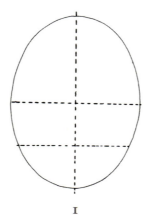
1

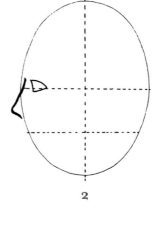
2

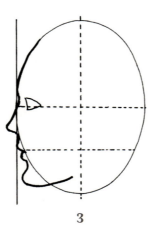
3

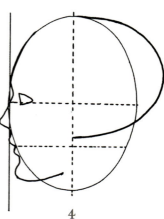
4

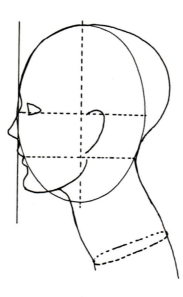
5

Cabeças inclinadas

Quando a cabeça inclina-se para cima ou para baixo, as linhas guia têm uma curva mais extrema. Em uma vista para baixo, as linhas guia têm forma de "arco".

Depois que começar a desenhar o rosto com mais confiança, você pode praticar diferentes expressões e atitudes.

Expressões e atitudes

Rostos étnicos

Como falamos anteriormente, a beleza não tem um rosto padrão. Cada etnia tem diferentes ideais para o que é considerado belo. As modelos de moda vêm de todas as partes do mundo e representam todas as pessoas. Estude e observe os diferentes tipos de mulheres e aprenda o que torna seus rostos especiais e únicos.

Sempre que possível, desenhe rostos da vida real para aprender a estrutura. Estude os rostos de moda a partir de fotos claras e bem iluminadas. Você provavelmente não vai encontrar tudo perfeito em uma única foto. Aprenda a trabalhar com fotos diferentes para obter características e penteados específicos.

CAPÍTULO 10   O ROSTO DE MODA

11

Braços, pernas, mãos e pés

Além de realismo, representado por equilíbrio, movimento e ação, braços, pernas, mãos e pés dão à figura de moda atitude. Ao mudar suas posições, pode-se mudar uma pose de esportiva a sofisticada.

Pense em uma figura ativa com uma roupa esportiva, um terno, um vestido de noite ou mesmo um vestido de noiva. A posição dos braços e das pernas permite que a pose seja perfeitamente adequada à roupa. No entanto, a maioria dos alunos considera os braços e as pernas como apêndices presos ao tronco. É importante lembrar que eles estão ligados ao tronco e todas as unidades funcionam umas com as outras. Tanto os braços quanto as pernas têm articulações em divisões semelhantes, que são superior e inferior, assim como o pé e a mão. Cada unidade é ligada por articulações, e elas têm o seu próprio movimento.

Os músculos e os ossos são muito semelhantes nos braços e nas pernas. Um osso longo na metade superior, dois ossos na metade inferior e os músculos que dão à forma exterior uma definição semelhante. Todos são uma série graciosa de linhas arredondadas e retas.

Braços

O braço não pende em linha reta. Em uma posição natural, ele tem uma ligeira curva. Ao desenhar o braço, pense nele começando do ombro e tendo quatro divisões:

- A parte superior.
- O cotovelo.
- A parte inferior (antebraço).
- A mão.

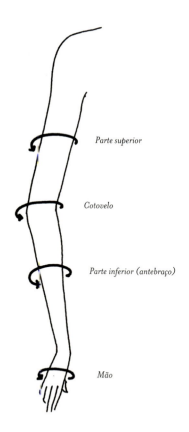

Desenhando os braços

Para desenhar os braços, você deve ter em mente que:

1 O músculo do ombro tem um arredondamento suave.

2 A parte superior do braço parece quase reta e paralela.

3 O músculo externo do antebraço tem uma forma discreta e suave.

4 O lado interno do antebraço se divide ao meio. A metade superior é arredondada, enquanto a metade inferior é reta em direção ao pulso.

5 O pulso deve ser estreito, ligando-se à palma da mão.

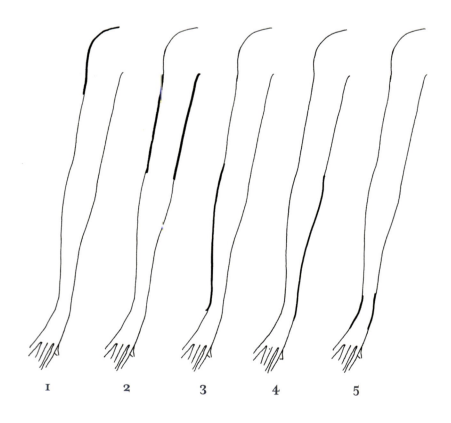

PARTE I   A FIGURA DE MODA

Observe que, quando a mão está descansando sobre o quadril, ou se houver qualquer encurtamento, há um arredondamento no músculo interno do antebraço e uma planificação na parte externa.

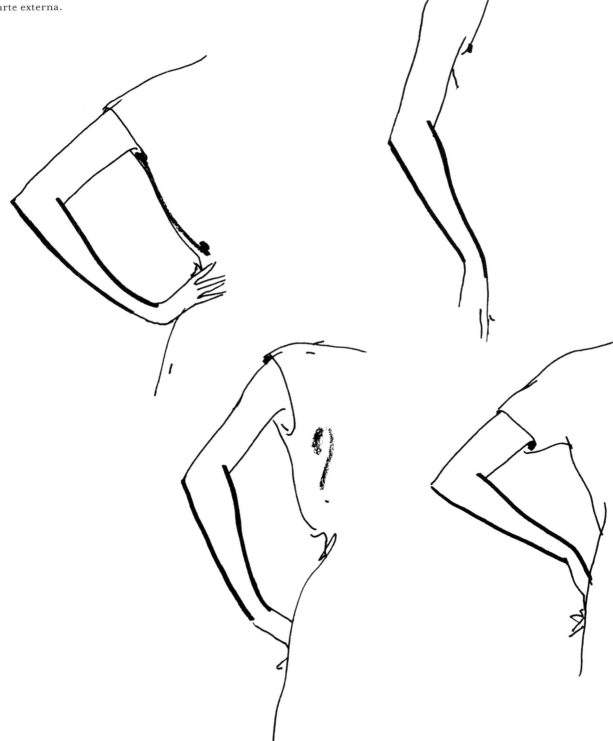

Mãos

A mão consiste em duas partes iguais: a palma e os dedos. Ela é aproximadamente do tamanho do rosto, a partir do queixo até a linha do cabelo.

As mãos oferecem à figura de moda uma gama de ações e emoções. Ao contrário do rosto ou tronco, uma mão pode ser colocada em inúmeras posições e, portanto, torna-se confusa e difícil para o aluno desenhar.

Em vez de imaginar a mão como uma unidade, pense nela contendo estas partes independentes:

- A palma (ou o dorso da mão).
- Os quatro dedos.
- O polegar.

Como as partes são independentes, cada uma delas é capaz de se mover por conta própria dentro de toda a unidade.

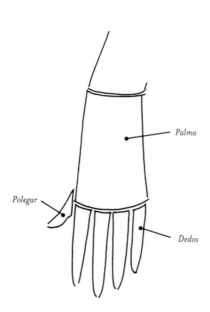

Vista de cima da mão.

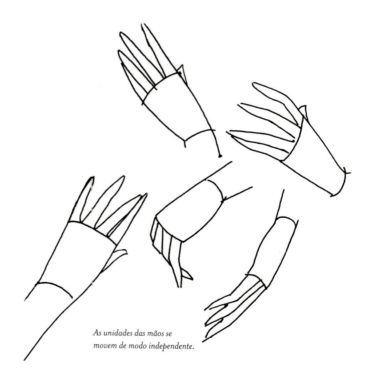

As unidades das mãos se movem de modo independente.

Uma mão de moda é mais simples do que uma mão real. Trate as articulações dos dedos e as rugas com leveza. Pense em uma bola que separa o pulso e a palma da mão. A palma da mão deve ser longa e graciosa. Imagine-a tendo a mesma relação com a mão que o pescoço tem com a cabeça — um conector elegante.

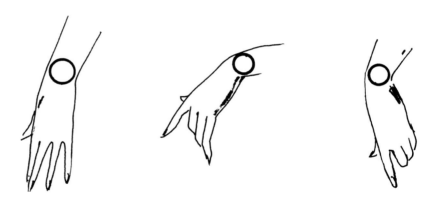

Marque a linha dos dedos com uma curva sutil. Adicione os dedos, um de cada vez, tendo o cuidado de mantê-los cônicos com unhas ovais. Quando colocados corretamente na mão, os dedos dão uma forma arredondada para o dorso da mão. Como o polegar é anexado ao pulso e move-se de maneira independente dos outros dedos, acho mais fácil colocá-lo depois de desenhar os dedos. Além disso, sempre tenha em mente o plano lateral da mão.

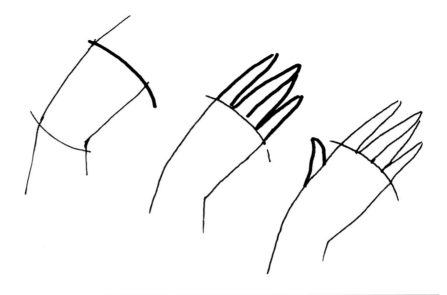

Sempre tenha em mente o plano lateral da mão.

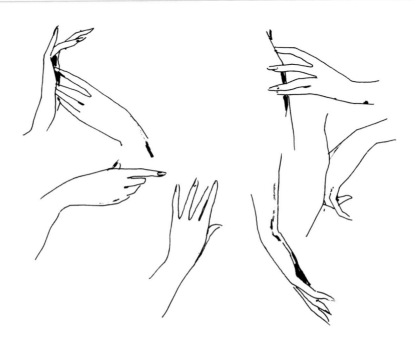

Pernas

A perna – ou o tanto dela que aparece – continua sendo uma questão na moda. Em um vestido curto, as pernas tornam-se uma das partes mais importantes da figura de moda. Como acontece com o braço, a perna é dividida em quatro partes:
- A parte superior, ou coxa.
- O joelho.
- A parte inferior, ou panturrilha.
- O pé.

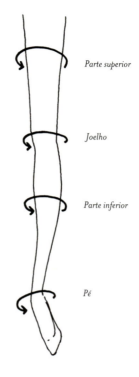

Quando se olha para a perna em termos de posicionamento e proporção, nota-se que:
- O comprimento do joelho até a metade da panturrilha é igual ao comprimento da metade da panturrilha até o tornozelo.
- A parte superior da perna é mais larga do que a inferior. Em uma perna de moda, há uma diminuição gradual e suave em direção ao joelho.
- O joelho deve parecer estar um pouco à frente da parte inferior da perna.
- Os músculos da parte inferior da perna têm uma forma suave na parte externa.
- O interior se divide ao meio onde o músculo da panturrilha se une ao tornozelo.
- A parte mais fina da perna fica acima dos tornozelos.

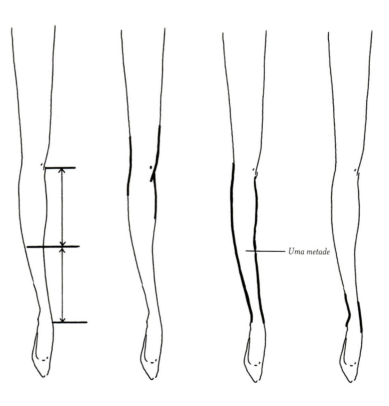

Desenhando a perna

1 Primeiro faça as quatro divisões.

2 Mantenha o músculo do lado externo longo. Deixe o joelho muito simples.

3 Divida o músculo interno ao meio e trace a linha.

4 Mantenha a área do pé longa e estreita.

5 A perna de moda deve ter uma forma graciosa e elegante. Isso dá equilíbrio para a roupa e atitude para a figura. Mantenha-a longa, mas não tão longa que distorça a figura. Os músculos têm de parecer tonificados, mas não exagerados. Além disso, o sapato, a meia-calça ou a bota devem tornar-se uma parte harmoniosa da perna e melhorá-la, em vez de dominar a figura.

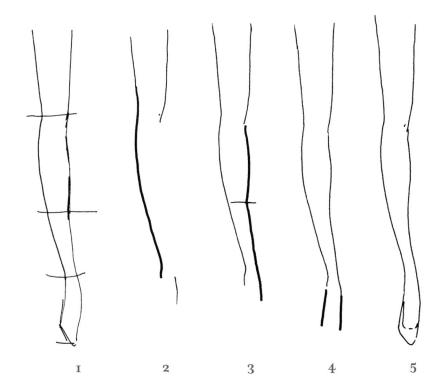

Pés

Como a mão, o pé de moda precisa ser longo e estreito. Ele raramente, ou nunca, é desenhado sem sapato. Entretanto, quando se está aprendendo a desenhar, deve-se praticar desenhando os pés descalços. Isso vai ajudá-lo com o posicionamento e a perspectiva.

Ao desenhar um pé completamente de frente ou um pé girado, observe como a perspectiva muda. Faça o tornozelo e o arco de forma que fluam em frente ao calcanhar. Mantenha os dedos dos pés e as unhas simples.

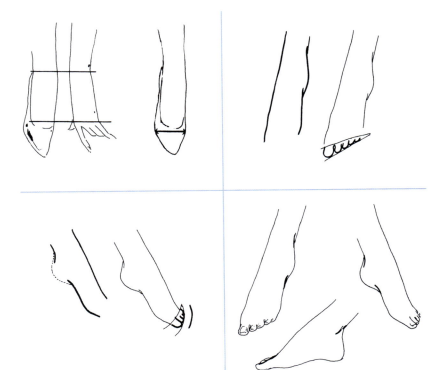

CAPÍTULO 11   BRAÇOS, PERNAS, MÃOS E PÉS

No desenho de moda, você quase sempre desenha o pé com sapato. Nesse caso, pense em um triângulo retângulo. O interior é mais reto, enquanto o lado externo tem uma curva. O interior da sola também é menor do que o exterior. Além disso, de perfil, o arco impede que o pé fique perfeitamente plano no chão.

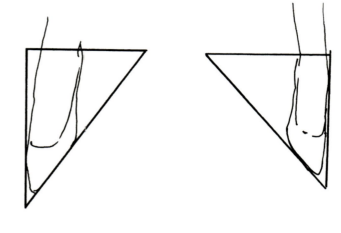

Com a prática, você vai descobrir que os braços e as pernas podem conferir uma ótima dramaticidade e atitude à figura.

CAPÍTULO 11 BRAÇOS, PERNAS, MÃOS E PÉS

Calvin Klein, 2003

12

Modelando o corpo

O corpo humano é tridimensional – frente, costas e laterais. O corpo feminino tem curvas que vão para fora, para dentro e para fora. Por outro lado, o tecido é unidimensional. Quando escolhemos cobrir o corpo feminino com um tecido, moldamos esse corpo com recortes e pences. Outros detalhes, como franzidos, pregas, drapeados e dobras, também podem ser empregados.

Frequentemente, os alunos perguntam quais são os recortes e as pences corretos para a modelagem, e a resposta é a seguinte: as possibilidades são infinitas. As muitas seleções que um designer faz são com frequência baseadas no visual desejado.

Se estudarmos a construção ao longo dos anos, vamos concluir que os recortes e as pences são quase sempre baseados na silhueta específica do seu tempo.

Se estudarmos os vestidos com corte em viés da década de 1930, especialmente os de Madeleine Vionnet, observaremos vieses sinuosos curvando o corpo para exagerar a forma feminina.

Na década de 1950, havia ênfase em uma silhueta ajustada com uma cintura muito pequena. Ao estudar os grandes estilistas daquela década, como Christian Dior, Jacques Fath e Charles James, vemos que havia muitos recortes e pences que permitiam que o tecido fosse do busto até a cintura e novamente sobre o quadril. Não se esqueça de que havia cintas modeladoras para que a cintura se tornasse menor do que seria naturalmente, e anáguas para manter a forma da saia no lugar. O tecido era costurado com um forro para acentuar ainda mais a silhueta.

Na década de 1960, a silhueta das roupas tornou-se mais arquitetônica. Recortes e pences não só mantinham a forma, como também eram decorativos. Os recortes eram costurados na parte superior do lado de fora para definir melhor a forma. Estilistas como Balenciaga, Givenchy, Courrèges e Ungaro ofereciam inúmeras possibilidades.

Aproximando-se do final da década de 1990 e entrando no novo século, o corselete (espartilho com a parte do busto) e o espartilho (peça sem a parte do busto) tornaram-se peças altamente de moda. Os recortes são utilizados não apenas para modelar o busto e o quadril, barbatanas também são inseridas nos recortes para manter a forma esguia e exagerada. Inúmeros estilistas experimentaram o corselete e o espartilho, os quais eram feitos para ser usados sob a roupa e não sobre a roupa. Jean Paul Gaultier, em seus primeiros projetos para a cantora Madonna, lançou a mania de usá-los sobre a roupa. Christian Lacroix, Azzedine Alaïa, Versace, Tom Ford para a Gucci e Dolce e Gabbana utilizaram o corselete ou o espartilho em muitas de suas coleções.

Ao visitar lojas, estudar roupas e pesquisar revistas, livros e exposições de museus, adquire-se um bom conhecimento sobre recortes, costuras e pences. Estilistas como Karl Lagerfeld para a Chanel, Valentino, John Galliano, Marc Jacobs e Prada frequentemente usam ideias de construção do passado e as traduzem para o presente.

Modelando o corpo — recortes e pences

1 Observe os planos do corpo feminino — sobre e sob o busto, indo para a cintura e arredondando o quadril. Note como as sombras se formam sob as áreas curvadas para dentro e desaparecem nas áreas que se estendem para fora.

2 Muitas vezes, haverá uma sombra ao longo do plano lateral.

3 Recortes princesa podem começar nos ombros ou na linha do busto. Seus cortes permitem que o tecido seja modelado e ajustado sobre e sob o busto e na cintura, às vezes, indo até a barra.

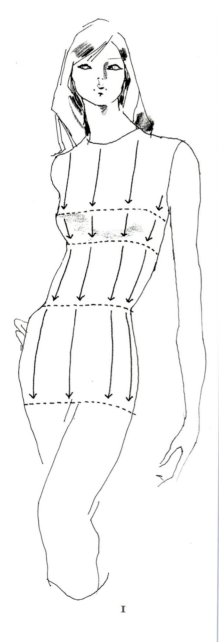

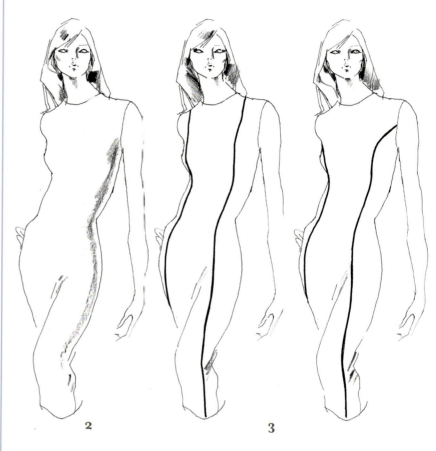

4 Uma pence une o excesso de tecido e o elimina.

5 Um recorte une dois pedaços de tecido.

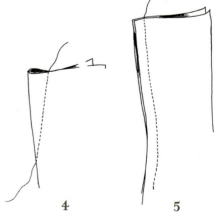

Vionnet, 1932

Charles James, 1952

Balenciaga, 1960

Givenchy, 1962

Azzedine Alaïa, 1987

Norell, 1968

Valentino, 1999

Chanel, 2000 *Versace, 2003*

CAPÍTULO 12 MODELANDO O CORPO

O recorte dos anos 1960 tornou-se inspiração para o design contemporâneo

Marc Jacobs, 2003

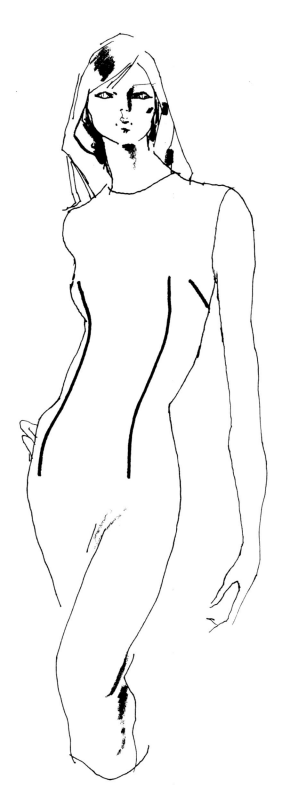

Pences clássicas usadas para ajustar   *A manipulação da pence pode criar inúmeras variações*

CAPÍTULO 12   MODELANDO O CORPO

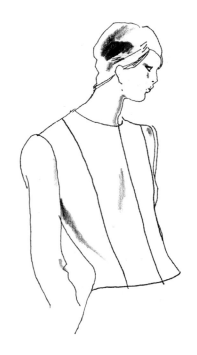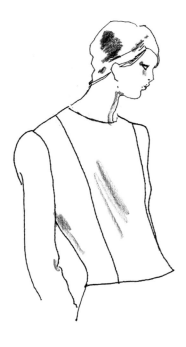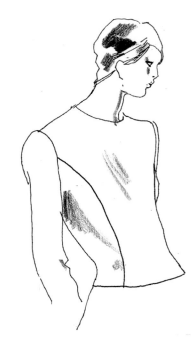

Variações do recorte princesa

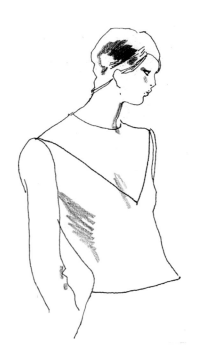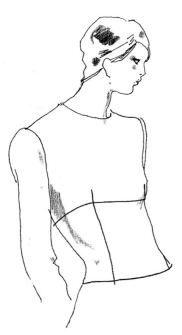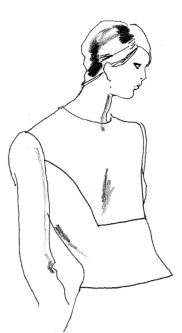

Variações de recorte

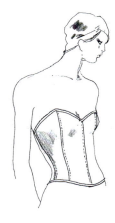

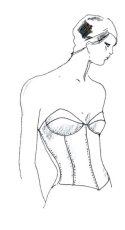

Variações de espartilhos e corseletes

Desenhando recortes e pences

A coisa mais importante a lembrar é que não há linhas retas. O corpo é redondo com curvas ascendentes e descendentes. Certifique-se de que todas as linhas estejam ligeiramente curvadas. Sempre comece pelo centro da frente e não pelas laterais. Em uma figura vista de frente, suponha que a medida será idêntica em ambos os lados. Conforme a figura gira, perde-se o detalhe do lado que se afasta.

1 Comece pela parte externa e coloque recortes, pences ou outro detalhe. Meça em uma folha de rascunho a distância de cada detalhe a partir do centro da frente.

CAPÍTULO 12   MODELANDO O CORPO

2 Mova essa medida em direção ao lado que está se afastando. Agora, você tem o posicionamento exato do recorte, da pence, ou de outro detalhe da roupa, como os bolsos. Alguns detalhes são perdidos no lado que se afasta. Prossiga com o resto do desenho.

Nicolas Ghesquière/Balenciaga, 2003

Recortes interessantes criam belas formas.

CAPÍTULO 12 MODELANDO O CORPO

Ungaro, 1999

13

Como ver e planejar a figura

Os designers e os assistentes e especialistas que trabalham com eles passam meses se preparando e trabalhando duro antes de as coleções serem mostradas. Como artista e designer, seu trabalho, projetos e portfólio tornam-se sua coleção; portanto, os mesmos processos de pensamento devem ir para cada desenho. Muitas vezes, passa-se mais tempo planejando um desenho do que realmente fazendo-o. Mas, pelo planejamento, o desenho será mais bem-sucedido. Pense nisto: o desfile de uma modelo na passarela dura minutos, mas o trabalho por trás dos projetos leva meses. A coisa mais perigosa que se pode fazer é sentar e atacar o papel sem qualquer preparação e planejamento. Quanto mais você se planeja, mais bem-sucedido será o seu desenho.

Como artista, você só pode contar com o seu próprio gosto, conhecimento e capacidades. Portanto, é mais importante que você sempre olhe e estude os melhores exemplos possíveis de roupas. Tenha muito cuidado para não colocar seus sentimentos pessoais nisso — seja objetivo. Lembre-se: você não tem que usar essas roupas, mas deve entender como e por que elas são criadas e onde se encaixam no mundo.

Vá para as melhores lojas que encontrar e estude as roupas de grife. É importante olhar a roupa mais fina disponível, porque a composição das roupas é filtrada à medida que o preço é reduzido. Depois de observar o melhor, você vai começar a perceber como o *look* se dilui nos diferentes níveis de preços — o que é mantido e o que é alterado. Visite todas exposições de vestuário histórico que puder e leia publicações de moda antigas e novas. Há muitos e belos livros sobre designers — leia-os e estude-os. Alfabetize-se na moda o máximo possível. Isso tornará sua arte muito mais especial.

Um desenho de moda não representa apenas uma peça de roupa, mas também uma mulher específica em um lugar e tempo específicos. Portanto, quando você se tornar mais hábil em desenhar a figura de moda, vai querer transformar essa figura geral em uma pessoa mais específica.

Imagine que, como designer ou ilustrador, você tenha acesso a todos os diferentes portfólios das agências de modelos. Quem você vai escolher? Por quê? Ela vai ter cabelo curto, liso, escuro, ou massas de cabelo loiro e encaracolado? Qual será o foco da maquiagem — olhos escuros e lábios pálidos, olhos pálidos e lábios escuros, ou um visual natural? Qual cor da pele seria melhor para as roupas? Que parte do corpo da modelo é a mais importante e necessária para enfatizar o design da roupa? Ela deveria ter pernas longas para usar uma saia muito curta, ou talvez um pescoço mais longo para suportar uma gola enorme tipo capuz?

Calvin Klein, 1995

Antes de começar a desenhar qualquer peça de roupa, é extremamente importante estudar e analisar:
- Quem vai usá-la?
- Onde ela será usada?
- Qual será a atitude da pose?
- Qual será a expressão do rosto?
- Qual meio de comunicação mostrará o modelo da peça e o tecido da melhor maneira?

Agora, vá até os seus arquivos e pegue todas as fotos de cabeças e poses que você achar necessárias. Encontre exemplos de tecidos — reais e de fotos — para que você consiga representá-los com precisão. Mantenha ao seu alcance as fotos de modelos e personalidades que o inspiram.

Tente descrever a roupa com as suas mãos. Preste atenção aos movimentos, pois frequentemente eles vão ditar a qualidade da linha. Eis alguns exemplos: se tiver uma saia de cetim bufante, seus movimentos serão lentos e redondos. Se tiver a mesma saia em tafetá, seus movimentos serão um pouco mais rápidos e mais nítidos. Um vestido justo com corte viés trará suas mãos para mais perto de seu corpo, o que indica que o corpo está definindo a roupa. Movimentos lentos vão indicar um tecido sensual, como o crepe da China. Um vestido de cigana, com babados, cores vibrantes e em algodão, causará movimentos mais rápidos e mais vivos, mais uma vez indicando a qualidade da linha apropriada.

Em seguida, faça uma lista das partes mais importantes do modelo que está prestes a desenhar. O número um deve ser a coisa mais importante — seja a forma, a cor, o tecido, seja um elemento de design relevante, seja um detalhe. Ele deve ser um

Esboços com atitude

elemento que, se fosse eliminado, mudaria muito a peça de roupa. Ao olhar o slip dress (vestido de alças bem finas inspirado no vestuário das francesas dos anos 1940) de Calvin Klein, à esquerda, é fácil perceber que há apenas um elemento importante — a forma do vestido e como ele cai sobre o corpo. A renda torna-se o número dois, pois mesmo que não estivesse ali, o vestido não perderia a sua aparência. Ao olhar o modelo de Christian Lacroix na próxima página, nota-se que há muitos elementos importantes: a forma do vestido em si — ajustada ao corpo com corpete e abrindo-se para um enorme volume na saia; os muitos detalhes do vestido — o corpete, o tecido levemente drapeado na altura do quadril e os enormes volumes que caem a partir dele, assim como o tratamento elaborado na manga. Escreva todos os elementos na ordem de importância que você quer enfatizar. É comum haver várias possibilidades. Se o corpete for o principal, você pode alongá-lo um pouco. Se o detalhe do quadril for o mais importante para você, as áreas da cintura e do quadril podem ser prolongadas. Se a saia volumosa e com cauda é o foco principal, você pode alongar as pernas.

Os próximos números devem ser as partes secundárias do modelo — elas são importantes, mas não cruciais. Elas não recebem o maior foco. Esse vestido foi feito em cetim verde-oliva e magenta. O vestido pareceria diferente em um tecido para noite de cor pálida? Realmente não. No entanto, se o vestido fosse feito com uma cor vibrante ou com uma grande estampa, isso iria de fato mudar o foco.

Os últimos números devem ser as partes menos importantes do modelo. Partes que, se fossem eliminadas, dificilmente importariam. Tais elementos podem incluir alças nos ombros ou certos acessórios. Lembre-se: um desenho deve ter foco. Quando tudo é tratado da mesma forma, muitas vezes nada obtemos.

O próximo passo é fazer esboços de pequenos gestos, ou "atitude", que você deseja que a pose tenha. Como será o fluxo de movimento? Qual é o melhor ângulo para mostrar a roupa?

Depois de ter feito alguns rabiscos de atitude e algumas anotações, a próxima etapa é fazer pequenos esboços coloridos de rostos diferentes. Isso vai ajudá-lo a encontrar o visual que deseja.

Esboços de rosto

CAPÍTULO 13   COMO VER E PLANEJAR A FIGURA

Se houver mais de uma figura, imagine um grupo de modelos andando na passarela. Como elas se relacionam entre si? As cores e os tecidos trabalham bem juntos? Está tudo equilibrado? Os designers de moda contratam os melhores profissionais para fazer cabelo e maquiagem, os melhores coreógrafos e designers de iluminação, os melhores stylists e, certamente, as melhores modelos para mostrar as roupas.

Com acesso a tantos desfiles de moda na televisão ou na Internet, além de vídeos de diferentes coleções em lojas de departamento ou de cosméticos, agora você realmente consegue ver as modelos enquanto desfilam na passarela. Observe como elas têm um olhar, um estilo e uma atitude específicos que o designer deseja transmitir. Preste muita atenção ao modo como a roupa se move enquanto as modelos andam.

Tenha esse movimento em mente quando estiver desenhando. Qualquer parte da roupa que se move na passarela pode ter a mesma vida no seu trabalho.

Como artista, é muito importante considerar tudo isso em sua obra antes de começar a desenhar, pois você quer desenhar uma mulher perfeitamente adequada para a roupa. Por exemplo, em um maiô, sua figura deve ter o corpo mais tonificado. Braços e pernas bem definidos — tronco firme e longo, assim como uma atitude casual e muito tranquila. Em um casaco ou blazer, a figura deve ter um visual elegante e confiante, com uma expressão muito bem equilibrada. Um *cocktail dress* (vestido com a barra até os joelhos) exige uma mulher sofisticada, ao passo que um vestido de noite de organza requer uma heroína de romance.

Lacroix, 1997

Designs diferentes pedem atitudes diferentes.

Kenzo, 1971

St. Laurent, 1999

14

Tipos de figura de moda

Como já aprendemos, nosso objetivo é criar a mulher perfeita para a peça de roupa que estamos desenhando. Para fazer isso, temos que entender os diferentes "tipos" de figuras de moda e como são seus olhares, gestos, posturas e atitudes.

Pense em uma figura de moda como um tipo de pessoa que se encaixa em uma das seguintes categorias:
- Adulta
- Jovem
- Sofisticada
- Esportiva
- Executiva
- Alta-costura
- Excêntrica

Dentro dessas categorias, haverá subdivisões:
- Natural
- Dramática
- Animada
- Elegante
- Romântica
- Casual

Adulta

Executiva

Alta-costura

Excêntrica

CAPÍTULO 14 TIPOS DE FIGURA DE MODA

Há também as diferentes categorias de vestuário que essas figuras vão usar:
- Alta-costura (*couture*)
- *Sportswear*
- Alfaiataria
- *Activewear* (moda ginástica/praia)
- Lingerie
- *Eveningwear* (moda noite/moda festa)
- Noivas

Em virtude desses elementos, certamente haverá possibilidades ilimitadas. Uma roupa *sportswear* tanto pode ser para uma mulher que trabalha quanto para uma mulher muito sofisticada em um iate. A roupa de noite pode ser para uma mulher mais jovem e excêntrica em um clube ou para uma mulher mais sofisticada em um baile de gala. *Activewear* pode ser um agasalho, uma roupa de corrida ou um maiô. Um casaco pode ser casual, de pelo de camelo, usado para ir a um jogo de futebol, ou um casaco de pele preto dramático.

Como parte do seu arquivo de moda, recorte constantemente fotos de revistas de moda desses diferentes tipos. Mantenha-os em pastas separadas e etiquetadas. Quando precisar deles, estarão facilmente acessíveis.

Para que a figura de moda torne-se uma pessoa "real", você pode usar uma foto ou várias para a mesma ilustração. Uma pode ser utilizada para a pose, outra para o rosto e ainda outra para o penteado. Raramente uma foto será a perfeita. No início, trabalhe com apenas uma ou duas fotos. À medida que suas habilidades ficarem mais avançadas, é possível trabalhar com muitas mais. Não comece até que você de fato consiga imaginar uma pessoa "real". Lembre-se: assim como o designer escolhe a mulher perfeita, você também deve escolher.

Para entendê-las um pouco melhor, vamos estudar os diferentes tipos de figuras.

Uma figura de mulher adulta usa a roupa da moda e a silhueta do momento, e tem um corpo bem proporcional de 1,65m de altura ou mais. Em geral, a numeração das roupas vai do 38 ao 46, mas, muitas vezes, inclui também o 36. Ela é a figura de moda clássica. Seu cabelo e maquiagem são contemporâneos e elegantes. Você provavelmente escolheria poses de moda mais típicas — talvez a do quadril elevado com o ombro elevado do lado oposto e com um braço dobrado e o outro estendido para baixo. Ela representaria o visual de moda do momento.

Uma figura *plus-size* (tamanho grande) é um tipo maior do que o padrão da figura de uma adulta. Esses tamanhos ultrapassam o 46. Tal figura pode ser muito elegante, mas é desenhada para parecer mais pesada. Escolha uma pose um pouco menos animada, com ênfase no estilo do cabelo e da maquiagem.

Uma figura jovem é uma mulher adulta que tem 1,65m de altura ou menos e a cintura mais curta. Os tamanhos variam entre 34 e 40. Suas roupas normalmente não são de alta-costura. Talvez suas poses sejam menos sérias e mais animadas.

Novamente, como o tamanho nem sempre determina a idade, as possibilidades são infinitas. Quanto mais jovem a figura, mais redondo o rosto e os olhos. Um bebê, por exemplo, tem o rosto e os olhos mais redondos de todos. Conforme a figura fica mais velha — criança, adolescente, adulto jovem — o rosto assume uma estrutura óssea mais sofisticada. Mantenha o cabelo livre e em movimento e a figura mais descontraída.

Figuras plus size, adulta e jovem

Quanto mais sofisticada a figura, mais dramática e estudada a pose. A expressão é mais controlada e tem mais atitude. Quanto mais de alta-costura, mais exagero ela pode ter. Trata-se de uma figura do momento e deve ter o máximo de fantasia nela. Uma peça de roupa de alta-costura, no entanto, pode ser jovem e escandalosa – como em Jean Paul Gaultier ou Betsy Johnson – ou tão polida e arrogante como em Valentino ou Givenchy.

Valentino, 1995

Betsy Johnson, 1984

Uma figura de lingerie não deve passar uma impressão excessivamente estilosa. A maquiagem deve ser mínima e o cabelo nunca deve parecer "montado". Imagine a figura em uma pose muito sensual e com massas de cabelo solto. Ela deve estar muito relaxada e leve.

A figura de *activewear* frequentemente tem uma pose típica do uso da roupa – tênis, natação, esqui ou corrida.

Colecione poses de revistas ou catálogos para que seus desenhos sejam precisos. Tenha em mente que a pose da figura não só mostra a peça de roupa, como também cria um estado de espírito. Frente, costas e lados devem ser identificados na pose, independentemente do ponto de vista.

PARTE I A FIGURA DE MODA

Uma figura *sportswear* não tem idade — ela pode ser jovem e animada ou polida e sofisticada. Ao escolher uma pose, é importante lembrar que o *sportswear* geralmente contém muitas peças. Um casaco pode ter que ser aberto para mostrar um colete e uma blusa. Procure evitar uma pose que cubra todos os detalhes importantes.

Imagine a figura de moda como se fosse uma bailarina no ar. Nós a vemos em movimento antes de ela tocar o chão. Quando ela toca o chão, a pose é final e torna-se realidade. É um momento parado no tempo.

Um desenho deve sempre manter um pouco dessa qualidade de estar "em movimento". Uma maneira de conseguir isso é "mover" qualquer parte do desenho da roupa ou da figura que possa ser movido pelo vento ou por um ventilador, incluindo cabelo, serpentinas de um arco, mangas ondulantes, saias circulares, ou metros de tecidos, como chiffon ou crepe georgette. Esse movimento dá vida à figura.

Um vestido de noite pode ter uma pose muito dramática e gesticulada. Ele pode ter metros e metros de tecido e ser muito suave e romântico. Pode também parecer o oposto — elegante, justo e marcante. Selecione uma pose que melhor mostre a roupa. A maquiagem e o cabelo podem ser mais exagerados. Leve ao extremo sua imaginação e seus sonhos!

CAPÍTULO 14 TIPOS DE FIGURA DE MODA

St. Laurent, 1968

Parte II

Os detalhes de moda

Balenciaga, 1960

15

Silhuetas de moda

Discutimos que a arte da moda é a combinação das roupas — as quais têm vida própria — e da figura de moda — também com vida própria —, tornando-se uma unidade. Depois de se transformarem em uma unidade, uma destas duas coisas pode acontecer:

1 A figura ter prioridade sobre a roupa.

2 A roupa ter prioridade sobre a figura.

Vamos imaginar, por um momento, um lindo vestido com corte em viés criado por Vionnet na década de 1930. Observe como ele cai sobre o corpo, como se nada houvesse por baixo para interferir na figura e no vestido. Se pegarmos esse vestido e o deixarmos cair no chão, ele cairá em uma poça de tecido. Toda a construção e os detalhes foram projetados para melhorar a forma como o vestido se ajusta e cai sobre o corpo, sem qualquer subestrutura. Então, dizemos que o corpo está ditando a aparência do vestido, ou que o corpo está tendo prioridade sobre a roupa.

Agora vamos imaginar este vestido de baile de Balenciaga — a partir da linha da cintura alta, o vestido levanta-se completamente do corpo e cai em direção ao chão. O modelo, o tecido, o corte e a subestrutura estão ditando o vestido. Então, supomos que o corpo é meramente um gancho a partir do qual esse vestido pende. O vestido está criando sua própria forma. Dizemos que essa peça de roupa tem prioridade sobre o corpo.

Estes vestidos de noite de Vionnet e Balenciaga representam dois pontos de vista completamente diferentes — os dois estilistas optaram por uma abordagem diferente do que acreditam ser bonito. Eles não viram o corpo ou a roupa da mesma maneira, mas cada um deles apresentou um resultado magnífico.

Não estou querendo dizer que a figura não é importante para o vestido de Balenciaga e, portanto, deve ser ignorada. Pelo contrário, a figura torna-se ainda mais importante, pois a perdemos de vista sob a roupa. Assim, o conhecimento da anatomia torna-se ainda mais crucial. Você tem que começar a tomar decisões sobre a relação entre a roupa e o corpo. Essa é uma das partes mais difíceis da ilustração de moda, e leva tempo, conhecimento e prática para que seja bem feita.

Balenciaga, 1958

Vionnet, 1935

PARTE II   OS DETALHES DE MODA

Às vezes, a figura e a roupa estão mais equilibradas. Vamos imaginar uma blusa de lã de gola rolê volumosa e uma calça estreita. Ao analisar essa combinação, você vai perceber que a figura se sobressai tanto quanto a roupa. A maioria das roupas contemporâneas tem esse equilíbrio — especialmente as roupas esportivas. Uma parte do corpo está em conformidade com a blusa de lã, com a gola rolê cobrindo e escondendo um pouco do corpo. Tudo bem vestir a figura no início, mas conforme você ganha confiança em suas habilidades de desenho, tente pensar na figura e na roupa como uma unidade. Isso vai ajudá-lo à medida que você avançar para silhuetas mais difíceis.

A silhueta de moda é como nos referimos ao contorno ou à forma exterior de uma peça de roupa. Entretanto, nada pode acontecer do lado externo sem alguma construção no lado interno (por exemplo, recortes, franzidos, pences). Também é importante lembrar que cada silhueta pode ter infinitas variações e possibilidades, como mostrado nos desenhos planos com silhueta princesa, nesta página.

O estilista e o *look* do momento ditam o ajuste real da silhueta em qualquer época específica. Nas próximas páginas, vamos ver algumas das principais silhuetas de moda.

Variações da linha princesa

A linha princesa pode ser bastante rente ao corpo ou ter bastante volume na barra.

O ajuste pode ficar acima da cintura ou diretamente na cintura.

A linha princesa pode ter um contorno e parecer bastante rígida, ou fluir em um tecido fino.

Pode ter um comprimento mini ou ir até o chão — até mesmo em uma túnica.

CAPÍTULO 15   SILHUETAS DE MODA

Reta

Silhueta que tem um caimento em linha reta do ombro até a barra. No fim da década de 1950, Balenciaga e Givenchy foram os grandes responsáveis por introduzir tal silhueta.

Givenchy, 1956

Trapézio invertido

Silhueta reta que afunila em direção à barra.

Givenchy, 1957

CAPÍTULO 15   SILHUETAS DE MODA

Saco ou barril

Silhueta que tem uma linha solta e não ajustada na cintura, tocando o corpo na barra. É uma silhueta muito grande desenvolvida por Balenciaga.

Balenciaga, 1955

Trapézio

Silhueta que se destaca na barra, sem muito ajuste no corpo. Yves Saint Laurent é muito associado a tal forma.

Saint Laurent, 1958

CAPÍTULO 15   SILHUETAS DE MODA

Triângulo

Silhueta que, geralmente, é mais cheia e mais suave do que uma silhueta trapézio, e mais fluida. A forma foi atribuída a Claire McCardell. Em 1938, um fabricante de roupas se referiu a essa forma como "um vestido sem costas, sem frente, sem cintura e, meu Deus, sem pences no busto!".

Madame Grès, 1967

Linha A

Nome popular dado a uma forma de vestido que cai desde os ombros e se abre na linha da barra. Dior nomeou tal silhueta em 1955.

Ungaro, 1967

CAPÍTULO 15   SILHUETAS DE MODA

Tubinho

Silhueta ajustada por pences ou recortes a fim de se moldar à forma do corpo. Era um estilo muito popular na década de 1950.

Sheath, anos 1950

Império

Silhueta que tem um recorte logo abaixo do busto. A forma remete à Imperatriz Josefina, no início do século XIX. Às vezes, tal silhueta é referida como "cintura alta".

Madame Grès, 1968

CAPÍTULO 15 SILHUETAS DE MODA

Cintura baixa

Nesta silhueta, o recorte da linha da cintura desce para a linha do quadril ou abaixo do quadril. Era um modelo muito elegante na década de 1920.

Saint Laurent, 1981

Linha princesa

Silhueta na qual a forma é obtida por um recorte que se curva a partir da linha do busto ou do ombro e continua em direção à barra. Também pode ter uma linha de recorte que começa no meio do ombro e desce em linha reta até a barra. Tal silhueta pode modelar o corpo em qualquer lugar entre o busto e a cintura e ter qualquer grau de volume na linha da barra.

Saint Laurent, 1964

CAPÍTULO 15 SILHUETAS DE MODA

Balonê ou harém

Forma na qual a linha da barra é franzida em uma subestrutura. Esta silhueta pode ser utilizada em calças, bem como em vestidos e na moda festa/noite. Balenciaga, Givenchy e Norell a tornaram popular no final dos anos 1950. Suas variações incluem a saia hobble de Poiret, na virada do século XX, abrindo caminho para as saias pouf (bufantes) de Ungaro e Lacroix, no final da década de 1980.

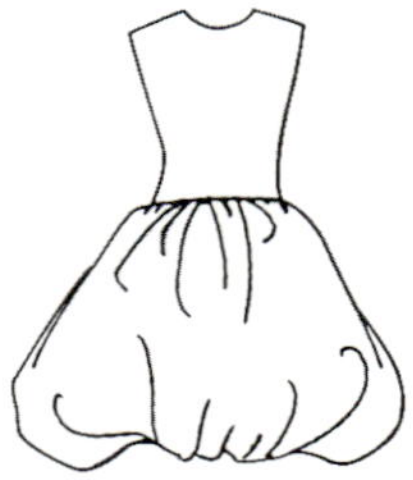

Ungaro, 1987

Blouson

Silhueta que tem um excesso de tecido na parte da blusa sobre uma saia ou faixa. Em um vestido, isso é obtido ao se dobrar, franzir ou preguear o excesso de tecido a uma subestrutura menor. Em uma roupa de duas peças com este tipo de silhueta, o efeito é obtido com um elástico ou cordão. Também pode ser franzido ou pregueado sobre uma faixa separada ou anexada à roupa.

Galanos, 1974

Chemise

Silhueta que é um vestido decorado com detalhes de uma camisa (*chemise* em francês). Pode ter abotoamento em qualquer posição desde a parte acima da cintura até a barra e ser ajustado ou amplo, com ou sem recorte na linha da cintura. A imagem da "garota de Gibson" (*The Gibson Girl*) popularizou o estilo na década de 1890.

Halston, 1972

Túnica

Silhueta de duas peças. A parte superior pode cair de qualquer lugar a partir da área do quadril até um pouco acima da barra.

Saint Laurent, 1962

CAPÍTULO 15 SILHUETAS DE MODA

Peplum

Silhueta que tem uma parte mais larga unida à linha da cintura da peça. Em 1947, o New Look de Dior deu a essa silhueta um grande impacto.

Dior, 1950

PARTE II   OS DETALHES DE MODA

Caftan

Silhueta que é uma túnica larga até o chão e que, às vezes, tem uma fenda no decote. O caftan é colocado pela cabeça. A influência vem do Marrocos e de outros países do Norte da África, podendo ser enfeitado com bordados.

A partir desse nosso pequeno estudo, vemos que há muitas silhuetas de moda com as quais você deve se familiarizar. Essas silhuetas são usadas pelos designers de hoje – às vezes em seu modelo original e, às vezes, combinadas com outras silhuetas. O artista de moda deve estar bem informado não só sobre as silhuetas contemporâneas, mas também sobre as silhuetas utilizadas no passado, pois esta é a fonte da qual os projetos futuros serão desenhados.

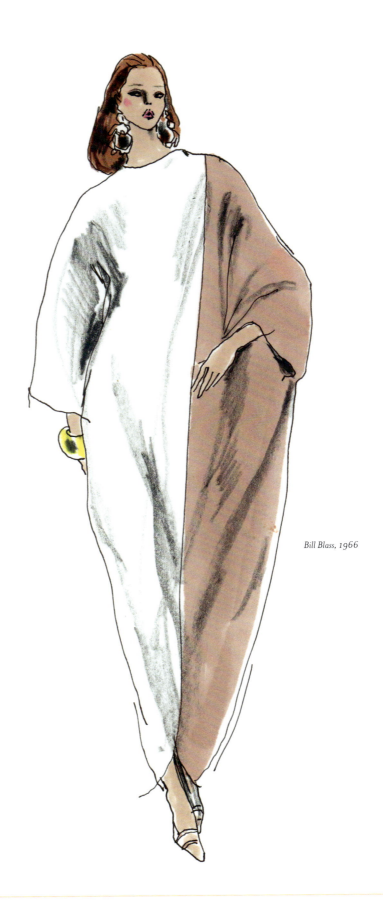

Bill Blass, 1966

Lagerfeld/Chanel, 1999

16

Decotes

Um dos detalhes mais simples de desenhar em uma peça de roupa é o decote. Entretanto, sua simplicidade não deve ser subestimada, uma vez que ele está diretamente abaixo da cabeça e, portanto, assume grande importância, pois ajuda a moldar o rosto.

Ao contrário da gola, o decote é uma unidade por si mesma e, em geral, não tem partes adicionais. Frequentemente, é rematado com um revel ou um debrum. O revel é um pedaço de tecido cortado na forma do contorno da borda externa de uma peça de roupa — neste caso, o decote. O lado direito do revel é costurado do lado direito da peça de roupa e, em seguida, cortado e virado para dentro. Isso deixa o decote com um acabamento de borda limpo. Para melhorar a forma do decote, às vezes o revel é pespontado — com uma ou mais linhas de costura — ou recebe várias formas de passamanaria.

Outra maneira de rematar um decote é com um debrum de viés. O debrum é uma fita de viés costurada no lado direito da peça, dobrada sobre a costura e costurada novamente do outro lado. Essa fita de viés forma um debrum na borda externa do decote. A fita de viés pode ser do mesmo tecido e cor da roupa, ou de tecido e cor contrastantes, e em várias larguras.

Frequentemente, o decote faz parte de uma abertura na frente ou atrás, ou pode ter uma abertura que faz parte do modelo, como em uma camisa, jaqueta ou blusa.

Revel

Debrum de viés

Desenhando decotes

Ao desenhar qualquer decote, deve--se sempre considerar que a forma circunda completamente o pescoço e que também se relaciona com a área do peito e dos ombros. Como se pode ver nas vistas girada ¾ e de perfil do pescoço, o decote é mais alto na parte de trás do que na da frente.

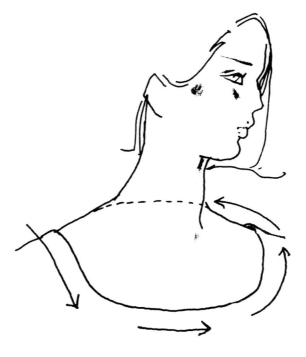

Vista girada ¾

Vista de perfil

CAPÍTULO 16   DECOTES

Alguns decotes, como o decote careca, ajustam-se rente ao pescoço. Outros, como o decote redondo, descem para a área peitoral. E outros ainda, como um decote funil, estendem-se acima do pescoço. Ao desenhar qualquer tipo de decote, nunca esqueça de completar a volta que o decote faz ao redor do pescoço e de considerar o peso do tecido.

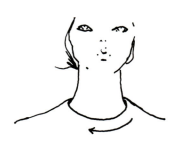

Decote careca

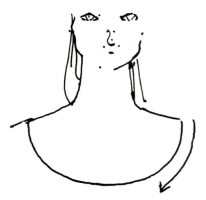

Decote redondo

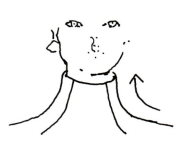

Decote funil

Desenhando decotes

O primeiro passo ao desenhar um decote é estabelecer a linha do centro da frente. Como já disse, se o centro da frente estiver um pouquinho desalinhado, a forma toda estará incorreta.

Em uma vista girada, menos do decote é mostrado no lado que está mais longe de você e mais do decote é mostrado no lado que está perto de você. Não há exceções para essa regra, a menos que se trate de um decote assimétrico. Além disso, observe como a linha do centro da frente gira com a figura.

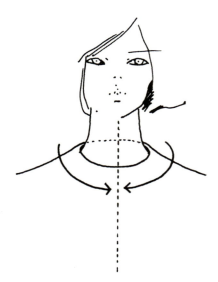

Estabelecer o centro da frente

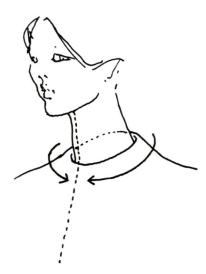

A volta em torno do pescoço indica o tecido

170   PARTE II   OS DETALHES DE MODA

Para desenhar um decote:

1 Primeiro, desenhe uma linha pontilhada para mostrar a forma cilíndrica do pescoço.

2 Desenhe a forma do decote de um ombro para o centro e do centro para o outro ombro.

3 + 4 Se você desenhar o decote de um lado do pescoço para o outro em uma única etapa, a perspectiva pode ficar imprecisa. Ao parar no centro e, em seguida, continuar, você terá maior precisão. Isso é muito evidente em um decote em "V", mas esse erro pode acontecer até mesmo em um decote redondo simples.

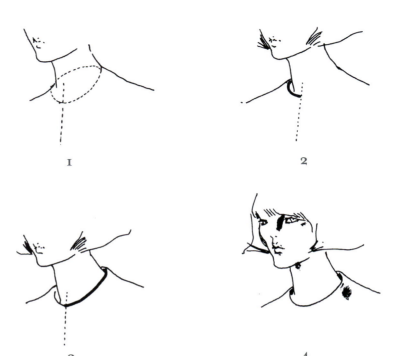

Um decote é uma forma muito bem definida, então, mantenha a linha suave — esse não é o lugar para qualquer tipo de linha texturizada. Agora, adicione a costura, o debrum, ou outro tipo de detalhe.

Lembre-se: os princípios do decote aplicam-se tanto para a parte de trás do pescoço quanto para a parte da frente.

CAPÍTULO 16   DECOTES

Tipos de decote

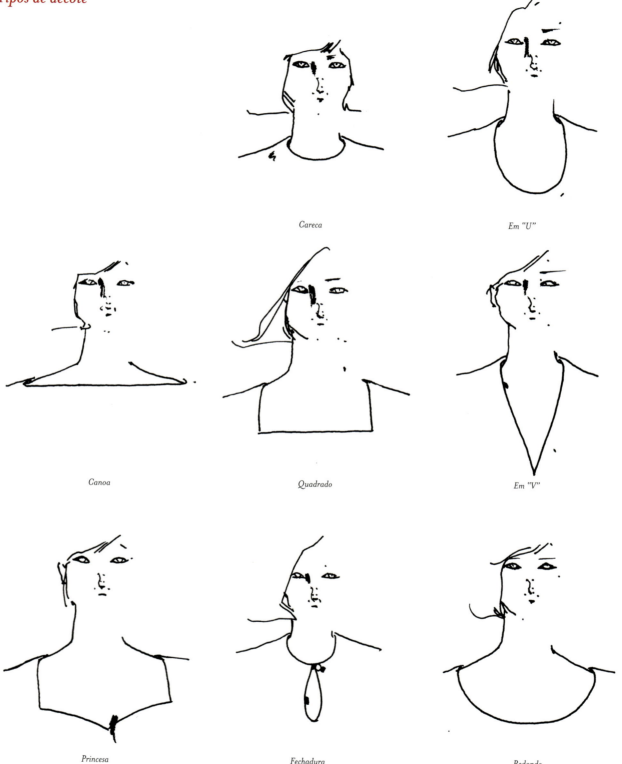

Careca Em "U"

Canoa Quadrado Em "V"

Princesa Fechadura Redondo

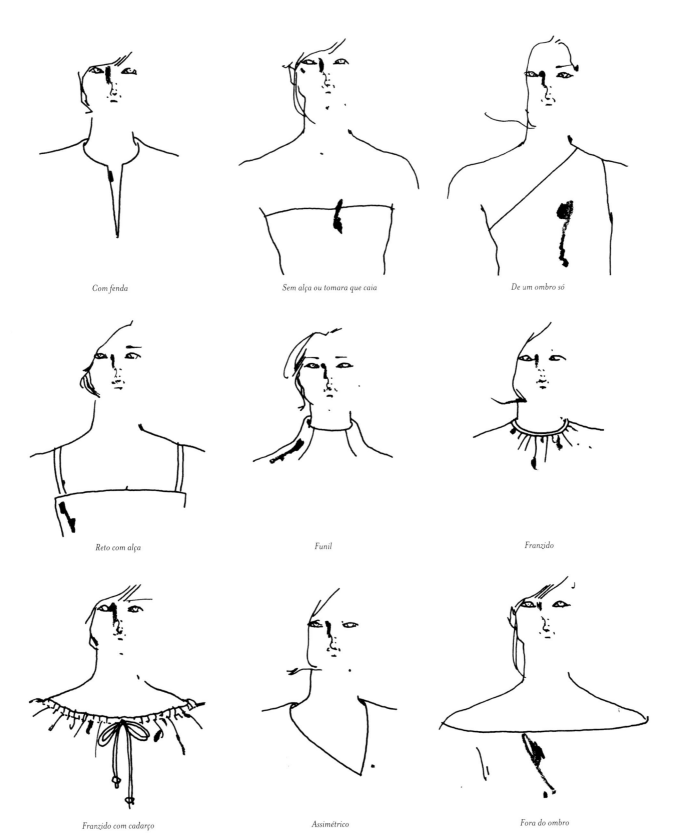

CAPÍTULO 16   DECOTES

Ralph Lauren, 2008-2009

17

Golas

A gola é o detalhe que circunda o pescoço. O que torna o desenho de uma gola ainda mais importante é que ela realça o rosto, transformando-se em um dos primeiros elementos de design que focamos.

As golas vêm em todos os tamanhos, desde uma pequena gola Peter Pan até uma gigante gola Bertha que passa os ombros. As golas podem ser baixas e planas ou altas e luxuosas. Elas podem servir a uma função prática — como nos manter aquecidos — ou ser um ponto de foco extravagante e luxuoso em uma peça de roupa.

É importante entender os princípios que todas as golas têm em comum – independentemente do tamanho ou modelo. Quase todas as golas são compostas de uma parte superior, uma entretela e uma parte inferior. A parte superior da gola é a parte que vemos do lado de fora ou de cima. A entretela é uma camada de tecido usada para conferir rigidez, para dar corpo à gola. A parte inferior da gola, muitas vezes cortada em viés, é a parte que se une ao corpo. Quando a parte superior da gola é virada e repousa sobre os ombros, a área que se dobra e fica perto do pescoço é chamada de linha de dobra. Porque a gola "se dobra" sobre si mesma, neste ponto, temos, na verdade, três camadas de tecido.

Como a gola cai em direção ao ombro, ela fica levantada e virada para baixo. O suporte de uma gola é a altura entre a borda do decote e o ponto de dobra da gola, que determina seu caimento ou linha de dobra.

As golas estão ligadas ao decote e podem ser altas, como uma gola mandarim, ou levantadas e estendidas para baixo, como em um colarinho de camisa. A maioria das golas segue para baixo (golas baixas).

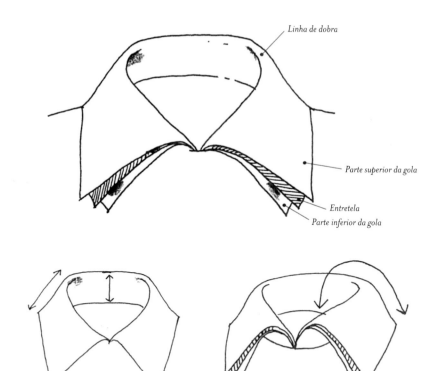

Linha de dobra

Parte superior da gola

Entretela

Parte inferior da gola

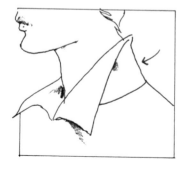

A "dobra" da gola

Quando a gola é virada, três camadas de tecido são formadas

A parte de trás da gola

As golas podem ser altas

As golas podem ser baixas

Dependendo da espessura do tecido, a dobra vai assumir diferentes formas arredondadas. Aqui, são mostrados alguns tipos de linha de dobra e alguns exemplos de tecidos usados para produzir esse tipo específico de arredondamento na linha de dobra.

- Com tecidos finos, a dobra tem uma forma muito pequena e redonda. Exemplos de tecidos que produzem tal linha de dobra são algodões finos, incluindo o voile e o linho, e sedas finas, como crepe da China, charmeuse, tafetá, organdi e organza.
- Em tecidos de gramatura média, a forma redonda torna-se um pouco maior. Exemplos de tecidos que produzem tal linha de dobra são algodões de peso médio, incluindo o musseline e a cambraia; lãs finas, como a flanela e o crepe de lã; linhos de peso médio; e sedas pesadas, incluindo o cetim e o peau de soie.
- Em tecidos de gramatura mais pesada, o arredondamento torna-se maior e mais alto. Exemplos de tecidos que produzem tal linha de dobra são flanelas, tweeds, tecidos de lã de gramatura média, pelo de camelo, veludo cotelê e gabardines pesados.

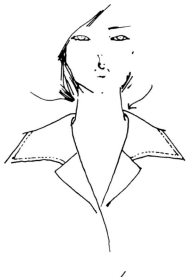

Tecidos finos

Tecidos de gramatura média

Tecidos de gramatura mais pesada

CAPÍTULO 17   GOLAS

- Em tecidos para casaco de gramatura pesada, a linha de dobra assume uma forma ainda maior e mais redonda. Exemplos de tecidos que produzem tal linha de dobra são peles falsas de pelo curto; tecidos aveludados e atoalhados; tecidos de lã pesada; mohair (pele de cabra angorá); e lãs muito texturizadas. Além disso, quando se desenha um veludo ou um tecido de pele falsa, a forma redonda não só fica mais alta e maior, como também ganha maior profundidade.
- A pele verdadeira tem os mesmos princípios que o tecido e a pele falsa. Peles planas como a de castor e a de ovelha Karakul seguem o arredondamento de um tecido pesado, mas peles como a de lince e de raposa tornam-se tão altas e redondas que parecem quase alcançar as orelhas.

Tecido felpudo

Pele de pelo curto

Pele de pelo longo

O próximo ponto a ser abordado é a relação entre a gola e o decote. Alguns princípios dessa relação são:

- Quanto mais a forma da gola acompanhar a forma do decote e tiver um formato côncavo, mais próxima ao pescoço ela ficará. Um bom exemplo é a gola Peter Pan. O mesmo princípio vale para uma gola que fica alta no pescoço, como a gola mandarim. A gola rolê é uma exceção, pois geralmente é cortada em viés e feita em malha, e a elasticidade desse corte e tecido permite a aderência ao pescoço.
- Quanto mais reta em relação ao decote for a forma da gola e tiver um formato convexo, mais afastada do pescoço ela ficará. Quando a gola se torna uma linha reta, ela fica ainda mais longe do pescoço.

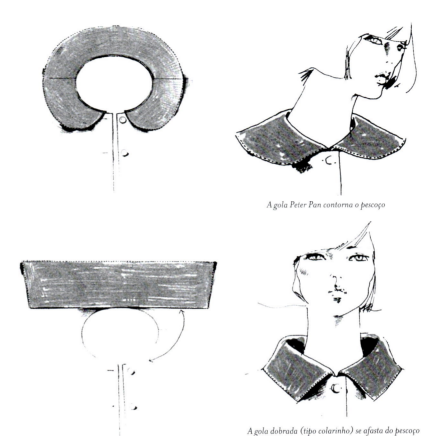

A gola Peter Pan contorna o pescoço

A gola dobrada (tipo colarinho) se afasta do pescoço

Golas listradas

Qualquer gola pode ser cortada na trama, no urdume ou no viés, ou pode ser mitrada no viés, no centro das costas. Entretanto, essas diferentes linhas de eixo são mais evidentes em golas listradas. A gola com corte em viés tem maior elasticidade e é frequentemente escolhida por sua linda linha de dobra.

Ao desenhar golas listradas, observe como o ângulo das listras muda à medida que envolvem o pescoço.

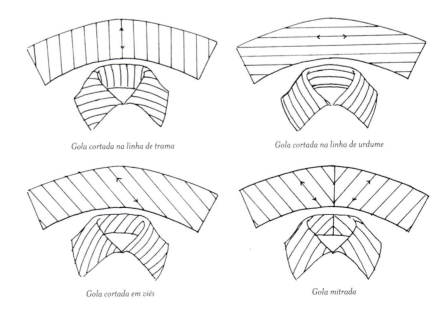

Gola cortada na linha de trama

Gola cortada na linha de urdume

Gola cortada em viés

Gola mitrada

CAPÍTULO 17 GOLAS

Desenhando golas

Ao desenhar a gola, a primeira coisa a ser considerada é que ela vai ao redor do pescoço, e não no pescoço. As golas podem estender-se do decote para cima ou ir do decote para os ombros. Certifique-se de que o seu desenho segue a perspectiva da área peitoral e do ombro.

Além disso, a maioria das golas une-se na linha do centro da frente. Deve-se prestar muita atenção nela, pois se a linha do centro da frente estiver apenas um pouquinho desalinhada, todo o desenho da gola vai estar errado. Marque-a levemente com uma linha pontilhada, que vai da parte debaixo do queixo até a área peitoral.

Para garantir maior precisão, desenhe a metade da gola até o centro da frente e, em seguida, desenhe a outra metade, em vez de desenhar a gola de um lado a outro de uma vez só. Isso dará ao seu desenho uma sensação de circularidade, e não de nivelamento.

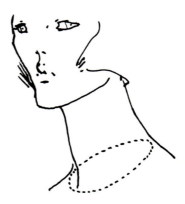

A gola circunda o pescoço

As golas podem ir para cima

As golas podem ir para baixo

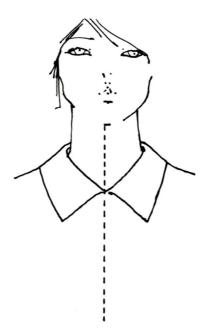

A maior parte das golas unem-se na linha do centro da frente

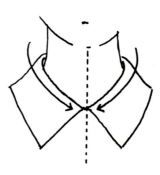

Desenhe uma metade da gola de cada vez

Lembre-se de que em uma vista ¾ ou girada, a parte do corpo que está mais longe de você é a parte que recebe a seção menor da gola.

Em uma vista de perfil, basicamente, você vai desenhar apenas uma metade da gola. Entretanto, cuide para que seu desenho expresse o movimento da gola sobre os ombros e em direção à parte das costas.

Mantenha a gola e as linhas de fechamento suaves e limpas. Qualquer tipo de linha sinuosa fará a gola parecer enrugada. É possível colocar uma sombra escura sob a área da gola que repousa sobre a área peitoral e na área onde a gola toca o pescoço.

Em uma gola assimétrica, os princípios são exatamente os mesmos, exceto que os dois lados da gola não são iguais.

Para praticar, estude revistas de moda, livros de estampas e tecidos para ver e entender os conceitos de todos os tipos de gola. Quando você vir uma gola que tem um detalhe diferente ou um modelo único, analise sua estrutura de maneira lógica.

Além disso, antes de jogar fora as revistas antigas de moda, pegue uma caneta marcador e trace sobre cada gola. Você verá que o seu olho vai começar a entender como as golas se parecem a partir de diferentes pontos de vista. Esse é um exercício muito bom para fazer com outros detalhes de moda, como mangas, decotes e assim por diante.

Nos próximos capítulos, estudaremos as golas e as lapelas de alfaiataria, bem como as golas drapeadas.

Vista da gola girada ¾

Vista da gola de perfil

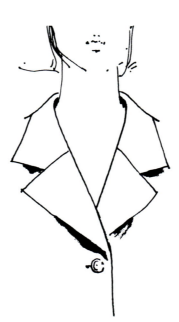

As sombras escuras realçam a gola

Gola assimétrica

CAPÍTULO 17   GOLAS

Tipos de gola

Gola rolê

Gola rolê baixa

Colarinho com pé de gola

Gola Xale

Colarinho de smoking

Gola Peter Pan

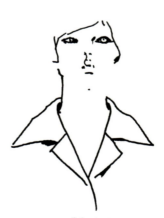
Gola esporte

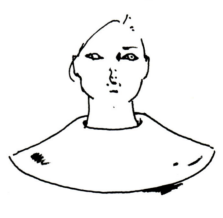
Gola Bertha

Gola peregrino

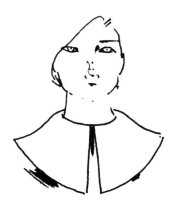
Gola holandesa ou puritana

Gola marinheiro

Gola mandarim

Gola alfaiate

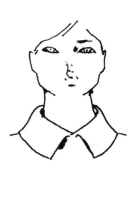
Colarinho sem pé de gola

Gola assimétrica

Gola capa

Ungaro, 1988

18

Mangas

As mangas são a parte da peça de roupa que cobre e envolve os braços. Elas podem ser simples, como uma manga reta e ajustada de um blazer Chanel, ou muito elaboradas, como as mangas em um vestido de festa Ungaro.

Ao desenhar uma manga, o princípio mais importante é a relação dela com o braço. Certos tipos de manga, por exemplo, as de um paletó, caem perfeitamente em linha reta quando o braço está relaxado, mas dobram quando o braço está flexionado ou em movimento. Outras, como em uma camisa de manga com ombro caído, estão em linha reta quando o braço está estendido, mas dobram quando o braço está relaxado.

Cada período da moda tem seu próprio visual e ajuste para a manga e a cava. Por exemplo, na década de 1960, havia ombros pequenos e cavas muito altas, enquanto na década de 1980, havia ombreiras grandes e amplitude na cabeça das mangas. Estudando os conceitos subjacentes, que se aplicam a qualquer estilo de manga, a moda atual nunca vai lhe escapar. Compreender as mangas de alfaiataria, as mangas amplas e as mangas que se estendem desde o corpo vai ajudá-lo não apenas a desenhá-las de modo mais preciso, mas também a escolher as poses para melhor representá-las.

Ungaro, 1987

Chanel, 1960

Manga de alfaiataria ou manga alfaiate

1 Uma manga de alfaiataria cai perfeitamente reta a partir da cava e junta a cava com uma costura. Quando o braço está esticado em uma posição relaxada ao lado do corpo, geralmente a manga não tem excesso de dobras. Ao estudar o molde de uma manga de peça única e sua relação com o braço, nota-se que a cabeça da manga é cortada alta o suficiente para acomodar o músculo do ombro.

2 A cava do corpo segue a forma natural entre a axila e o ombro. Fileiras de alinhavos são puxadas para franzir levemente o tecido, e o franzido é "reduzido", de modo que a manga se encaixe perfeitamente na cava. Isso, bem como o leve franzido no cotovelo, permite que o braço se mova e que a manga fique reta.

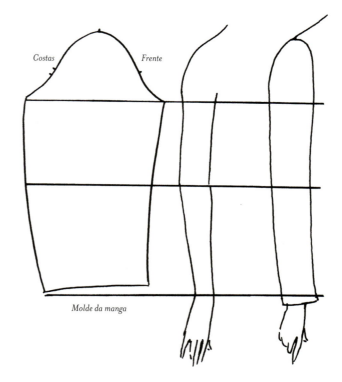

1

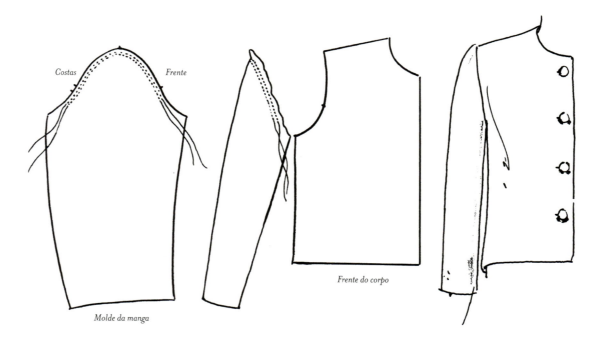

2

3 Às vezes, especialmente em blazeres e casacos, a manga é cortada em duas partes. Em vez de a costura ser colocada embaixo do braço, há uma costura perto das costas que se curva com o cotovelo e uma costura por dentro que se curva com a dobra natural do braço. Essas duas partes consistem na frente e nas costas da manga. Pode-se ver como os moldes das partes replicam perfeitamente o ângulo no qual o braço se pendura.

Com frequência, há uma extensão na bainha, a qual chamamos de carcela. Em muitos ternos feitos sob medida, essas extensões não têm botões de fato. Na maioria das vezes, os botões são costurados apenas como parte do modelo da peça.

4 Os ombros com ombreiras não alteram os princípios da manga. Eles simplesmente mudam a silhueta. As costuras do ombro do corpo são estendidas e a cabeça da manga é modificada. A ombreira preenche esse espaço para criar um visual de ombro estruturado.

Estude exemplos de manga alfaiate em várias posições para aprender como os diferentes tecidos e modelos alteram a aparência da manga. Isso vai ajudá-lo não só a desenhar as mangas, mas também a entender como elas funcionam e realçam a roupa.

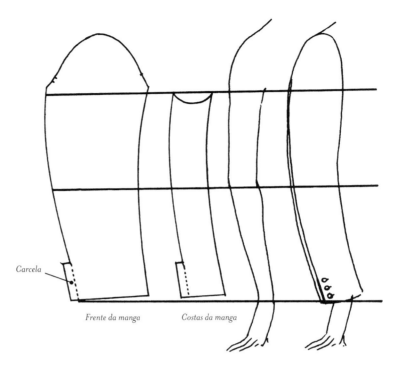

Carcela

Frente da manga   *Costas da manga*

3

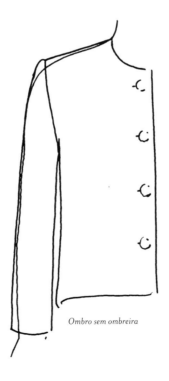   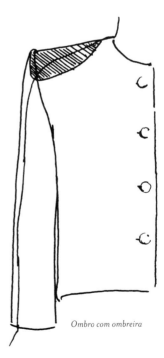

Ombro sem ombreira   *Ombro com ombreira*

4

CAPÍTULO 18   MANGAS   187

Desenhando a manga alfaiate

1 Comece a desenhar a cabeça da manga e a queda para a dobra do cotovelo. Mantenha a cabeça da manga com um traçado suave por cima do ombro.

2 Faça uma pausa suave no cotovelo e desenhe a parte interna da metade inferior. Observe como o tecido cai rente ao braço.

3 Haverá também uma ligeira quebra no músculo do ombro na parte de trás, mas a linha será suave em direção ao cotovelo e pulso.

4 Em oposição à parte superior do braço, note como o tecido cai longe da parte inferior do braço. Certifique-se de que a bainha circunda o pulso.

5 A manga finalizada deve parecer suave e sem rugas.

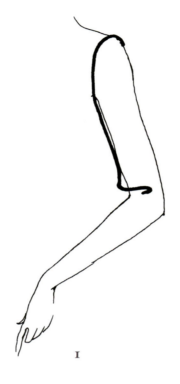

1

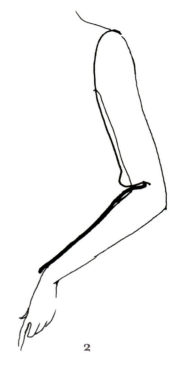

2

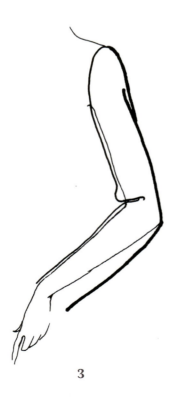

3

4

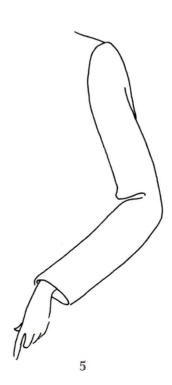

5

Observe como uma manga de alfaiataria cai suavemente quando o braço está na sua posição natural. As dobras se formam quando o braço começa a se mover.

Manga ampla (manga de ombro caído)

Há momentos em que as dobras compõem o modelo da manga e devem ser desenhadas como parte dele. Esse tipo de manga geralmente tem a cabeça da manga mais baixa e a cava mais profunda. A cava também tem um ângulo, e como não descansa sobre o ombro, parece estar caindo fora dele. Isso é chamado de manga de ombro caído ou manga ampla.

A mais conhecida dessas mangas é encontrada em certos tipos de camisa. Quando se estuda a maneira como essas camisas caem sobre o corpo, nota-se que a cava é mais baixa, mais solta e parece mais confortável e ampla. Às vezes, o modelo torna-se *oversized* (muito grande) e exagerado e há um excesso de tecido por baixo dos braços.

Quando se compara o molde com o braço, vê-se que a cabeça da manga é rasa ou um pouco menos curva. Como a cabeça da manga é posicionada um pouco abaixo da linha natural do ombro e não o molda, o excesso de tecido formará dobras. Essas dobras devem fazer parte do desenho, pois compõem o modelo.

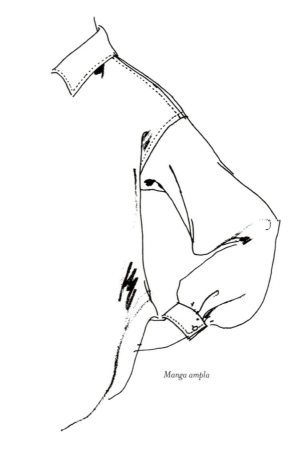

Manga ampla

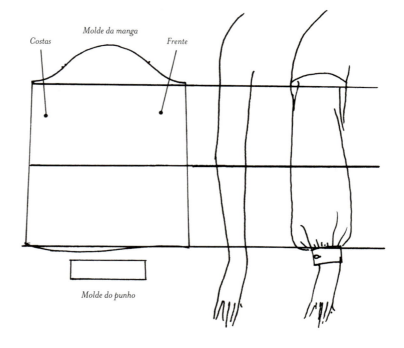

Costas *Molde da manga* *Frente*

Molde do punho

Observe a quantidade de espaço entre o braço e a manga. Além disso, há um ligeiro gancho que se forma na axila, onde o excesso de tecido começa.

O braço não preenche a manga e a cava não molda o ombro. Como a cava não tem suporte, o excesso de tecido ficará solto e dobras se formarão quando o braço estiver esticado em sua posição natural. Veja como as dobras começam a desaparecer quando atingem a axila.

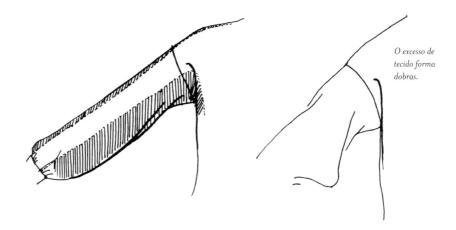

O excesso de tecido forma dobras.

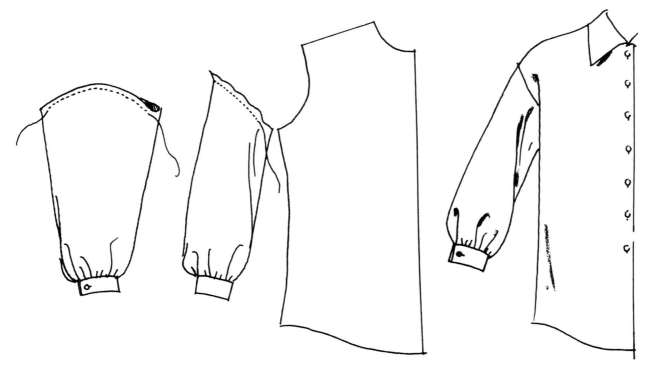

Frente do corpo

CAPÍTULO 18   MANGAS

Desenhando a manga ampla

1 Comece na cava e siga a dobra que se forma da cava até o cotovelo. também mantenha uma dobra suave no cotovelo.

2 O tecido cai no lado de dentro da parte inferior do braço em direção ao punho ou à barra da manga. Certifique-se de que o punho ou a barra da manga circule o pulso.

3 Continue na parte de trás do braço com uma linha suave. Observe como o excesso de tecido cai longe do cotovelo.

4 Finalize com franzidos ou uma linha de barra.

5 A manga ampla finalizada deve fluir de modo gracioso.

1

2

3

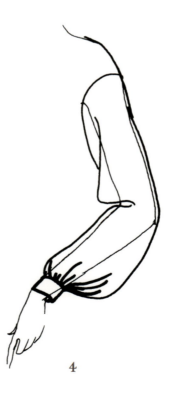

4

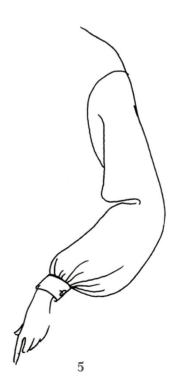

5

Lembre-se: não é necessário que as mangas amplas tenham um punho. Elas podem ter uma barra solta ou afunilada. Observe como as dobras funcionam quando o braço está em posições diferentes.

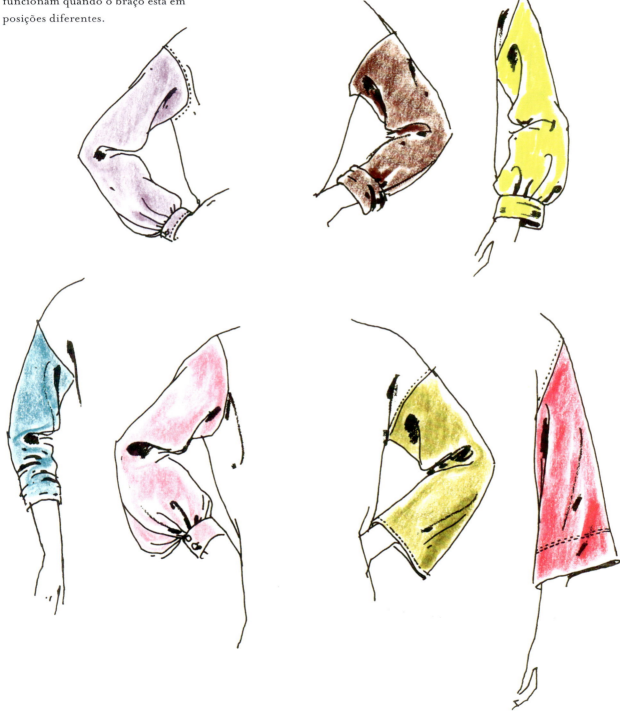

A barra da manga

Em uma manga de alfaiataria, a barra da manga se curva ligeiramente para cima a partir da frente e, em seguida, curva-se para baixo em direção à parte de trás a partir da lateral. Em mangas amplas — de barra reta ou franzida —, há uma curva para cima a partir da frente, cujos ângulos seguem para baixo a partir da lateral.

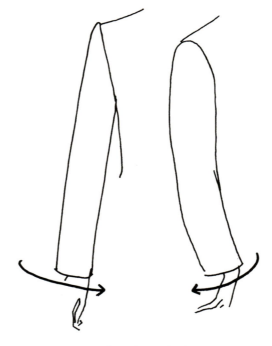

Barras da manga de alfaiataria

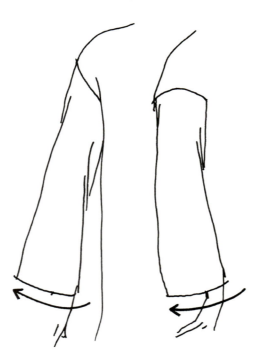

Barras da manga ampla sem punho

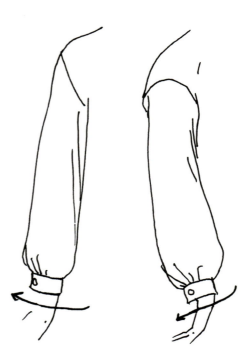

Barras da manga ampla com punho

Punhos e amplitude

As mangas também podem ser franzidas ou pregueadas no punho, um pedaço de tecido retangular que segura o excesso de tecido da manga. Em uma manga volumosa, o excesso de tecido é adicionado à parte inferior do molde da manga. É possível fazer uma manga volumosa em uma camisa simples com duas pregas, ou uma manga enorme e extravagante em um vestido de noiva.

Vamos examinar o molde e sua relação com o braço. Observe como a parte inferior da manga é maior e vai afunilando até a cabeça da manga. Quanto maior a manga, mais volume ou amplitude ela terá. Veja como a parte de trás do molde se inclina. Isso é para acomodar a curvatura do braço, além de dar à manga um movimento gracioso. A manga pode ser franzida ou pregueada em um punho estreito ou largo, o qual pode ter qualquer largura e qualquer quantidade de botões.

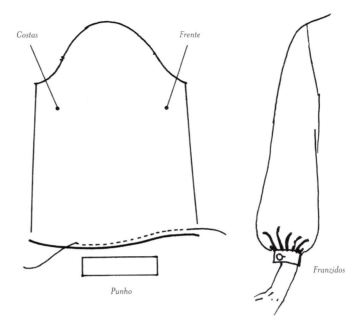

Manga volumosa

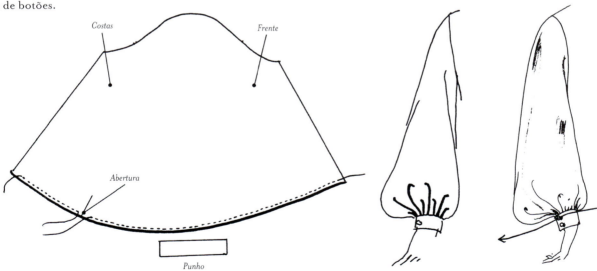

Manga muito volumosa

CAPÍTULO 18 MANGAS

Cabeça da manga e amplitude

A cabeça da manga, ou parte superior da manga, também pode ser franzida. Isso vai dar mais volume e dramaticidade. Um bom exemplo desse tipo de manga é uma manga balão. Tecidos leves, como a seda leve, o chiffon, ou o georgette, vão cair sobre a parte superior do braço e para fora do cotovelo. Os tecidos mais rígidos, como tafetá ou organdi, vão criar um espaço de cada lado do braço.

A cabeça de uma manga volumosa também pode afunilar em direção a um pulso justo, como em uma manga presunto, e ser finalizada na barra com botões ou zíper. Lembre-se: diferentes tecidos e cortes criarão diferentes modelos em uma manga volumosa e franzida.

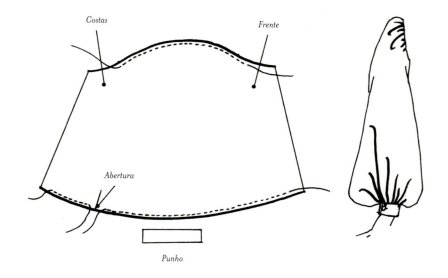

Manga balão

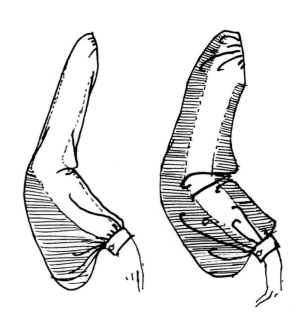

Manga com tecido leve   Manga com tecido rígido

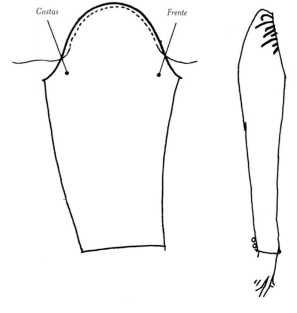

Manga presunto

Diferentes tecidos e cortes criam diferentes modelos

CAPÍTULO 18   MANGAS

Manga raglan

Uma manga raglan tem uma costura que se prolonga na diagonal a partir da área do pescoço até embaixo do braço. Ela tem muitas variações, de justa a solta, com barra ou franzido no punho. A manga raglã pode ser cortada em uma única parte com uma pence no ombro ou com uma costura externa para ajudar a moldar o ombro. Observe como diferentes cortes e tecidos alteram a aparência dessas mangas.

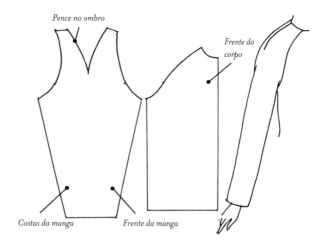

Manga raglan cortada em uma única parte

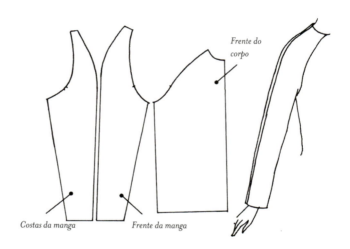

Manga raglan cortada em duas partes

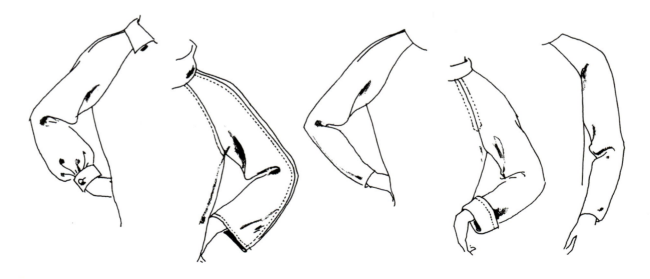

Como as mangas funcionam no braço

Vamos estudar como a manga é desenhada sobre o braço. Quando fechada pela costura, a manga torna-se um cilindro. Ela cobre o braço, que também tem forma cilíndrica, formando-se uma perspectiva cilíndrica que dá ao desenho uma sensação de arredondamento e profundidade. Observe como a manga envolve o braço e como qualquer barra acima do cotovelo tem uma curva ascendente. No entanto, em um braço dobrado, também é possível que a barra se curve para cima. A partir desse ângulo, é possível enxergar um pouco dentro da manga ou do punho.

Na metade superior do braço, o tecido da manga repousa no lado externo e se afasta no lado interno do braço. Na metade inferior do braço, a manga repousa no interior do braço e se afasta do cotovelo. Além disso, quando o braço está levantado em uma manga volumosa, há uma dobra em forma de "S".

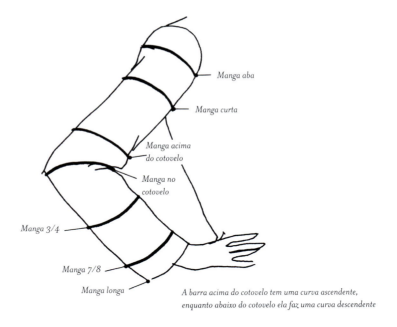

A barra acima do cotovelo tem uma curva ascendente, enquanto abaixo do cotovelo ela faz uma curva descendente

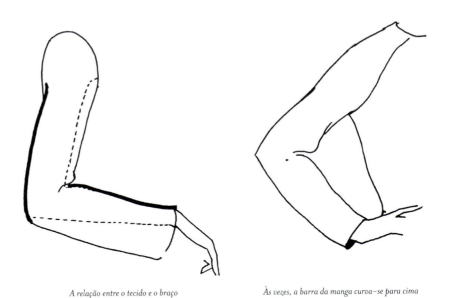

A relação entre o tecido e o braço   *Às vezes, a barra da manga curva-se para cima*

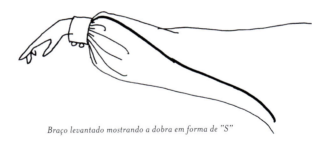

Braço levantado mostrando a dobra em forma de "S"

CAPÍTULO 18   MANGAS

Cavas

A cava é aquela parte do corpo que permite que o braço se estenda. É também onde a manga pode ser anexada. Apesar de as cavas terem curvas, em uma vista frontal, é melhor mantê-las quase em linha reta, com menos curvas. Elas quase formam um parêntese.

Em uma vista girada ou ¾, ambas as cavas curvam-se na direção para a qual a parte superior do corpo está voltada, permanecendo paralelas umas às outras. Observe como a cava faz um círculo a partir das costas. Lembre-se: em uma figura girada, o busto fica na frente da cava.

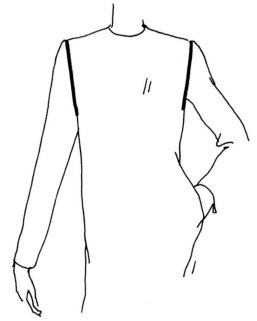

A vista frontal das mangas forma ligeiramente um parêntese

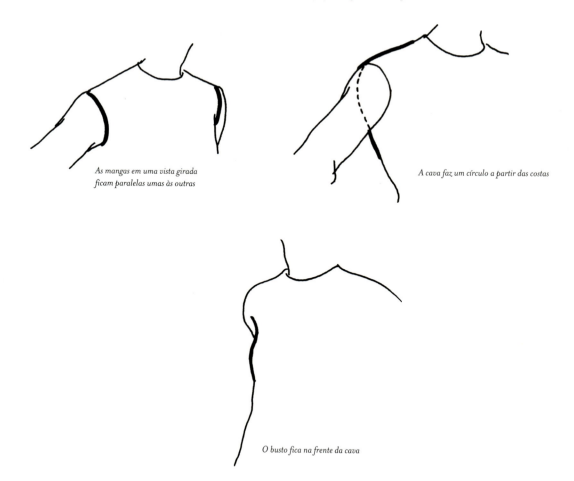

As mangas em uma vista girada ficam paralelas umas às outras

A cava faz um círculo a partir das costas

O busto fica na frente da cava

Em uma cava de manga raglan, o recorte pode ser traçado em linha reta ou ligeiramente curvado. Isso depende do modelo e do estilo. Além disso, na figura girada, é necessário tentar detectar o lado do corpo.

Nunca "morda" o tecido quando o braço estiver dobrado. Faça a linha da dobra suave e fluida. Como os franzidos saem de uma costura, não os faça pontudos ou rígidos, com marcas de "dentes". Linhas simples e fluidas ficarão muito melhor. Em geral, mantenha as dobras arredondadas e suaves. Observe também como os diferentes tecidos alteram o caimento da manga.

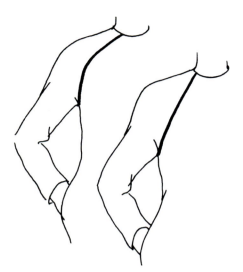

Os recortes raglan podem ser curvos ou retos

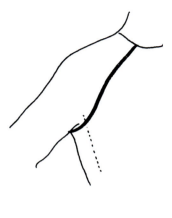

Tenha em mente o plano lateral do corpo

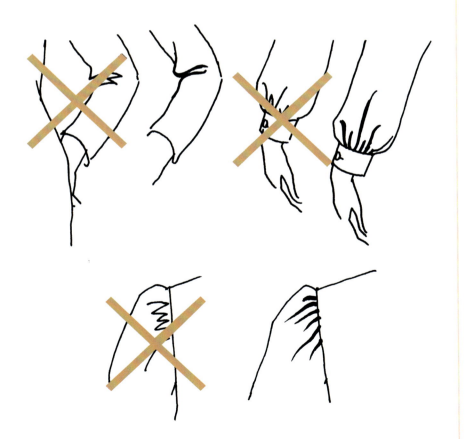

Evite "mordidas" e "dentes"

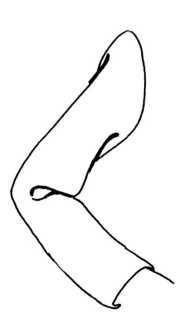

Mantenha as dobras da manga suaves e fluidas

CAPÍTULO 18   MANGAS

Mangas cortadas em peça única com o corpo

Às vezes, você vai querer desenhar uma manga bastante dramática com uma grande quantidade de volume abaixo do braço, mas que não tem recorte na cava. Exemplos dessas mangas são a dolman e a quimono. Tais tipos de manga são cortados em uma peça única com o corpo. Devido à grande quantidade de tecido envolvido na produção dessas mangas, elas não são tão comuns como as mangas alfaiate, ampla e raglan. Além disso, os moldes são muito grandes e não é fácil encaixar outros moldes com eles.

Assim como na manga ampla, este tipo de manga cai perfeitamente reta quando o braço está estendido. Observe a enorme quantidade de espaço entre a manga e o braço. Quando o braço cai ou está dobrado, dobras muito salientes se formam. Mais uma vez, é possível ver como as dobras quase desaparecem à medida que atingem a axila. Essas dobras nunca devem ultrapassar a cava.

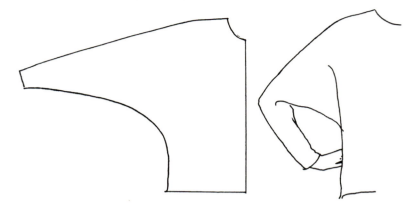

Molde da manga dolman

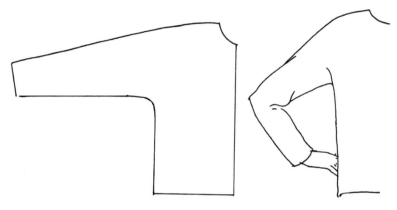

Molde da manga quimono

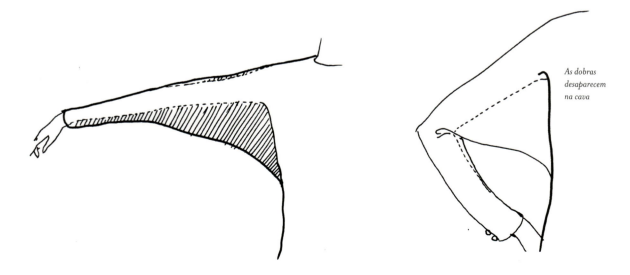

As dobras desaparecem na cava

PARTE II   OS DETALHES DE MODA

Reforços

Algumas vezes, pode-se querer uma manga em peça única com o corpo, mas que é maior sob o braço. Sem algum tipo de acomodação, esse tipo de manga teria que ser feito em um tecido elástico, pois, em qualquer outro tecido, as costuras se abririam quando o braço se movesse. Pela adição de um reforço, que é um pedaço de tecido cortado em viés em forma de diamante ou triângulo, evitamos o problema. Um reforço colocado debaixo do braço ou estendido para baixo no corpo permite que a manga tenha movimento, com um ajuste mais suave sob os braços, sem excesso de tecido.

Estude a grande variedade de dobras que esse tipo de manga tem em várias poses.

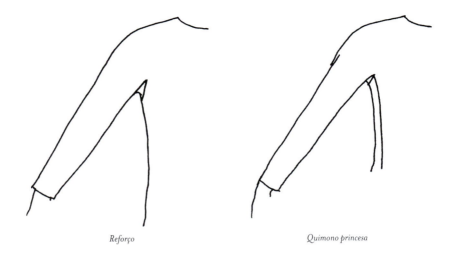

Reforço   *Quimono princesa*

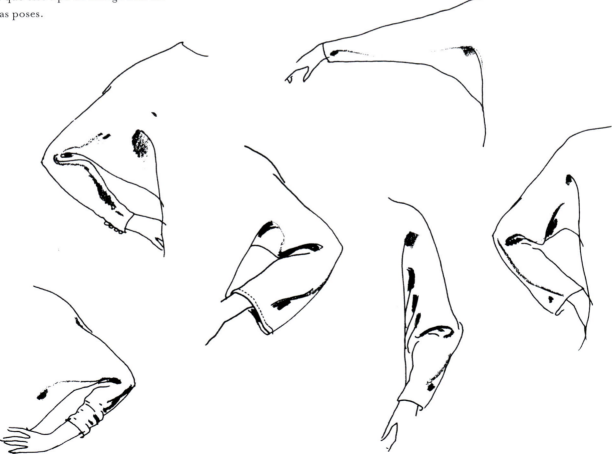

Variações da manga dolman e quimono

CAPÍTULO 18   MANGAS   203

Agora que você entendeu os conceitos básicos das mangas e como desenhá-las, não há limite para as variações que você pode desenhar. Por exemplo, pegue a parte superior de um modelo e a parte inferior de outro — crie uma manga dolman alfaiate, uma raglan franzida, uma quimono de ombro caído, uma manga bufante curta, uma manga alfaiate ¾ — as possibilidades são infinitas!

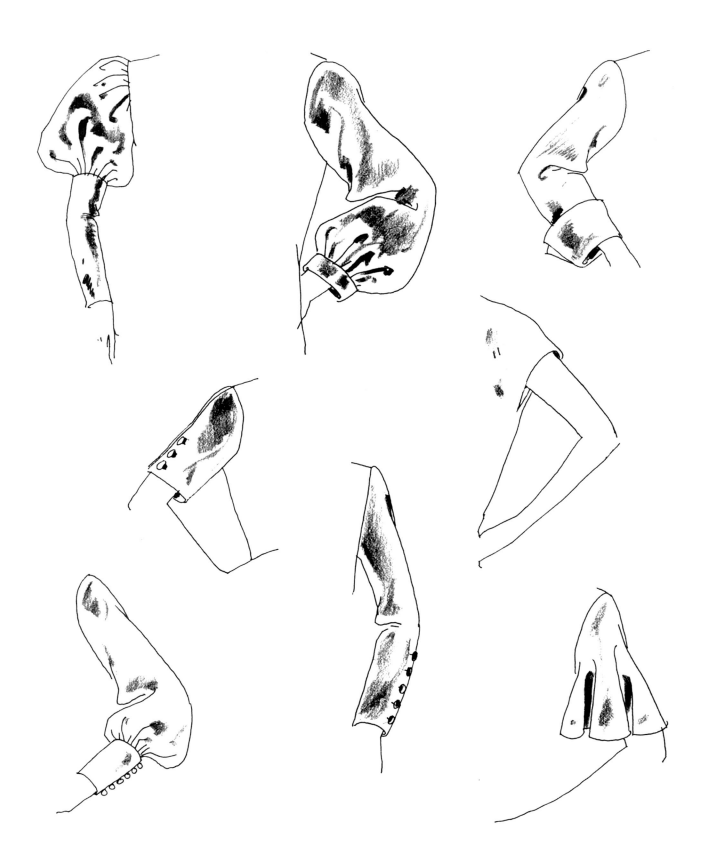

CAPÍTULO 18　MANGAS

Tipos de manga

Manga alfaiate ou de alfaiataria

Manga aba

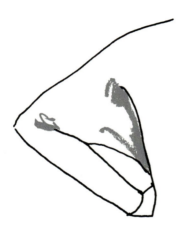
Manga dolman

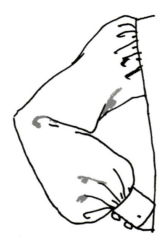
Manga balão

Manga bufante

Manga sino ou anjo

Manga bispo

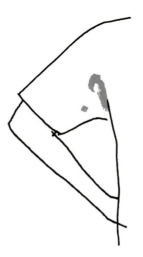
Manga quimono

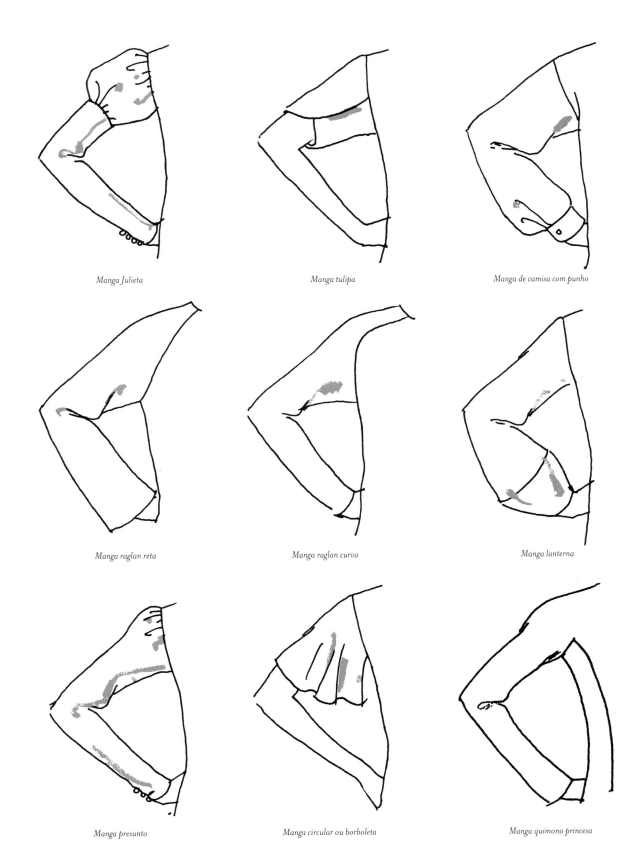

St. Laurent, 2001

Blusas, camisas e tops

A blusa é um tipo específico de
roupa para a parte superior do corpo e, mesmo semelhante em muitos aspectos, ela costuma ser mais leve do que uma camisa. Ambas podem ser abotoadas ou puxadas sobre a cabeça. Genericamente, um top pode ser qualquer uma delas, mas, para os propósitos deste livro, classificamos o top como uma vestimenta mais casual para a parte superior do corpo. Todos podem variar desde uma frente única ajustada com nervuras até um colete longo com um botão.

O ajuste de uma blusa, camisa, ou top muda conforme a moda do momento. Na década de 1960, o body era tão justo quanto uma segunda pele; na década de 1980, as camisas eram tão grandes que pareciam ter tamanhos muito maiores. Na década de 1990, os tops curtos que mostravam o umbigo eram o item de moda número um. Essa tendência atingiu seu auge no início dos anos 2000 e apareceu em tudo, desde *sportswear* até roupas de noite/festa.

Desenhando as camisas

Ao desenhar camisas, alguns detalhes importantes devem ser observados:

- A pala é a parte da peça de roupa que se estende pelo ombro, pela frente ou pelas costas. O corpo (base da blusa) ligado à pala pode ser liso, plissado ou franzido.
- A costura rebatida é uma costura finalizada com a linha de pesponto aparecendo do lado direito da peça.
- O pé de gola, ou pé de colarinho, é a parte perto da gola que levanta e circunda o pescoço. Em geral é abotoada, mas pode ser presa por uma abotoadura em uma camisa estilo smoking. Além disso, pode permanecer como uma faixa ou estar ligada a uma gola.
- A carcela de abotoamento de camisa é uma faixa que se estende na frente de uma camisa até a bainha. Geralmente, os botões são ligados a ela.

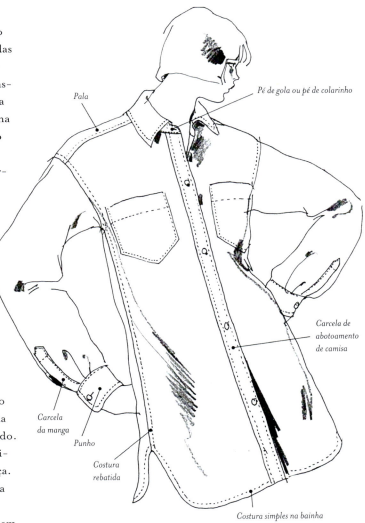

Pala
Pé de gola ou pé de colarinho
Carcela de abotoamento de camisa
Carcela da manga
Punho
Costura rebatida
Costura simples na bainha

209

- A carcela da manga é uma fenda na parte da manga, em geral finalizada com uma faixa de tecido. Estende-se do punho em direção ao cotovelo. Esse detalhe permite vestir e tirar a peça facilmente.
- O punho é um acabamento na manga feito de um pedaço de tecido costurado separadamente e que costuma ser fechado por um ou mais botões.
- O punho francês é um tipo de punho virado para trás e preso por abotoaduras. Frequentemente usado em blusas e camisas smoking (e muitas vezes na moda masculina).
- A costura simples na barra é uma bainha acabada feita para parecer com a barra de uma camisa masculina. Na moda feminina, uma bainha desse tipo pode ou não ser dobrada.
- As nervuras são pregas estreitas costuradas no lugar. As nervuras são geralmente organizadas em série e modeladas conforme a largura escolhida, podendo ser de 2,50cm, de 1cm, de 0,50cm, e também mais estreitas. As nervuras estreitas são apenas largas o suficiente para a passagem de uma linha de costura.

Uma camisa smoking tem precisão nas nervuras, enquanto a camisa esporte tem uma grande simplicidade, com a estampa ou o corte mudando totalmente seu visual. A camisa cowboy tem sua própria pala, bolso e os detalhes de bordado que raramente mudam com o estilo predominante.

As camisas devem parecer de algum modo estruturadas, com detalhes como costura e nervuras mantidos de modo muito preciso. As sombras em uma camisa branca são geralmente feitas em cor cinza, do tom claro ao médio.

Nervuras

Camisa smoking

Punho francês

Camisa esporte

Camisa cowboy

Blusas e tops

Ao contrário das camisas que, independentemente de seu corte ou tecido, seguem formas mais específicas de construção, as blusas e os tops têm detalhes mais originais no seu modelo.

As blusas podem variar desde a inocência de uma blusa marinheiro até a sensualidade de uma blusa cigana, da elegância de uma camisa com gravata ao romantismo de uma camisa com manga poeta, ou até a sensação étnica de uma blusa cossaco. Elas podem ser bem justas ao corpo ou volumosas e extravagantes. Não há limite para as suas variações. Tente manter o clima do visual específico em sua ilustração.

Blusa marinheiro

Blusa cigana

CAPÍTULO 19   BLUSAS, CAMISAS E TOPS

Blusa com manga poeta

Blusa com jabot

Blusa com gola gravata

PARTE II   OS DETALHES DE MODA

Blusa transpassada

Blusa com gola laço

Blusa cossaco

CAPÍTULO 19   BLUSAS, CAMISAS E TOPS

Os tops podem ajustar-se como a segunda pele de uma regata ou uma faixa quase inexistente. Eles podem ser de dimensões grandes, como uma camiseta ou túnica. Se forem muito justos e de um tecido com elastano, mantenha-os mais rentes ao corpo. Se o tronco for *oversized*, mantenha a aparência de um corte generoso. Coletes e túnicas são frequentemente colocados sobre outros tops, blusas ou camisas.

Toda camisa, top ou blusa pode ser usada como um item único ou também ser posta em camadas por cima ou por baixo de outras peças. Muitas vezes, a pose tem de ser trabalhada de modo que todas as peças apareçam. Abrir algumas dessas camadas, parcialmente desabotoar outras, ou ainda arregaçar as mangas, ajuda quando se combina muitas camadas.

Blusa com manga japonesa

Regata

Faixa ou bustiê

Top curto

CAPÍTULO 19   BLUSAS, CAMISAS E TOPS   215

Cardin, 1969

Dior, 1948

20

A história das saias, do comprimento das barras e das silhuetas

Percorremos um longo caminho desde que as barras das saias varriam o chão e as mulheres não podiam mostrar o tornozelo. Até a década de 1960, os comprimentos das saias eram ditados por grandes criadores, e as mulheres seguiam seu exemplo. Longas, até os joelhos, ou tão curtas quanto a lei permitia, o comprimento das saias femininas sempre foi, e continua sendo, uma grande questão de moda.

A partir do final dos anos 1800 até o início dos anos 1900, as saias eram compridas até o chão, com apenas um vislumbre do sapato aparecendo. Camadas de anáguas ajudavam a moldar as saias, e espartilhos mantinham a cintura tão pequena quanto possível. Worth, Doucet e Lucile foram responsáveis por muitos dos modelos de vestidos elaborados nesse período.

Worth, 1894

Década de 1910

No início da década de 1910, começamos a ver a silhueta das saias mais próxima do corpo. Paul Poiret introduziu a saia hobble, a qual era drapeada na parte de cima até a linha da cintura. A barra tocava a parte superior do sapato e o drapeado aberto permitia mostrar o tornozelo. No final da década de 1910, designers como Paquin começaram a levantar as barras acima do tornozelo.

Poiret, 1913

Paquin, 1917

218   PARTE II   OS DETALHES DE MODA

Década de 1920

Na década de 1920, aconteceu uma das mudanças mais significativas no comprimento das saias do século XX. Em 1926, as barras das saias tinham subido para alcançar o joelho. Nunca antes essas saias curtas tinham sido usadas por mulheres elegantes. Nessa década, também surgiram os comprimentos de saia para usar separadamente — a saia curta para o dia, a saia longa para a noite. Chanel, Vionnet e Patou foram os pioneiros da saia curta. Com a perna assumindo uma nova importância, as meias de seda e os joelhos rosados também estavam bastante em moda. A principal silhueta era a sem busto e reta, sem cintura.

Chanel, 1925

CAPÍTULO 20 A HISTÓRIA DAS SAIAS, DO COMPRIMENTO DAS BARRAS E DAS SILHUETAS

Década de 1930

Na década de 1930, as barras mais uma vez foram abaixadas. Os designers Molyneux e Schiaparelli apresentavam saias que chegavam abaixo do joelho até perto do tornozelo para o dia. Os vestidos de noite e as saias eram quase sempre de comprimento longo. O corte em viés tornou-se muito popular e as roupas eram cortadas para serem ajustadas ao corpo. A silhueta era elegante e fluida.

Creed, 1936

Início da década de 1940

Por volta de 1940, os comprimentos das saias alcançavam cerca de 38cm do chão (aproximadamente a parte inferior do joelho). Durante a primeira metade da década de 1940, elas continuavam nesse comprimento ou eram um pouco mais curtas. A Segunda Guerra Mundial e as restrições sobre o uso de tecido colaboraram para essa mudança. Joan Crawford ajudou a popularizar o *look* de ternos de corte elaborado de Adrian com ombreiras e saia de silhueta simples e reta.

Adrian, início dos anos 1940

CAPÍTULO 20 A HISTÓRIA DAS SAIAS, DO COMPRIMENTO DAS BARRAS E DAS SILHUETAS

Final da década de 1940

Depois do fim da guerra, as mulheres quiseram se sentir femininas e elegantes mais uma vez, e o New Look de Christian Dior, em 1947, foi a solução. As barras caíram para um pouco acima dos tornozelos, e o volume da saia era mantido por camadas de anáguas. As saias, mais uma vez, cobriam quase toda a perna, e as silhuetas com cinturas apertadas, quadril acolchoado e saias longas e volumosas eram uma reminiscência da virada do século.

Dior, 1947

Década de 1950

As barras permaneceram basicamente inalteradas até o início da década de 1950. Em 1956, com a introdução da silhueta chemise, designers como Balenciaga, Givenchy e Norell começaram a diminuir as barras das saias até um pouco abaixo do joelho.

Patou, 1956

Década de 1960

Na primeira metade da década de 1960, as barras ficavam no joelho. No entanto, ainda nessa década, a história da barra mudaria para sempre. A partir de meados dos anos 1960, nunca mais houve um comprimento de saia imposto.

Mary Quant, em Londres, André Courrèges, na França, e Rudi Gernreich, nos Estados Unidos, foram os pioneiros das minissaias e microssaias – o comprimento mais curto da saia na moda moderna. A silhueta era geométrica, muitas vezes indistinta, mas, acima de tudo, moderna.

Cardin, 1966

Dior, 1966

Década de 1970

Depois das curtíssimas micro e minissaias da década de 1960, o próximo passo lógico para a barra era ir para baixo. E foi. A saia midi chegou ao meio da perna (ou um pouco mais longa) e a maxi chegou quase até o tornozelo. Esses comprimentos nos deram o debate sobre mini/midi/maxi do final dos anos 1960 e início dos anos 1970. Yves Saint Laurent, com suas coleções cigana e étnica, foi o responsável pelos comprimentos mais longos e pela silhueta em camadas e fluida que prevaleceria no final da década de 1970.

Saint Laurent, 1974

Década de 1980

No início da década de 1980, as barras ainda eram longas. Perry Ellis criou algumas das mais longas, mas, ao contrário do olhar étnico dos anos 1970, a silhueta era livre e elegante. Em meados da década, as saias começaram a encurtar e o *power suit* com ombreira usado com saia curta foi a silhueta dominante. Emanuel Ungaro e Claude Montana ajudaram a popularizar tanto as silhuetas quanto as barras.

Ungaro, 1984

Perry Ellis, 1983

Décadas de 1990 e 2000

Na década de 1990, o comprimento das saias não era mais — em sua maior parte — um grande problema. As mulheres aceitavam todos os comprimentos para diferentes ocasiões e, quando em dúvida, usavam calças. O único problema com o comprimento parecia ser "o que veste bem vende". O uso de tecidos transparentes, rendados e finos (empregados de muitas maneiras para diversos *looks* e comprimentos) tornou-se mais importante do que o comprimento da saia. As silhuetas variavam desde os *looks* retrô dos anos 1950 e 1960 até as fluidas camadas transparentes de tecido — e qualquer uma das silhuetas poderia ser de qualquer comprimento. Geoffrey Beene criou saias muito curtas na década de 1990, enquanto Karl Lagerfeld experimentou as saias em camadas de tecido rendado e transparente para a Chanel.

No início deste século, já não havia qualquer comprimento de saia estabelecido. As barras de Marc Jacobs e Chanel subiram para comprimentos mini, lembrando a década de 1960, enquanto outros estilistas, como Yojhi Yamamoto, abaixaram as barras até os tornozelos.

A mudança mais significativa, no entanto, foi a barra assimétrica. De repente, as barras formavam um desenho para cima e para baixo, ambos cobrindo e expondo as pernas ao mesmo tempo. Frequentemente, as linhas da cintura expunham o umbigo. Os tecidos variavam desde macios e fluidos até todas as variedades de couro e camurça. As barras inacabadas, desgastadas ou com franjas frequentemente substituíam os acabamentos convencionais de barra.

Por décadas, os comprimentos das saias foram o assunto de moda mais falado. Agora que eles não são mais um problema, o que vai substituir a polêmica? Como futuro designer e artista de moda, a resposta está com você.

Marc Jacobs/Louis Vuitton,
2009

Geoffrey Beene,
1991

CAPÍTULO 20   A HISTÓRIA DAS SAIAS, DO COMPRIMENTO DAS BARRAS E DAS SILHUETAS

Nicolas Ghesquière/Balenciaga, 2006/7

21

Desenhando saias

A saia é uma peça de roupa que circunda a parte inferior da figura. Em geral, começa na linha da cintura, mas, às vezes, inicia ligeiramente acima ou abaixo dela. O comprimento, como já estudado, pode estar em qualquer lugar, do micro e mini até o chão.

A saia pode ser uma peça de roupa por si só, ser ligada a um corpete ou ser a peça inferior de um vestido. É possível finalizá-la com um cós ou uma costura simples. As saias podem ser franzidas, pregueadas ou godê, e ter qualquer silhueta, desde muito estreita até extravagantemente volumosa.

Vamos começar com um desenho dos diferentes comprimentos de saias, que serve apenas como ponto de referência. Como você provavelmente já sabe, muitos desses comprimentos são chamados por diversos nomes, dependendo da década ou da moda da época. Os nomes que escolhemos representam a descrição mais precisa de cada saia.

Micro — Mini — No joelho — Midi ou abaixo do joelho — Maxi ou longo — No chão

229

Saias retas

Para desenhar uma saia reta, primeiro imagine um tubo de tecido enrolado em torno da área do quadril. Como há uma diferença de aproximadamente 25cm entre o quadril e a cintura, existem várias maneiras para ajustar o excesso de tecido na cintura, as quais incluem pences, pregas, franzidos ou recortes.

À medida que a saia fica maior na barra, as possibilidades de ajuste do excesso de tecido na cintura também incluem franzidos, pregas ou godês. Em qualquer saia, a linha da barra segue a direção do alto quadril. Lembre-se: em qualquer roupa, o tecido é um fator importante e vai afetar a forma como as dobras da barra cairão.

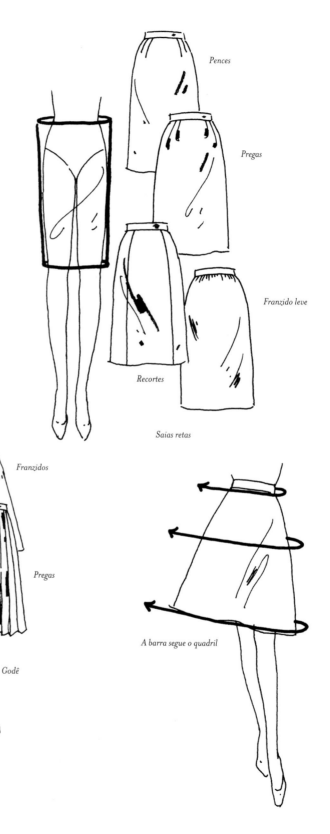

Pences
Pregas
Franzido leve
Recortes
Saias retas
Franzidos
Pregas
Godê
Saias volumosas
A barra segue o quadril

Desenhando saias retas

Comece desenhando a metade inferior da figura. Em uma saia reta, a saia vai ficar afastada do corpo no lado do quadril que está elevado e vai aderir ao corpo no lado que está relaxado. Haverá leves trações no lado elevado do quadril em direção à barra oposta. A linha da barra nunca deve estar completamente em linha reta ou ter "pontos", pois o corpo é cilíndrico e a roupa que o circunda será arredondada na borda da barra.

Além disso, nunca desenhe o cós em linha reta, pois ele deve ter uma curva ascendente conforme o formato cilíndrico do corpo. Mantenha-o em linhas paralelas e firmes e, dependendo do modelo, você pode desenhá-lo para cair diretamente acima ou abaixo da linha natural da cintura. O cós pode ser fechado com uma casa e um botão ou com colchetes.

Pences, pregas ou franzidos devem ter linhas que sigam o arredondamento do corpo. Isso dará dimensão para sua figura.

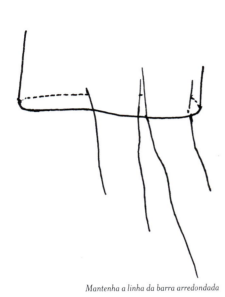

Mantenha a linha da barra arredondada

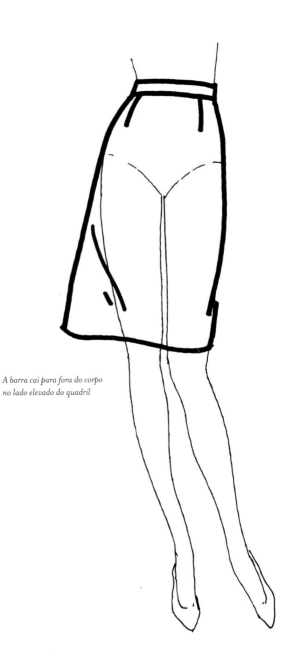

A barra cai para fora do corpo no lado elevado do quadril

As pences seguem a curva do corpo e o cós tem uma leve curva ascendente

CAPÍTULO 21   DESENHANDO SAIAS

Saias franzidas

As saias franzidas são painéis de tecido costurados e pregueados ou franzidos em um cós ou costura simples. Duas fileiras de pontos de alinhavo são costuradas no tecido e puxadas para obter a plenitude desejada. Devido a isso, a relação entre a cintura e a barra torna-se um pouco mais complexa em uma saia franzida, em oposição a uma saia reta.

Desenhando saias franzidas

Comece desenhando a metade inferior da figura, indicando os franzidos e mantendo as linhas arredondadas para mostrar a forma da figura. (Lembre-se: a barra segue a direção ou o movimento do quadril elevado). Desenhe algumas linhas mais longas e outras mais curtas do que outras, de modo que o ritmo seja agradável, mas não desenhe linhas em pares. Alivie a pressão do traço à medida que as linhas chegam perto da barra. Certifique-se de que os franzidos toquem o cós ou a costura simples da cintura, e não desenhe as linhas como se parecessem um gráfico.

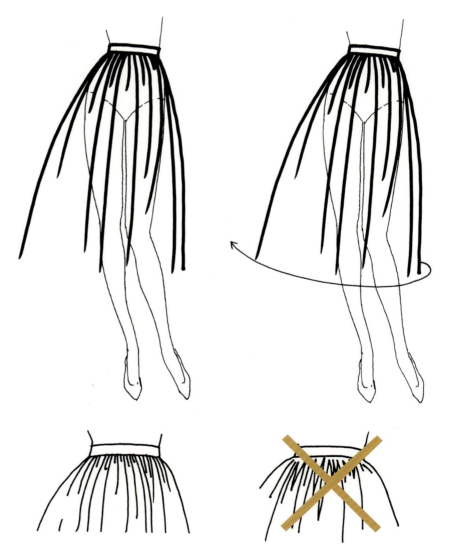

Os franzidos começam no cós, não abaixo dele

PARTE II   OS DETALHES DE MODA

Em uma saia franzida, o excesso de metragem de tecido é trazido para o cós ou para a costura simples da cintura, o que faz o tecido formar uma série de dobras na barra. Tais dobras se dobram por trás umas das outras e parecem cair em seções. Dependendo do comprimento da saia, as seções assumem formas retangulares ou cilíndricas.

Para desenhar as dobras na barra, imagine uma barra dupla. A parte inferior da saia é a primeira barra. Para ajudá-lo com esse conceito, desenhe uma linha pontilhada que segue a linha da barra. Em seguida, faça outra linha pontilhada acima desta, que também segue o desenho da barra. Essas "barras" vão ajudá-lo a posicionar as dobras da saia corretamente. As dobras que caem para fora tocam a linha pontilhada inferior. As dobras que caem para dentro tocam a linha pontilhada superior. Como as linhas circundam a figura, mantenha-as levemente arredondadas. Lembre-se: algumas das dobras são maiores do que outras — e nenhuma deve ser exatamente do mesmo tamanho.

Não esqueça também que há uma ligeira quebra no joelho, quando desenhar uma saia que vai além dos joelhos.

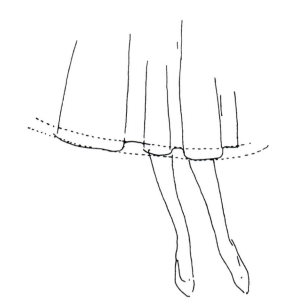

A "barra dupla"

A quebra no joelho

CAPÍTULO 21   DESENHANDO SAIAS

Babado em camadas, babado na barra e franzido em camadas

Um babado é uma pequena faixa franzida ligada a uma saia maior. Quando usado como um detalhe na barra, é chamado de babado na barra. Como estamos adicionando volume, isso criará ainda mais dobras na barra. Além disso, as formas retangulares dos franzidos talvez pareçam mais quadradas.

Os babados na barra também podem formar camadas, que seguem os mesmos princípios do desenho dos franzidos. Ao desenhar uma saia com franzidos em camadas, lembre-se de que as camadas desse tipo de saia são costuradas sobre um saiote — elas não são costuradas umas nas outras. Geralmente, a largura de cada camada permanece a mesma, mas desenhe cada camada como uma saia separada, sobrepondo-as ligeiramente.

Babado em camadas, babado na barra e franzido em camadas

Babado em camadas

Babado na barra

PARTE II   OS DETALHES DE MODA

Saias godê

A barra de uma saia godê tem uma amplitude maior do que o cós. Ao aumentar a quantidade do godê, a amplitude da barra pode variar de ondulações suaves até um círculo completo com muitas ondulações. Esse tipo de saia tem geralmente de dois a quatro painéis (ou seções), mas se a saia for feita de um tecido muito macio, talvez haja mais. Quando espalhados, os painéis formam um círculo.

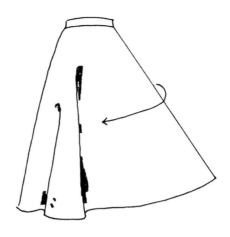

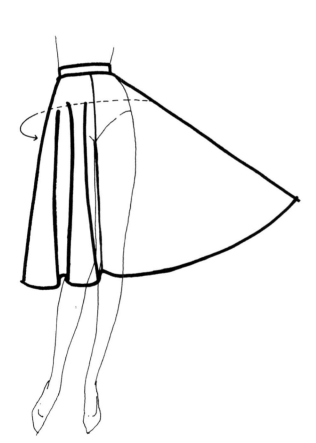

As formas cônicas começam onde o excesso de tecido cai longe do corpo

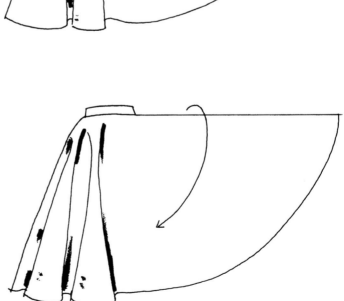

CAPÍTULO 21 DESENHANDO SAIAS

Em algumas saias godê, algumas das seções vão cair no viés do tecido, o que criará uma forma cônica. Tal forma começa no ponto em que o tecido cai para fora do corpo.

Outro ponto de interesse em alguns tipos de saias godê são os gomos. Um gomo é um painel estreito que se afunila em direção à cintura. Os gomos produzem uma forma cônica em cada seção. Uma saia feita com gomos ajustados ao corpo e que se alargam perto da barra é chamada de saia trompete. Quando esse tipo de saia é mais longo (com o comprimento perto do chão), temos a saia sereia. Além disso, uma saia reta na parte de cima e com godê na barra pode ter gomos triangulares costurados, os quais chamamos de nesgas.

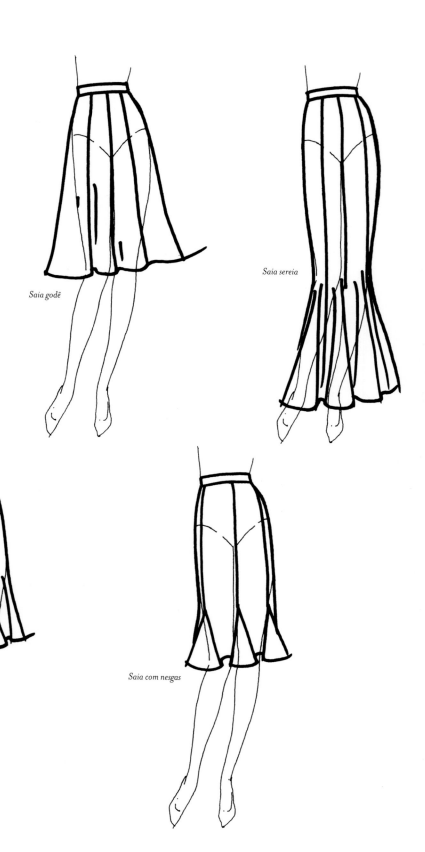

Saia godê

Saia sereia

Saia trompete

Saia com nesgas

Desenhando saias godê

Primeiro, desenhe a metade inferior da figura, com um lado do quadril elevado. Dependendo da amplitude na barra, desenhe a saia afastada do quadril elevado. Indique as seções cônicas, mas deixe as linhas afastadas da cintura. Isso vai indicar o excesso do caimento do tecido. Essas linhas (ou sombras) não devem ser rígidas.

Depois de determinar onde a linha da barra vai terminar, faça uma linha pontilhada na "segunda" barra, o que o ajudará a posicionar as dobras corretamente. (Consulte a página 233.) Como discutido anteriormente, as dobras que caem para fora tocam a linha pontilhada inferior, e as dobras que caem para dentro tocam a linha pontilhada superior.

A quantidade de formas cônicas na barra vai variar de acordo com a amplitude da saia e o tecido. Os tecidos leves, como o chiffon ou o georgette, terão pequenas dobras na barra, enquanto um tecido mais pesado, como o crepe de lã ou a flanela, terão dobras maiores na barra. Não importa o tamanho das dobras, mantenha-as arredondadas na barra para mostrar que o corte da saia é circular.

As formas cônicas variam de acordo com o peso do tecido.

CAPÍTULO 21   DESENHANDO SAIAS

Linhas mitradas

Observe como são as seções de uma saia godê quando a saia é feita de um tecido listrado ou liso. A forma cônica surge pelo corte em viés. Quando essas seções são costuradas juntas, elas formam linhas em "V" ou mitradas. Além disso, quando uma saia godê inteira é cortada em um tecido listrado, o peso dos gomos cônicos vai fazer as listras parecerem arredondadas. Como a saia é cortada em viés, os gomos formarão drapeados diferentes. Compare o quanto a mesma saia se parece diferente quando o viés é colocado em diferentes direções ou linhas de grade. (Para saber mais sobre tecidos lisos e listras, consulte o Capítulo 28.)

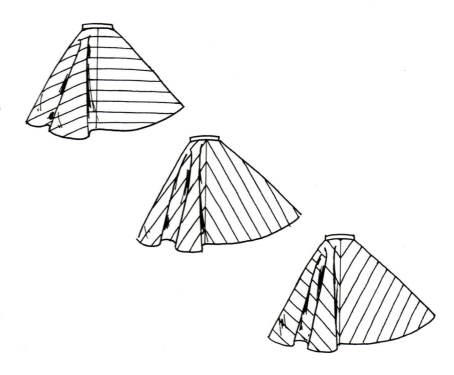

Linhas mitradas formam "pontos"

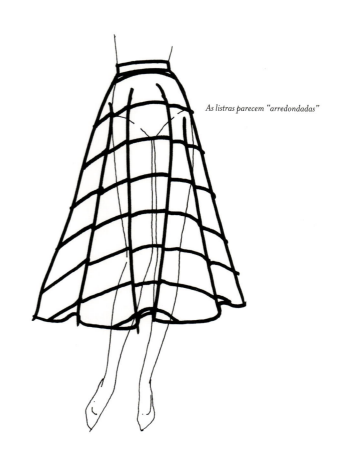

As listras parecem "arredondadas"

Saias pregueadas

As pregas são dobras de tecido geralmente prensadas de modo plano, mas elas podem ser soltas e ligadas a um cós ou à costura da cintura. É possível costurá-las na parte superior, de modo que a área do quadril terá um ajuste mais suave. Há muitos tipos de pregas que vamos analisar, mas, ao desenhar uma saia pregueada, você deve seguir os mesmos princípios básicos de uma saia franzida.

Para todos os seus desenhos de saias pregueadas, faça um esboço da metade inferior da figura, com um lado do quadril elevado. Certifique-se de que a sua linha do centro da frente é precisa. Em todas as saias pregueadas, a barra segue o quadril elevado e usa-se a mesma técnica da barra dupla que foi aprendida com as saias franzidas e godês.

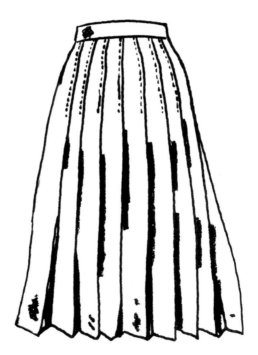

Prega simples costurada

Pregas vincadas

Pregas soltas

CAPÍTULO 21　DESENHANDO SAIAS

Pregas

As primeiras pregas que vamos analisar são do tipo em que o tecido é dobrado para formar a prega. Esse tipo de prega é uniforme em tamanho desde a cintura até a barra. Alguns tipos de pregas são:

- A prega invertida, que se dobra em cada lado do centro. O tipo mais simples de prega é a prega invertida única, que é executada no centro da frente da saia. Mantenha o topo da prega arredondado à medida que passa pela área do estômago. Desenhe as pregas com linhas nítidas e suaves. Além disso, elas podem ser pespontadas na parte superior da prega.

Prega invertida costurada

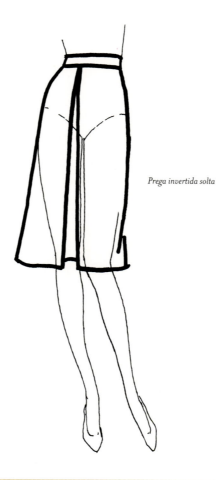

Prega invertida solta

- A prega embutida, que é colocada perto da barra da saia. Pode ser tanto na parte da frente quanto de trás da saia. É prensada para o lado e, às vezes, costurada no lugar.
- A prega faca, que é vincada em uma só direção e geralmente têm a distância de 1 a 2,50cm uma da outra.
- A prega deitada, que pode ser de qualquer largura, sendo ou não vincada suavemente.
- A prega macho, ou prega box é dobrada uma em frente à outra. Pode ter qualquer largura, sendo vincada com ferro quente ou levemente dobrada, dependendo do modelo.

Prega embutida

Prega faca *Prega deitada* *Prega macho*

Plissados

O segundo tipo de prega que vamos rever não é dobrada, mas baseada na saia godê. Esse tipo de prega costuma ser vincado a quente, sendo menor no cós e maior na barra da saia. Essas pregas, chamadas de plissado, não são dobradas abaixo do cós ou da costura, mas se espalham a partir dele. Os plissados têm muito mais movimento do que as pregas, com um padrão maior de zigue-zague na parte inferior. Dois desses plissados são:

- O plissado acordeão ou sanfona, que tem o formato da parte dobrada de um acordeão.
- O plissado irradiado, que espalha-se na barra como os raios do sol.

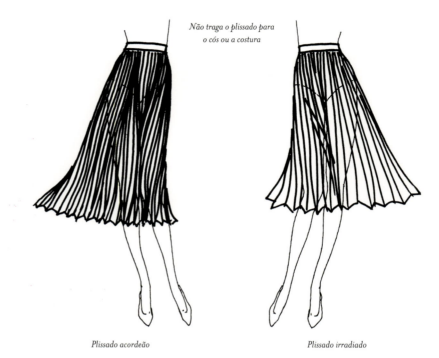

Não traga o plissado para o cós ou a costura

Plissado acordeão   *Plissado irradiado*

Os tecidos podem ser plissados de forma muito estreita. Dois exemplos são:

- O plissado cristal, que tem pregas muito finas (esse tipo é sempre vincado a quente).
- O plissado casca de árvore, que também é muito fino (e vincado a quente), mas feito de modo irregular. Estas são versões de plissados desenvolvidos por Mariano Fortuny na virada do século.

Quando qualquer tipo de plissado — vincado ou solto — é agrupado em uma parte da peça, é chamado de plissado cluster.

Plissado cristal   *Plissado casca de árvore*   *Plissado cluster*

PARTE II   OS DETALHES DE MODA

Lembre-se: as saias podem ter qualquer combinação de reta, franzida ou godê, com ou sem babados, babados na barra, gomos ou pregas. Cada saia vai ter seu próprio modelo baseado no corte e no tecido. No início, pode parecer muito complexo, mas sempre pense na saia como um modelo finalizado "em si". Deixe que os elementos de design mais importantes sejam a base do seu desenho.

CAPÍTULO 21   DESENHANDO SAIAS

243

Silhuetas das saias

Saia envelope

Saia lápis com pences

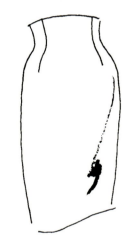
Saia com cintura alta

Saia lápis com leve franzido

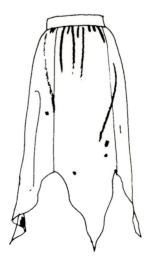
Saia com barra assimétrica

Saia franzida

Saia linha "A"

Saia com fenda

Saia com babado na barra

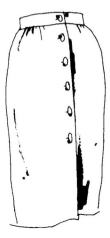
Saia com abotoamento frontal

Saia com braguilha

Saia drapeada

Sarongue

Ralph Rucci, 2003

22

Calças

Um panorama das calças femininas

A origem das calças femininas é desconhecida, mas já no primeiro século da Era Cristã, as mulheres do Oriente Médio e da Ásia usavam algum tipo de calça. Em uma época mais moderna, Amelia Bloomer, tentando banir o espartilho em meados da década de 1850, ajudou a conceber uma vestimenta composta por uma saia curta usada sobre calças compridas franzidas na altura dos tornozelos. Essas calças foram chamadas de "bloomers", em sua homenagem. O traje bloomer teve uma vida bastante curta, mas ajudou a introduzir a ideia de vestir calças para a prática esportiva.

Amelia Bloomer, 1850

247

Décadas de 1910 e 1920

Paul Poiret acreditava que a vida diária das mulheres estava se tornando mais "masculinizada" e que, no final, elas iriam usar calças. Já em 1911, ele introduziu a calça harém, frequentemente usada com túnicas e turbantes para complementar seu estilo oriental.

Na década de 1920, os estilistas franceses Molyneux e Lucien Lelong criaram os trajes pijama, os quais poderiam ser usados na praia ou em almoços informais em Deauville. Além disso, alguns esportes começavam a exigir o uso de calças: elas tornaram-se a moda para esquiar e, logo no início de 1921, surgiram as calças knickers (ou *knickerbockers*) para o golfe. Em meados da década de 1920, calções ou calças de montaria eram usadas para equitação.

Lanvin, 1921

Poiret, 1911

Década de 1930

Coco Chanel e outras mulheres chiques usavam calças com turbantes e pérolas na Cote d'Azur, na década de 1930. As estrelas de cinema, como Katharine Hepburn, Marlene Dietrich e Greta Garbo, usavam calças de alfaiataria masculinas em público, tornando o *look* glamouroso e socialmente aceitável. Em 1931, Schiaparelli desenhou um pijama de uma peça em jersey de lã preta para ser usado na praia, e Hermés também apresentou calças.

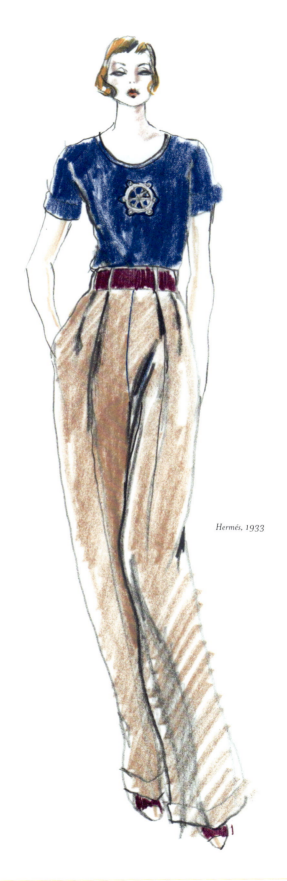

Hermés, 1933

CAPÍTULO 22   CALÇAS

Década de 1940

Durante a Segunda Guerra Mundial, a Sears, Roebuck & Co. oferecia um macacão "robusto e confortável" vendido a $ 3,98 em seu catálogo de 1942. Claire McCardell, uma das primeiras designers de *sportswear* dos Estados Unidos, frequentemente incluía algumas calças em suas coleções. Em 1949, ela desenhou um top de jersey de lã e um short para andar de bicicleta.

Década de 1950

Na década de 1950, por influência de atores como James Dean e Marlon Brando, a calça jeans tornou-se a moda, especialmente entre as mulheres mais jovens. Com frequência, essas calças eram enroladas na barra e tinham forros de flanela. Outro *look* era a calça de perna estreita e curta com as sapatilhas de balé, popularizado por Audrey Hepburn, em meados da década de 1950. Os estilistas americanos de *sportswear* estavam criando calças justas (calça legging) para o entretenimento em casa. Elas eram muitas vezes usadas com saias longas por cima. Pucci criou estampas vibrantes para calças justas.

Pucci, 1959

McCardell, 1943

Década de 1960

Em 1960, na maior parte de sua coleção, Norman Norell apresentou conjuntos que custavam até $ 825. Como Normam acreditava neles, ofereceu o molde para qualquer fabricante copiar. Em 1963, ele também projetou capas que eram usadas sobre as calças para viajar.

Em 1964, André Courrèges criou as calças afuniladas e elegantes, que foram usadas com jaquetas de alfaiataria e botas de cano curto brancas. Isso causou a maior sensação e foi copiado em todos os níveis de preço.

Courrèges, 1964

Década de 1970

No final dos anos 1960 e no início dos anos 1970, Yves Saint Laurent foi o principal estilista responsável por colocar o selo final de aprovação no uso de calças. Seus lindos smokings para a noite e seus impecáveis ternos masculinos sob medida para o dia até hoje têm o mesmo apelo chique que tinham na década de 1970.

Década de 1980 em diante

Giorgio Armani e suas descontraídas calças de alfaiataria e ternos em cores neutras e tecidos leves davam o tom para vestir calças nos anos de 1980 e início de 1990. A calça não era mais um item especial, pois todos os estilistas começaram a mostrá-la como parte importante de suas coleções. Desde as lindas calças de alfaiataria de Krizia, na Itália, passando pelos cortes criativos de estilistas franceses, como Kenzo, Claude Montana, Yves St. Laurent e Sonia Rykiel, até os *looks* básicos de alfaiataria de Bill Blass, Oscar de la Renta e Donna Karan — as calças já não eram mais uma opção do estilista, mas uma necessidade.

Na década de 2000, as calças tornaram-se elegantes e estreitas. Frequentemente nos dois tecidos mais populares, couro ou denim, as calças tinham o comprimento longo e o cós deslizado para baixo, em cima do quadril, expondo o umbigo. Muitas vezes, eram usadas com um sapato de tiras de salto alto ou com uma bota de salto alto. O modelo do jeans ressurgia, às vezes desfiado ou enfeitado, e os preços variavam desde a marca Levi's até as marcas mais tops, como Chanel e Gucci.

As calças curtas e suas variações viraram a alternativa. Prevaleceram detalhes como os bolsos cargo e os cordões na cintura, no tornozelo ou nas laterais da perna.

Hoje, os designers de todo o mundo criam calças como parte necessária de suas coleções. Ver calças em uma coleção já causou muito impacto; hoje, porém, seria impactante se elas fossem deixadas de fora. Os designers têm percorrido um longo caminho desde o que chamamos de calça clássica, e começam a experimentar novos modos de fabricação e novas ideias. Já não é estranho ver as calças feitas de crepe georgette, elastano ou camurça — ou ver uma noiva descendo o altar com uma calça feita de uma renda mais elaborada!

Sonia Rykiel, 1972   *Saint Laurent, 1982*   *Lagerfeld/Chanel, 1996*   *Jeans de cintura baixa, anos 2000*

Desenhando calças

Primeiro, vamos dar uma olhada nos vários comprimentos e estilos de calças. Como acontece com os comprimentos das saias, este desenho é apenas um ponto de referência. Como você provavelmente já sabe, muitos desses comprimentos e estilos são chamados por diferentes nomes, dependendo da moda ou da década. Escolhemos o que acreditamos ser os nomes descritivos mais precisos.

Em seguida, vamos examinar as várias partes da calça e os moldes. As calças circundam o corpo nas áreas da cintura, do quadril e das pernas. Ao contrário de uma saia, que circunda o corpo nas áreas da cintura, do quadril e da barra, as calças também circundam cada perna. Uma perspectiva cilíndrica ocorre nas quatro áreas: a cintura, o quadril, cada perna e a barra de cada perna.

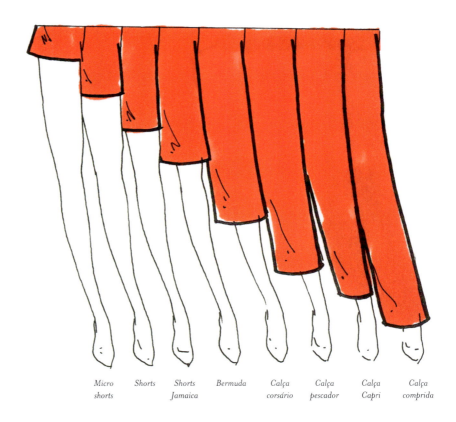

Micro shorts   Shorts   Shorts Jamaica   Bermuda   Calça corsário   Calça pescador   Calça Capri   Calça comprida

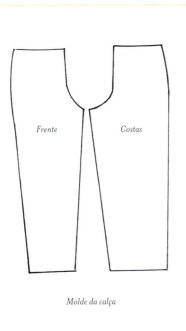

Molde da calça

Perspectiva cilíndrica

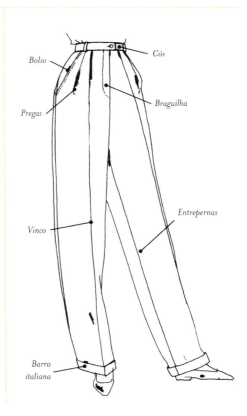

Ao contrário da saia, a qual se move como uma unidade, as calças movem-se como três unidades separadas, que são a área da cintura e do quadril, a perna de apoio e a perna estendida.

A costura do gancho é o centro da frente de toda peça, mas cada perna também tem seu próprio centro da frente, que se move com a perna. Nas calças com vinco, a dobra torna-se o centro da frente. Além disso, o vinco vai seguir a posição da perna.

1 Vamos começar desenhando a metade inferior da figura. Estabeleça a perna de apoio e a perna estendida. Indique o centro da frente de cada perna. Na perna de apoio, note que há um ligeiro recuo logo acima da área do joelho, no interior da coxa. Na maioria das calças, a barra vai tocar o interior da perna ou do pé de apoio.

2 Nas calças largas, haverá um leve puxão no lado do quadril que está elevado até a barra interna. Por causa do excesso de tecido na barra, haverá também uma ligeira ondulação na barra. No entanto, a linha externa não deve ser quebrada. Pense nisso deste modo: a linha interna pode mostrar a posição aproximada da perna e a linha externa pode mostrar a silhueta das calças. Na perna de apoio, a forma ou a barra da calça segue na direção dessa perna e se afasta dela no lado externo.

3 Temos um pouco mais de liberdade com a perna estendida. Essa perna é completamente móvel e deve ter uma sensação graciosa e não estática. Em calças com um ajuste clássico, existe uma linha divisória no joelho formada por uma linha suave, enquanto o outro lado geralmente segue a forma da perna.

4 Em calças compridas, a linha interna torna-se mais reta e não segue a forma da perna. Há um ligeiro puxão no lado interno do joelho para a barra do lado externo, o que indica tanto a posição das pernas quanto o excesso de tecido.

Na perna estendida, as calças caem a partir do lado externo e a partir da perna no lado interno.

As calças movem-se como três unidades separadas

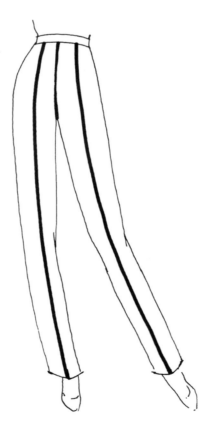

Centro da frente do gancho e das pernas

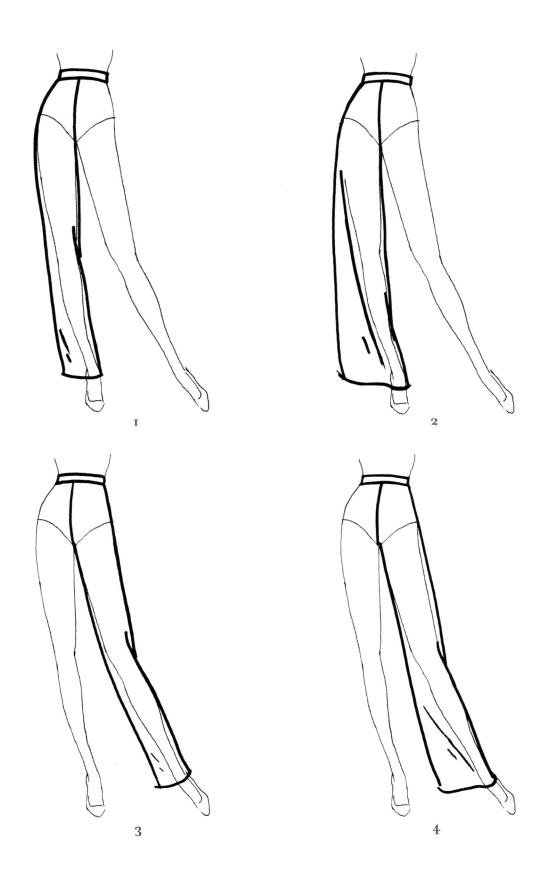

1

2

3

4

CAPÍTULO 22 CALÇAS

255

Aperfeiçoando os detalhes

1 A barra da calça deve sempre parecer ir ao redor da perna. Mantenha a barra italiana ou a barra alinhadas com a linha da barra. Se a calça tiver uma linha de vinco, a barra de cada perna vai fazer um pequeno "V" nesse ponto.

2 Nas calças clássicas, a linha de vinco se encontra com uma das pregas. Em calças com cinturas elásticas ou cordões, mantenha um traço leve na área elástica — e certifique-se de que os franzidos saiam de um ponto de partida. Verifique se a direção da cintura e do quadril segue uma à outra.

3 Dê atenção especial para o cós. Ele começa na cintura e sobe, como na maioria das calças? Ou ele vai da cintura para baixo, como em um cós de contorno? Ou não há cós, como em uma cintura sem cós? O cós deve ser formado por duas linhas e curvar-se ligeiramente para cima.

4 Observe como as barras formam uma curva ascendente quando estão acima do joelho e uma curva descendente quando estão abaixo do joelho.

5 Evite desenhar um "Z" ou um "V" para representar a região do gancho. Uma leve quebra na linha já diz tudo.

Ao desenhar calças, é importante ter em mente que as pernas podem tomar posições infinitas em suas várias poses e que todas as regras têm exceções. Estudamos os princípios básicos e os movimentos das calças, mas cada calça — dependendo do modelo, corte e tecido — tem sua própria qualidade, e ela é única. Ao projetar ou ilustrar, essas diferenças permitirão variações artísticas infinitas.

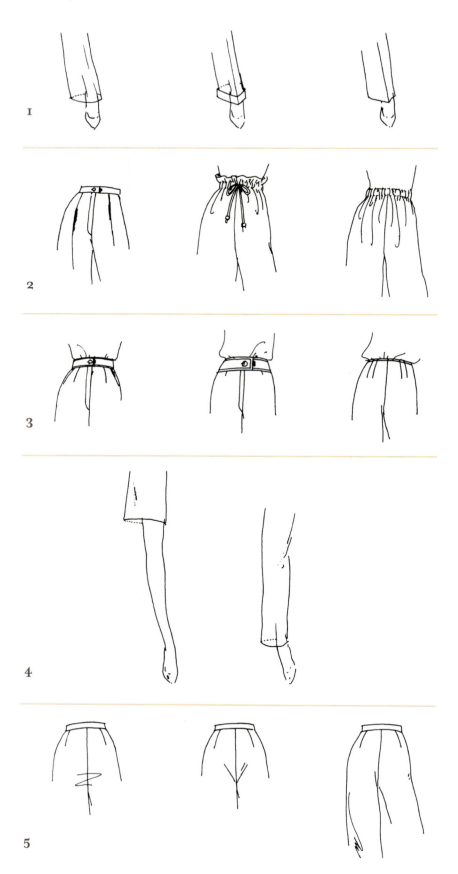

Detalhes da calça

Bolso reto

Bolso curvado

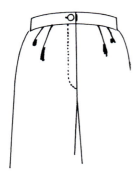

Cós pregueado

Cós com pence

Cós franzido

Barra italiana ou barra virada para fora

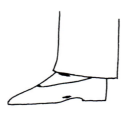

Barra simples

Tipos de calça

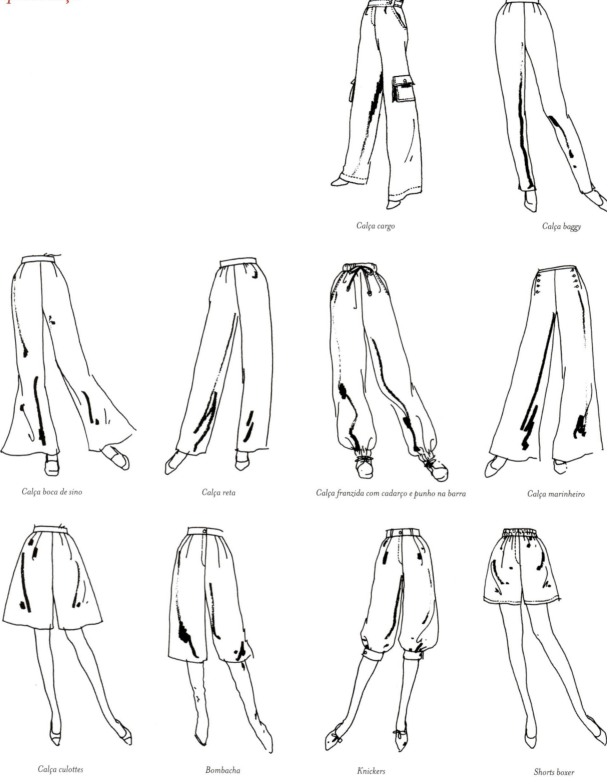

Calça cargo

Calça baggy

Calça boca de sino

Calça reta

Calça franzida com cadarço e punho na barra

Calça marinheiro

Calça culottes

Bombacha

Knickers

Shorts boxer

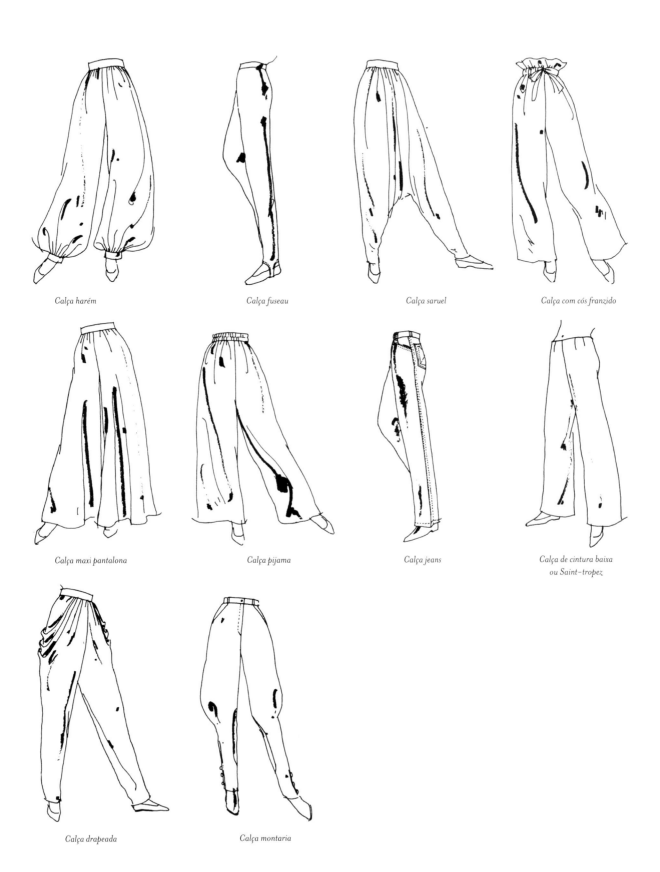

Calça harém Calça fuseau Calça saruel Calça com cós franzido

Calça maxi pantalona Calça pijama Calça jeans Calça de cintura baixa ou Saint-tropez

Calça drapeada Calça montaria

CAPÍTULO 22   CALÇAS   259

Valentino, 1986

23

Drapeados e viés

Drapeado é o tecido que cai sobre ou para fora do corpo. Uma peça de roupa drapeada forma dobras de tecido, as quais podem abraçar, envolver ou flutuar para fora da figura. O drapeado pode ser manipulado de maneira elaborada em torno de determinada parte do corpo ou flutuar totalmente afastado dele.

O corte em viés foi criado por Madeleine Vionnet, que abriu sua casa na França em 1919, mas associamos a ela os vestidos de noite elegantes e justos da década de 1920 e 1930. Cascatas, drapeados, barras lenço e decotes frente única muitas vezes faziam parte de seus projetos.

Vionnet, 1925–26

Alix Grès (Madame Grès), outra estilista francesa, era famosa por seus vestidos de noite com corte em viés e com drapeados elaborados. Inspirados no vestuário da Grécia Antiga, frequentemente os vestidos eram confeccionados em jersey de seda. Esses vestidos são atemporais em seus modelos.

Madame Grès, 1965

Madame Grès, 1965

262   PARTE II   OS DETALHES DE MODA

Balenciaga, embora costume ser lembrado por seus casacos e ternos altamente estruturados, também criou muitos vestidos de noite lindamente drapeados.

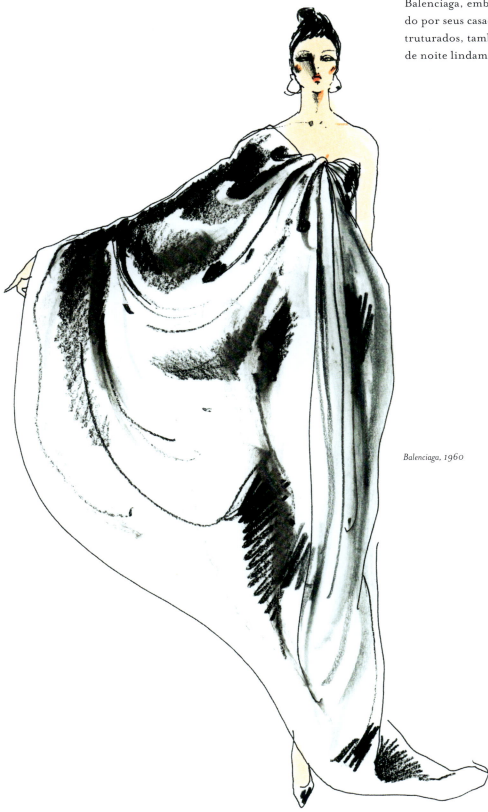

Balenciaga, 1960

CAPÍTULO 23   DRAPEADOS E VIÉS

263

Nos anos 1960 e 1970, George Stavropoulos, conhecido por seus fluidos chiffons com corte em viés, e Charles Kleibacker, famoso por seus magníficos vestidos de noite com corte em viés, continuaram essa tradição nos Estados Unidos.

George Stavropoulos, 1973

Charles Kleibacker, 1964

Na década de 1980, Emanuel Ungaro, talvez mais do que qualquer outro estilista, foi responsável pelo retorno do vestido drapeado e franzido.

Dos anos 1990 em diante, o drapeado manteve um importante lugar na moda. A silhueta tornou-se alongada e elegante. O corte em viés e os babados circulares em sedas muito macias e leves eram uma reminiscência dos modelos da década de 1930.

Versace criou vestidos de noite drapeados que revelavam tanto do corpo quanto possível. Os vestidos longos e deslizantes com corte em viés suave de John Galliano pareciam derramar-se sobre o corpo.

Versace, 1997

John Galliano/Dior, 2003

Ungaro, 1985

CAPÍTULO 23 DRAPEADOS E VIÉS

265

Compreendendo o drapeado

Para drapear, geralmente é preciso considerar a direção do tecido, chamada de viés. O tecido é feito em um sentido transversal e longitudinal. O viés é a direção diagonal que se estende em todo o tecido. O viés tem uma qualidade rodada e muito elástica. Também tem a capacidade de se agarrar e cair, e de seguir as curvas do corpo de um modo muito sensual.

O drapeado envolve pontos de tensão e sua relação com a roupa e o corpo. Vamos imaginar um pedaço quadrado de tecido preso na parede. Quando o tecido cai de um ponto de tensão e toma a forma de um cone ou de um triângulo, é chamado de "tensão de um ponto". Ao olhar para uma figura de moda usando um vestido com corte em viés com um joelho dobrado, o joelho torna-se o ponto de tensão. Pode-se ver como a saia cai do joelho em uma forma de cone. Em uma pose com a mão sobre o quadril e uma manga ampla, o cotovelo torna-se o ponto de tensão, e o tecido cai do cotovelo em uma forma de cônica ou triangular.

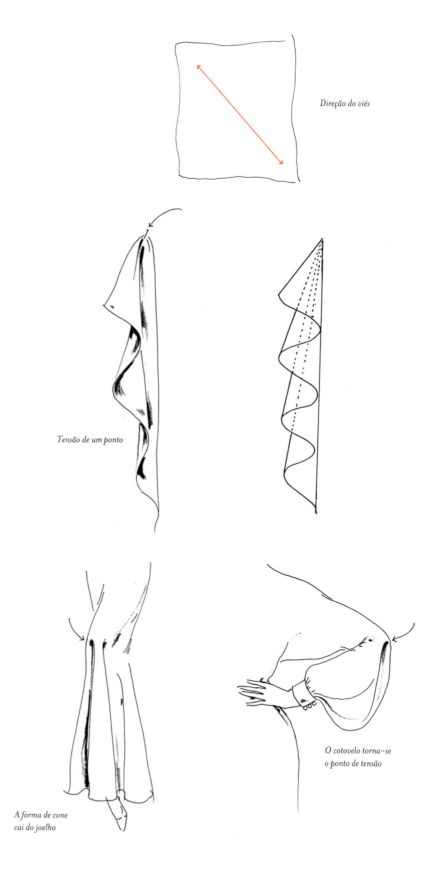

Direção do viés

Tensão de um ponto

A forma de cone cai do joelho

O cotovelo torna-se o ponto de tensão

266   PARTE II   OS DETALHES DE MODA

Um drapeado cascata representa melhor a tensão de um ponto. Ele é formado por uma série de círculos abertos costurados juntos. Quando a borda interna do círculo é picotada e estendida em linha reta, a borda externa forma cones evasê. Quando abertos e presos por um ponto, os evasês caem de modo circular, originando formas arredondadas em zigue-zague.

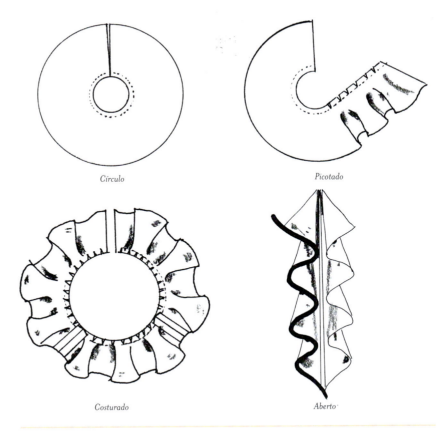

Círculo

Picotado

Costurado

Aberto

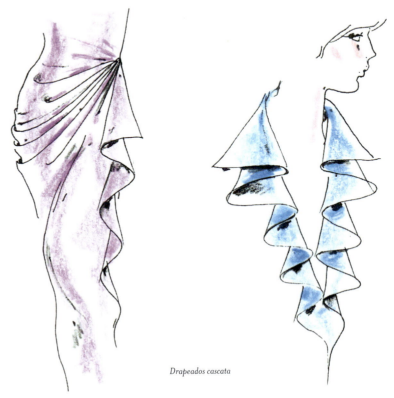

Drapeados cascata

CAPÍTULO 23 DRAPEADOS E VIÉS 267

Quando se fixa outro pedaço de tecido na parede, mas, desta vez, com dois pontos — um em cada ponta —, tem-se a tensão de dois pontos. O drapeado capuz é um exemplo de tensão de dois pontos, e é formado por uma dobra ou uma série de dobras colocadas em várias partes da peça de roupa. É mais comum na parte da frente ou de trás do decote, mas também pode ser incorporado em saias, calças ou mangas. Tem-se um melhor drapeado quando corta-se o tecido em viés e quando ele é modelado em tecidos leves, como crepe da China, cetim charmeuse, jersey ou chiffon.

O drapeado capuz cai do excesso de tecido, ou pode ser plissado ou franzido em uma costura. Os drapeados parecem se curvar por trás uns dos outros. Além disso, podem ser bastante superficiais ou profundos.

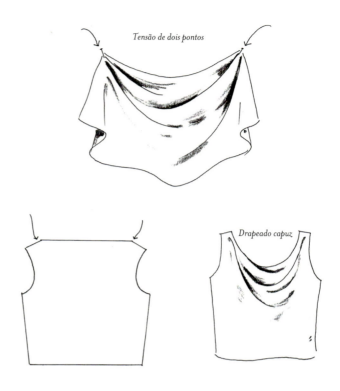

O excesso de tecido forma o drapeado capuz.

O drapeado capuz pode cair da parte da frente ou de trás de uma peça de roupa, nas mangas, ou em uma saia, que chamamos de pannier. A saia pannier é drapeada de modo que a saia se amplie nas laterais. No drapeado capuz, observe como o tecido faz curvas e voltas.

Drapeado capuz na frente

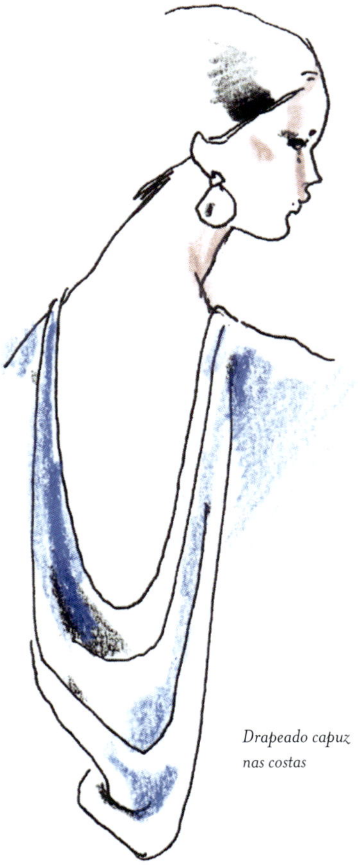

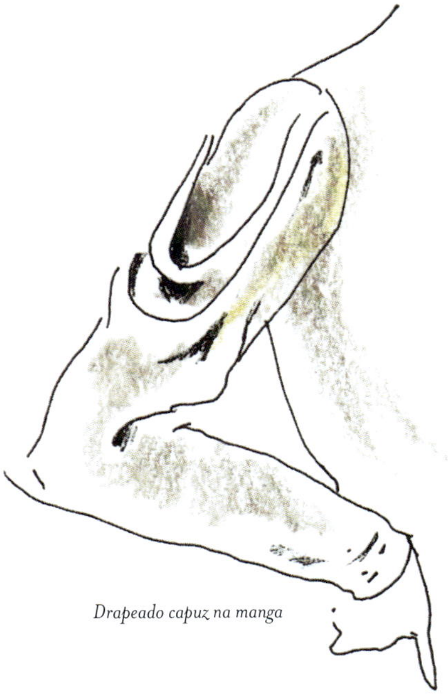

Drapeado capuz na manga

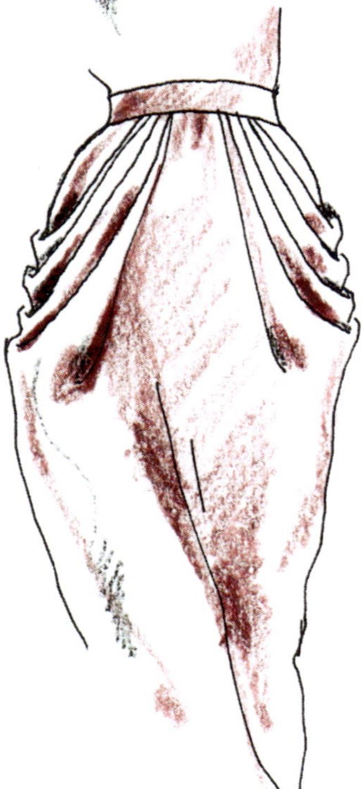

Saia pannier

Drapeado capuz nas costas

CAPÍTULO 23 DRAPEADOS E VIÉS 269

O drapeado franzido é outro exemplo de tensão de dois pontos. O tecido é puxado para cima ou pregueado entre duas costuras, e é preso no lugar sobre um forro.

Valentino, 1984

Corpetes e vestidos drapeados são outros exemplos de tensão de dois pontos. O tecido com corte em viés é manipulado sobre um forro estruturado e mantido no lugar com pequenas costuras. O tecido pode ser manipulado de modo preciso ou casual, tendo, com frequência, uma tendência para formar pregas.

Em vestes drapeadas e franzidas, divida a direção que o drapeado vai seguir em seu desenho guia, certificando-se de que as linhas seguem os contornos do corpo. As bordas externas da roupa não devem ser suaves.

Ungaro, 1984

CAPÍTULO 23   DRAPEADOS E VIÉS

Ao desenhar roupas drapeadas, o desenho deve indicar a direção do drapeado com precisão. A sensação do tecido manipulado em torno do corpo é crucial.

Para ajudar a entender melhor a natureza do drapeado, vamos analisar quatro roupas drapeadas.

Este vestido de seda de Jacques Heim, de 1951, tem a qualidade de um drapeado muito bem estruturado. A aparência geral é nítida, com a forma do vestido tanto tocando o corpo na cintura quanto se afastando abruptamente, para formar um peplum. Todo o drapeado se encontra abaixo do cinto, no quadril. Há um forte movimento diagonal no corpete, com o peplum encontrando o corpete e caindo em uma cascata dramática e rígida.

Jacques Heim, 1951

O vestido de cetim charmeuse de Bill Blass, de 1982, tem todo o interesse do drapeado nas costas. O ponto em que o tecido inteiro parece se encontrar é na cintura, no centro das costas. O tecido cai dos ombros até o quadril e depois faz uma curva de volta para a linha da cintura. Há uma concentração de sombreamento escuro, porque todas as linhas convergem nesse ponto. É importante tomar nota disso. A partir desse ponto, o tecido cai em uma linha leve. Observe como as linhas se abrem à medida que se aproximam da barra. Como efeito geral, há um contraste da parte justa e reta da metade inferior do corpo, em oposição às formas volumosas e dramáticas criadas na metade superior.

Bill Blass, 1982

Jacques Griffe criou este vestido de chiffon macio e assimétrico, em 1957. Todo o drapeado parece se encontrar na lateral do corpete império. O decote fora do ombro deve dar a sensação de contornar as costas até se conectar com o lado oposto. A saia tem um efeito de pannier, novamente drapeada em todo o corpo. Em um vestido drapeado como este, todas as linhas devem parecer seguir os contornos do corpo para a sua plenitude. Os pontos onde todo o drapeado se encontra são muito densos e se abrem quando mais perto da barra.

Jacques Griffe, 1957

Este vestido de 1981 de Saint Laurent é um pouco mais simples. Ele forma espirais casuais no corpo e é preso com laços de veludo no ombro e acima do joelho. É feito com corte em viés e tem o corpo justo até se abrir na parte inferior. Como não há uma grande quantidade de metragem de tecido neste modelo, os pontos onde o drapeado se encontra não são tão densos.

Saint Laurent, 1981

CAPÍTULO 23   DRAPEADOS E VIÉS

As vestes drapeadas remontam aos antigos gregos e romanos. Quando estudamos um vestido com um magnífico drapeado e corte em viés de Vionnet ou Grès, é fácil ver por que considera-se que este tipo de roupa tem uma beleza clássica e atemporal.

Vionnet, 1919—20

Madame Grès, 1976

Ao desenhar roupas drapeadas, deve-
-se ter muito cuidado por causa da
grande quantidade de metragem de
tecido envolvida. Apesar das formas
elaboradas e complexas criadas pelo
drapeado, o resultado precisa parecer
nítido e sem esforço.

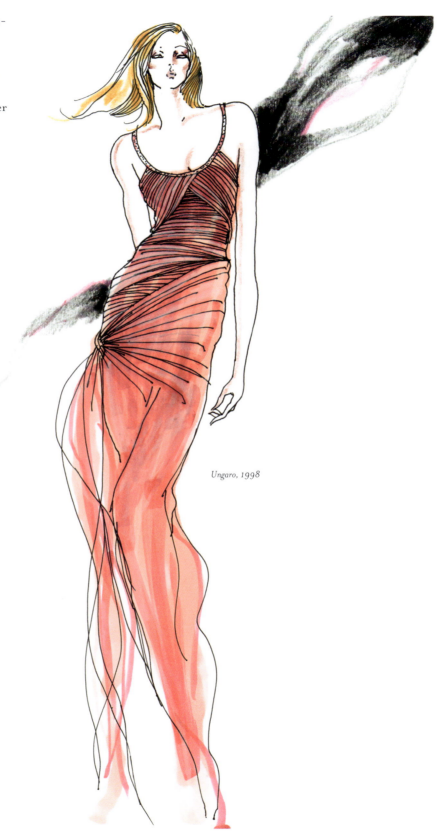

Ungaro, 1998

Saint Laurent, 2001/2002

24

Alfaiataria

As roupas de alfaiataria são construídas com formas mais rígidas para que se mantenham durante anos. Nos melhores paletós ou casacos feitos sob medida, nota-se que:

- O tecido é moldado sobre um forro, com as lapelas dupla face e estruturadas para virar da maneira mais bela possível.
- As mangas retas e ajustadas seguem exatamente a direção do braço e se estendem sem puxar.
- Os ombros têm ombreiras, mas não parecem rígidos.
- Os bolsos estão precisamente posicionados de modo a ficar planos — eles não ficam abertos.
- As casas de botão são cuidadosamente trabalhadas, com botões de qualidade utilizados para o fechamento.
- As inúmeras camadas de tecido são niveladas para eliminar o volume, o que mantém o visual elegante de uma roupa de alfaiataria criada pelos designers.

Muitas horas de trabalho manual e montagem produzem um paletó ou casaco aparentemente simples. Os métodos empregados para criá-los não mudaram muito nos últimos 100 anos. No entanto, a tecnologia moderna proporcionou vários métodos que economizam tempo para produzir peças de roupa de qualidade excepcional. Por exemplo, as entretelas colantes substituíram as entretelas de lona, os computadores aceleraram o corte dos moldes e a classificação dos diferentes tamanhos, e os métodos de construção de máquinas modernas ajudam a produzir excelentes produtos finais em um tempo consideravelmente menor.

Saint Laurent, 1995

279

Neste capítulo, vamos estudar os detalhes das roupas de alfaiataria e os princípios do desenho que podem ser aplicados a um casaco ou casaco-vestido. Primeiro, vamos estudar as partes de um paletó clássico de alfaiataria.

O mais importante ao desenhar uma roupa de alfaiataria é considerar que:

- A peça é simétrica e equilibrada. Todos os detalhes de um dos lados do centro devem coincidir com o outro lado. Os bolsos são alinhados, os entalhes da gola superior e lapela são do mesmo tamanho, e assim por diante.
- A linha é precisa, mas não rígida.
- A pose não deve distorcer a roupa.
- A roupa não deve parecer enrugada.
- As dobras devem ser colocadas de forma precisa e não parecer puxadas ou com um ajuste ruim.
- Ao desenhar uma parte da roupa, desenhe imediatamente a parte correspondente. Por exemplo, primeiro desenhe um entalhe da gola superior e da lapela, depois o outro entalhe. Desenhe um bolso, depois o outro. Não vá para baixo, ao redor e para as costas da roupa. O fluxo será quebrado, e você vai cometer erros.

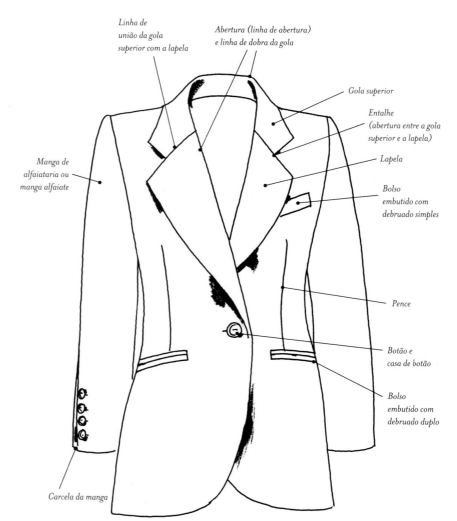

Desenhando roupas de alfaiataria

1 Primeiro, desenhe a estrutura sobre um desenho guia.

2 Indique a linha do centro da frente e coloque o botão. Se isso não estiver correto, todo o resto em seu desenho ficará errado.

3 Determine o tamanho da abertura, desde a linha do decote até o primeiro botão (o qual é posicionado no início da linha de abertura), e marque-o. O tamanho da abertura pode ser a partir da parte de baixo da clavícula até a cintura, ou mais abaixo. Desenhe a abertura em "V". Essa é a área a partir da qual as lapelas viram-se. O "V" deve ser traçado em linha reta, sem tremer.

4 Faça um esboço do primeiro botão, no final da linha de abertura, e verifique se ele está na linha do centro da frente. O botão deve ir à esquerda do centro da frente. Na linha de abertura, a lapela é virada sobre o peito.

Desenhe o fechamento à direita do botão ou do centro da frente. Determine o comprimento do paletó, desde o botão até a barra. Compare-o com a distância a partir da borda do pescoço até o botão. A barra tem uma borda arredondada ou em linha reta? Desenhe-a.

5 Desenhe a forma geral do paletó. Ele é justo, semiajustado ou reto? A forma é determinada pelas pences e pelos recortes. Certifique-se de que as pences e os recortes seguem o corpo com as curvas corretas, de modo que a arte tenha dimensão e seja precisa.

6 Agora, desenhe os ombros. Verifique se eles parecem acolchoados, inclinados ou naturais. A linha do ombro deve ser sempre rígida e, assim como a linha de quebra, nunca se mexer.

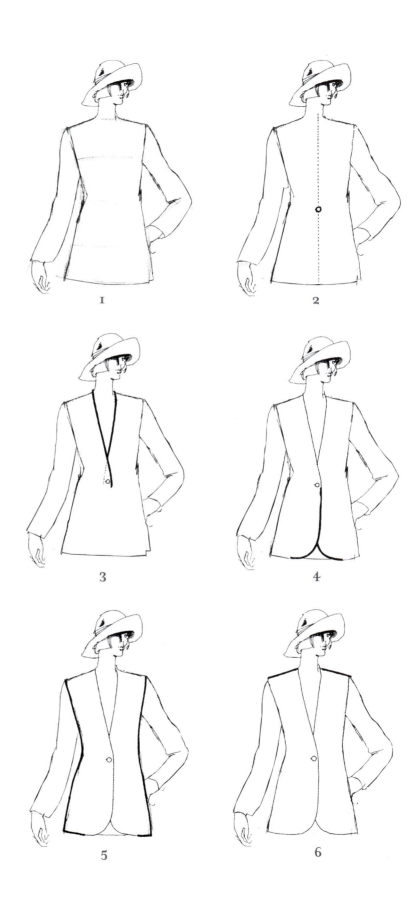

CAPÍTULO 24 ALFAIATARIA

7 Indique o comprimento da manga. Confira como o comprimento da manga se relaciona com o comprimento da barra do paletó. Adicione as carcelas da manga e os botões. Em seguida, desenhe as mangas. Confira os detalhes da barra da manga.

8 Desenhe apenas a lapela. Até onde ela vai em direção à cava? Este é um dos detalhes que vai diferenciar um paletó ou um casaco. A lapela começa alta ou baixa? A linha de união da gola superior com a lapela precisa ser reta e você deve usar um traçado leve. Até onde se estende o entalhe da lapela e onde a gola superior o encontra?

9 Desenhe a gola superior. Ela vai ao redor do pescoço, caindo no ombro e na parte superior do tórax. Indique a abertura do entalhe.

10 Desenhe os bolsos, as pences e os recortes. Certifique-se de que eles se relacionam com a barra, o centro da frente e a barra da manga.

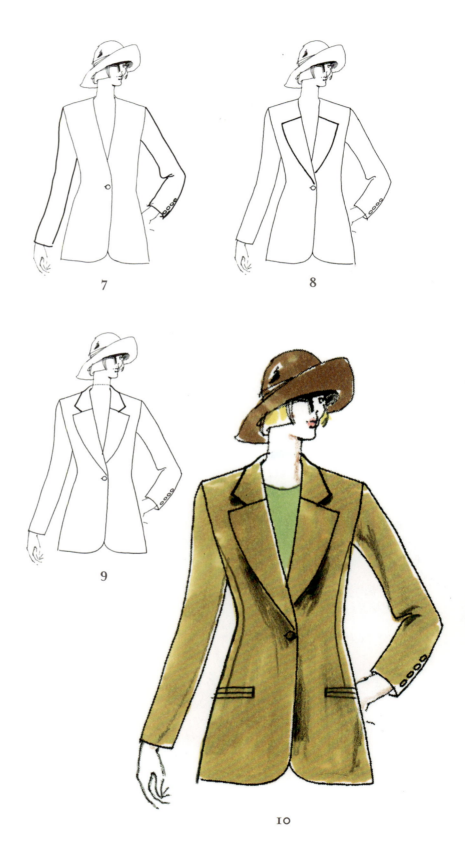

Aperfeiçoando os detalhes

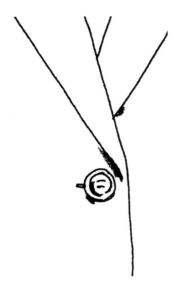

Para manter a qualidade dimensional, deixe a lapela terminar um pouco antes da borda. Essa pausa faz a lapela parecer estar virada. Uma pequena sombra deve ser colocada aqui, pois o tecido é levantado da roupa para virar a lapela.

Haverá uma pequena sombra sob a parte superior da gola e da lapela, pois é aí que a lapela toca o corpo. Além disso, desenhe uma pequena sombra no lado direito da abertura para mostrar que o paletó está sendo segurado pelo botão inferior.

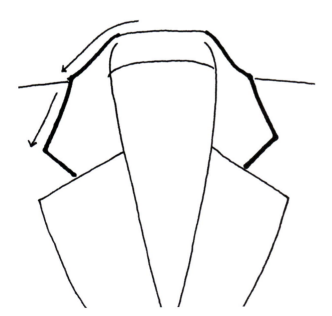

A gola superior vai em torno do pescoço, caindo no ombro e depois na parte superior do tórax. Indique as aberturas do entalhe.

Se houver um pesponto sobre a gola superior e a lapela, certifique-se de que ele seja delicado e feito com uma linha rígida.

CAPÍTULO 24   ALFAIATARIA

283

Detalhes da alfaiataria

 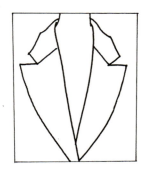 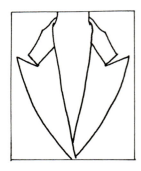

Lapela alfaiate   *Lapela semi-peaked ou semi-italiana*   *Lapela peaked ou italiana*

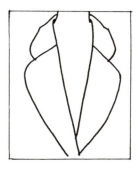 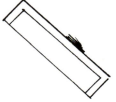 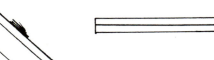 

Lapela arredondada   *Bolso embutido com debrum simples e com abertura na lateral*   *Bolso embutido com debrum duplo*   *Bolso embutido com aba*

Bolso chapado básico   *Bolso chapado com prega*   *Bolso chapado com fole do lado e embaixo*   *Casa simples e casa debruada*

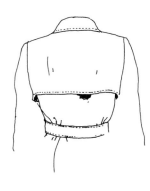
Pala solta (vista das costas)

Pala solta (vista da frente)

Pala

Cinto traseiro e carcela traseira

Martingale no ombro

Cotoveleira

Martingale na manga

Abotoamento embutido

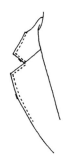
Pesponto simples na gola superior e na lapela

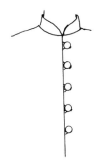
Botão e alça redonda

Fechamento acordoado

Passamanaria

CAPÍTULO 24   ALFAIATARIA

Tipos de paletó e casaco

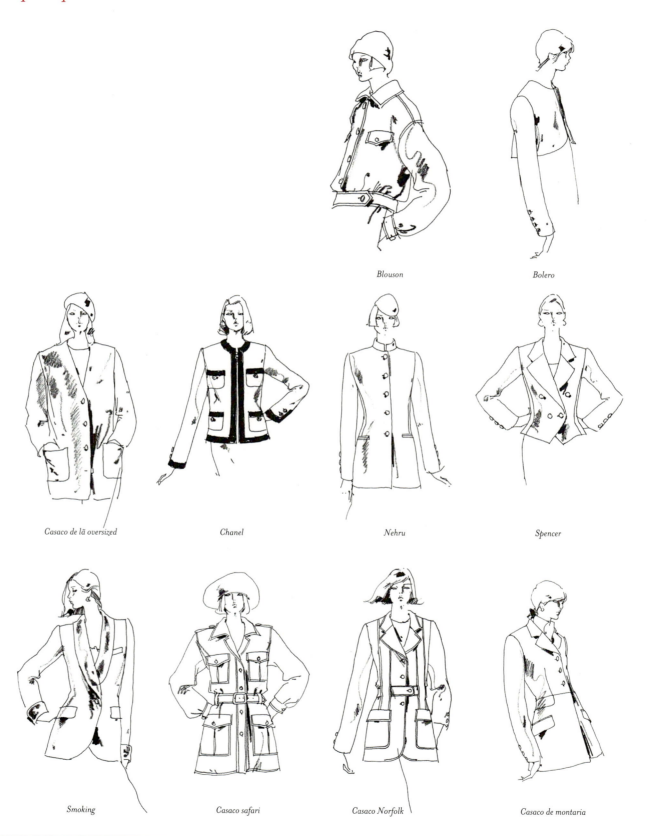

Blouson

Bolero

Casaco de lã oversized

Chanel

Nehru

Spencer

Smoking

Casaco safari

Casaco Norfolk

Casaco de montaria

Casaco wrap   Pea coat   Casaco Chesterfield   Casaco princesa

Trench coat   Casaco duffle   Casaco polo   Casaco swing

Capa

CAPÍTULO 24   ALFAIATARIA

Norell, 1962

25

Analisando a alfaiataria

As roupas de alfaiataria são baseadas em princípios de construção muito antigos. A tecnologia mudou a forma como essas peças de roupa são produzidas, mas os moldes continuam os mesmos. Ao contrário de outras peças de roupa, um paletó ou um casaco de alfaiataria evoluem progressivamente, em vez de mudar drasticamente. Proporção, detalhe, forma e tecido são basicamente os elementos que tornam uma década diferente da outra.

Neste capítulo, analisaremos quatro paletós de alfaiataria clássicos de diferentes décadas. Você vai perceber que, mesmo ao longo de um período de 50 anos, os princípios de uma roupa de alfaiataria não mudam. Embora esses quatro paletós sejam muito diferentes entre si, fica evidente que os mesmos princípios se aplicam a todos, independentemente de como a moda muda de década para década. Esses princípios devem ser usados ao se analisar qualquer paletó, casaco ou casaco-vestido. As mudanças que realmente ocorrem envolvem a silhueta, os detalhes, os tecidos, o grau de construção e a proporção. Os paletós que analisaremos são os seguintes:

- O paletó de Irene, de 1950, de lã e listrado nas cores marfim e marrom-claro acinzentado.
- O paletó de Ben Zuckerman, de 1960, de lã rosa.
- O paletó de Norman Norell, de 1970, de linho na cor marfim com veludo de seda na gola superior.
- O paletó de Giorgio Armani, de 1980, de lã e com padronagem xadrez príncipe de gales preto, branco e vermelho.

Vamos analisá-los considerando silhueta, abertura, detalhes do entalhe, botões, detalhes do bolso, ombros, mangas e outros.

Década de 1920

Década de 1990

Irene

Silhueta
- Ajustada na cintura
- Comprimento no quadril
- Pences na frente

Abertura
- Lapela acima do busto

Detalhes do entalhe
- Entalhe alto
- A lapela e a gola superior praticamente se tocam
- A abertura do entalhe é muito pequena

Botões
- Fechamento com oito botões, com o botão inferior acima da aba do bolso embutido; casas debruadas

Bolsos
- Bolso embutido com aba

Ombros
- Ombros pequenos e ligeiramente inclinados

Mangas
- Mangas de alfaiataria, que são mais curtas do que o paletó

Outros detalhes
- Os botões são colocados muito próximos uns aos outros
- Os bolsos embutidos com abas têm um detalhe mitrado nas listras
- As listras alinham-se na cava

Irene, década de 1950

Coleção de Vestuário do Estado de Ohio

Ben Zuckerman

Silhueta
- Levemente ajustada
- Acima do comprimento do quadril
- Pences na frente

Abertura
- Lapela alta

Detalhes do entalhe
- Gola superior maior do que a lapela – quase como uma gola de camisa

Botões
- Quatro botões de fechamento, com o último botão perto da barra; casas debruadas

Bolsos
- Bolsos chapados na linha do busto

Ombros
- Ombros pequenos e suaves

Mangas
- Mangas de alfaiataria, que são mais longas do que o paletó

Outros detalhes
- Pala
- Botões nos bolsos
- Costura pespontada

Ben Zuckerman, década de 1960

Coleção de Tecidos e Vestuário Históricos da Ohio State University

Norman Norell

Silhueta
- Semiajustada
- Comprimento longo
- Pences na frente

Abertura
- Lapela acima da cintura

Detalhes do entalhe
- Entalhe da gola superior e da lapela com o mesmo tamanho

Botões
- Um botão na cintura

Bolsos
- Sem bolsos

Ombros
- Ombros naturais

Mangas
- Mangas de alfaiataria, que são mais longas do que o paletó

Outros detalhes
- Gola superior de veludo de seda preto e botão preto

Norman Norell, década de 1970

Coleção de Tecidos e Vestuário Históricos da Ohio State University

Giorgio Armani

Silhueta
- Ajustada
- Comprimento longo

Abertura
- Baixa, na cintura

Detalhes do entalhe
- Entalhe da gola superior e da lapela com o mesmo tamanho

Botões
- Dois botões, um na linha da cintura e um abaixo

Bolsos
- Dois bolsos embutidos com aba na direção do segundo botão, e um bolso embutido com aba acima do busto

Ombros
- Ombros quadrados e com ombreiras

Mangas
- Mangas de alfaiataria, que são mais longas do que o paletó

Outros detalhes
- Botoeira na lapela feita à mão; botões pretos
- Linha dupla de pesponto preto ao redor da lapela, da gola superior e das abas dos bolsos
- As linhas do xadrez se encontram nas cavas e nos bolsos

Giorgio Armani, década de 1980

Coleção de Tecidos e Vestuário Históricos da Ohio State University

CAPÍTULO 25 ANALISANDO A ALFAIATARIA

Saint Laurant,
1987 — 1962 — 1978

26

Acessórios

Os acessórios arrematam uma peça de roupa e proporcionam uma grande dramaticidade a uma figura de moda. Assim como os estilistas escolhem os acessórios para uma coleção com muito cuidado, esse mesmo cuidado deve ser tomado com o seu trabalho artístico. Estudando fotos de passarela, você vai notar que os acessórios tendem a ser dramáticos. Pequenos brincos antigos que ficam lindos na vida real nunca vão aparecer em um desfile de moda. O mesmo vale para a ilustração. Pense nos acessórios como parte do modelo da roupa e fique atento à proporção deles em relação à roupa. Além disso, ao desenhar os acessórios, tenha cuidado para avaliar a escala das peças na ilustração de moda finalizada.

Ferrè/Dior, 1994

Chapéus

O chapéu é o acessório usado na cabeça. Um chapéu pode caber na cabeça, ser puxado para baixo sobre os olhos, ou parecer quase como se estivesse colocado no topo da cabeça.

Na primeira metade do século XX, o chapéu era quase tão importante quanto a roupa com que era usado. É muito difícil pensar na moda das décadas de 1920, 1930 ou 1940 sem a imagem de um chapéu. Todas as glamourosas estrelas de cinema e as mulheres elegantes incluíam um chapéu como parte de seu conjunto.

Hoje, apesar de os chapéus assumirem uma nova postura, mais casuais e divertidos, a maioria dos designers os usa como o toque final perfeito para suas roupas. Quer se trate de um enorme chapéu com aba conferindo apenas um acabamento chique para um terno, quer um divertido emaranhado de tule usado com um *cocktail dress*, o chapéu dá um acabamento final para a composição do *look* do designer.

Chapéu de aba larga

Cloche

Desenhando chapéus

Existem apenas duas partes principais em um chapéu:

- A copa, que é a parte que se encaixa na cabeça.
- A aba, que é a borda do chapéu, ligada à copa. A aba pode ser pequena e estreita ou grande e notável. Ela pode ser enrolada para cima para moldar o rosto, ou para baixo para sombrear o rosto e proporcionar uma grande dramaticidade.

É muito importante que o chapéu se encaixe em torno da cabeça. Isso é obtido pela indicação de uma linha pontilhada que circunda a cabeça. É aconselhável desenhar a copa primeiro e deixar a aba para o final. Se a aba for dramática, dê-lhe toda a dramaticidade que puder. Se possível, tente desenhar a aba em uma única linha contínua e graciosa.

Em um chapéu cloche, ou qualquer outro chapéu que se ajuste perfeitamente ou tenha uma copa que cubra toda a cabeça, dê a impressão de que há um cabelo muito curto sob a copa, e realmente puxe a copa para baixo na cabeça. Faça sombras nas áreas próximas ao rosto.

Pense em um chapéu como um toque final, uma extravagância. Ele é uma parte da figura de moda que pode ser tratada de modo divertido ou dramático.

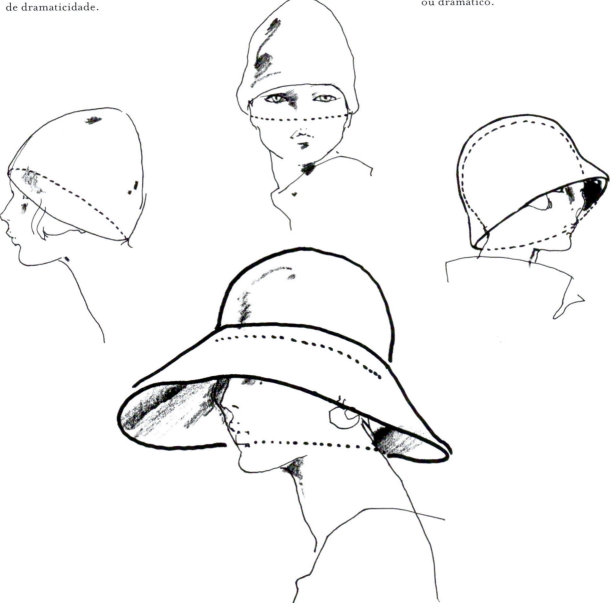

CAPÍTULO 26 ACESSÓRIOS

Tipos de chapéu

Fedora

Breton

Boina escocesa

Derby ou coco

Chapéu de aba larga ou cartwheel

Boater ou palheta

CAPÍTULO 26　ACESSÓRIOS

Joias

As joias — reais ou falsas — são um tipo de acessório meramente decorativo, e é importante que elas sejam reduzidas na figura de moda. Pense em quão grande ou pequeno são os brincos em relação ao rosto, ou o quão longo ou curto está o colar no corpo. Ao desenhar as joias, pense no resultado que você deseja alcançar, e não nas pedras individuais, nas miçangas ou nos detalhes. Além disso, cuide para que o colar faça o contorno do pescoço. Pérolas ou correntes mais próximas do pescoço tendem a aparecer pela metade.

Gargantilha e brinco de uma pedra

Colar de comprimento longo e brincos Chandelier

Pingente

Colar de corda e brinco botão

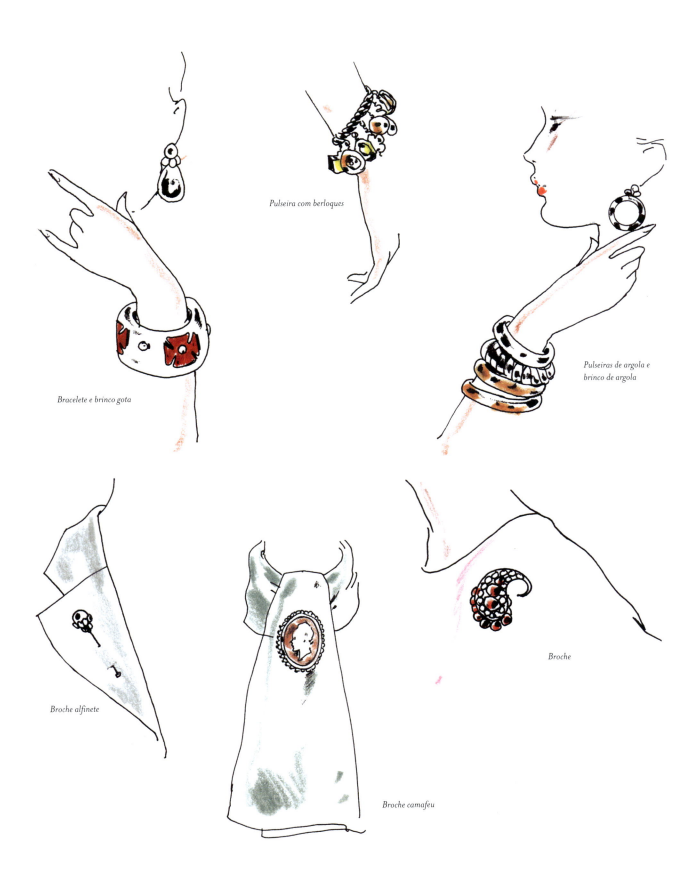

CAPÍTULO 26   ACESSÓRIOS   301

Lenços, laços e estolas

O lenço é um acessório que pode circundar o pescoço, descansar sobre os ombros ou voar da figura. É um meio muito bom de adicionar movimento a uma figura. Os lenços podem ser nítidos ou suaves e fluidos. Eles são acabados com barras enroladas feitas à mão ou à máquina, e às vezes têm franjas. Um lenço pode ser de cor lisa, estampado ou pintado à mão. Muitas vezes, são colocados cobrindo as bordas das roupas.

Um lenço comprido pode ser amarrado em um laço, o qual tem cinco partes, que consistem em duas voltas, um nó e duas serpentinas. Uma estola é um cachecol longo e largo, e pode ser feita de tecido, tricô ou pele. A estola permite que a figura tenha gestos de braço mais extravagantes. Mais uma vez, trate-a de forma muito luxuosa e dê destaque ao drapeado que o tecido permite formar. Ao desenhar as serpentinas de um laço, de um cachecol longo e estreito ou de uma estola, pense em uma rajada de vento e deixe-os se moverem em um ritmo agradável. As linhas da franja também podem criar movimentos interessantes.

Nó
Volta
Serpentinas

Laço de alfaiataria

Laço cheio

302   PARTE II   OS DETALHES DE MODA

Tipos de lenços

Estola

CAPÍTULO 26   ACESSÓRIOS   303

Xales

O xale é um envoltório maior do que um cachecol, sendo decorativo ou utilitário. Pode ser feito de tecido ou de malha, estampado ou não, e também ter franjas como detalhe. Ele envolve o corpo ou está casualmente caído sobre o ombro. Ao desenhar um xale, lembre-se de que ele consegue dar uma forma extra e maravilhosa a um modelo simples de roupa — destaque-o ao máximo!

304   PARTE II   OS DETALHES DE MODA

Luvas

As luvas servem tanto como acessório de moda quanto para aquecer no clima frio. São uma camada adicional e feitas de qualquer tecido, desde um delicado croché até um couro resistente. Podem ser de pele ou forradas de veludo, o que lhes dará mais volume. As luvas devem se encaixar nos dedos de forma nítida; indique levemente a costura ou outros detalhes.

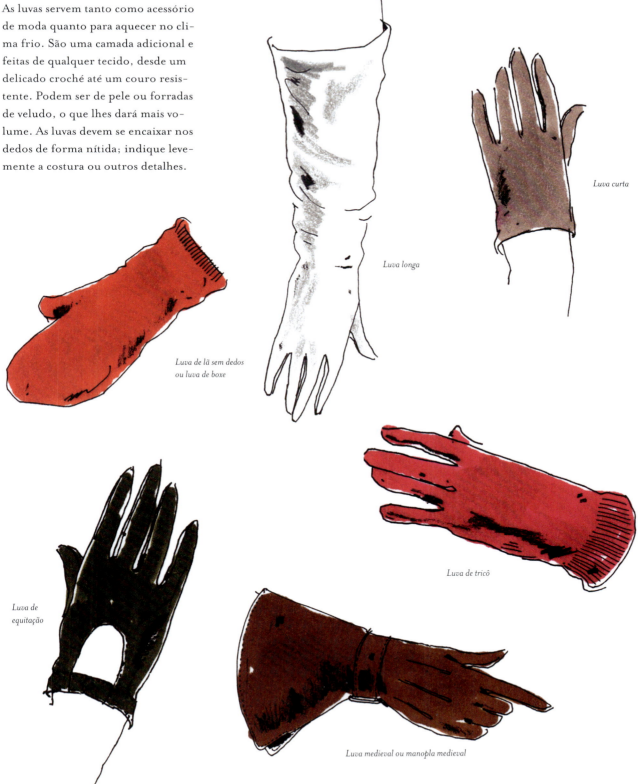

Luva longa

Luva curta

Luva de lã sem dedos ou luva de boxe

Luva de tricô

Luva de equitação

Luva medieval ou manopla medieval

CAPÍTULO 26   ACESSÓRIOS   305

Bolsas

As bolsas podem ser carregadas na mão ou penduradas no ombro. Elas variam de tamanho, desde bolsas muito pequenas de festa, até bolsas enormes tipo mala. Verifique a relação da bolsa com o corpo. Preste atenção aos detalhes e às costuras. Mantenha a forma bem definida e rígida, se a bolsa for estruturada. Se for desestruturada, desenhe-a com um toque suave.

Bolsa Chanel

Bolsa minaudière (pequena bolsa de metal para festa/noite)

Bolsa sacola ou bolsa Tote

Bolsa Kelly

306   PARTE II   OS DETALHES DE MODA

Bolsa tiracolo

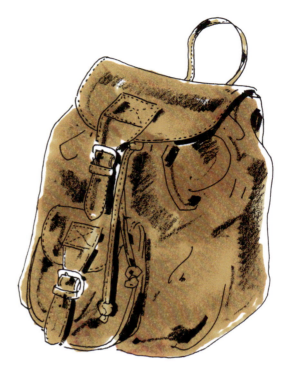
Bolsa mochila

Pochete

Carteira ou clutch

Bolsa saco

CAPÍTULO 26 ACESSÓRIOS

Sapatos e botas

Os estilos de sapatos e botas mudam drasticamente, de sapatilhas de balé a saltos Luís XV, de saltos agulha a plataformas, de botas cowboy a coturnos. Eles podem ser delicados, sensuais, desajeitados ou puramente funcionais.

Independentemente do estilo, ao desenhar os sapatos, as formas baseiam-se no triângulo. Quanto maior o salto, mais inclinado o triângulo; quanto menor o salto, menos inclinado o triângulo. Além disso, todos os sapatos têm um centro da frente, o qual gira com o pé. Todos os detalhes e ornamentos devem se relacionar precisamente com o centro da frente.

O sapato de salto baixo ou tipo sapatilha é baseado em um triângulo muito raso, com pouca inclinação. Na vista frontal, o lado interno do sapato estará mais reto, e o lado externo, mais redondo. Em um pé girado ¾, haverá alguma perspectiva. A sola do pé vai descansar na parte inferior do triângulo. O pé de perfil vai caber exatamente dentro do triângulo.

Quanto maior o salto, maior e mais inclinado o triângulo, e também mais alto o peito do pé. O arco começa a aparecer. A frente do pé repousa firmemente no chão. Para maior precisão, é melhor desenhar o calcanhar depois que o restante do sapato estiver desenhado.

As botas podem começar no tornozelo e se estender até a coxa. Lembre-se: geralmente há mais volume em uma bota, pois há mais material. As botas podem ser feitas em tecido, couro, camurça, vinil ou peles de répteis.

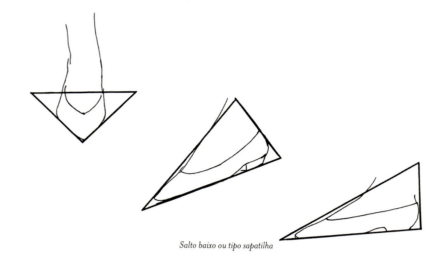
Salto baixo ou tipo sapatilha

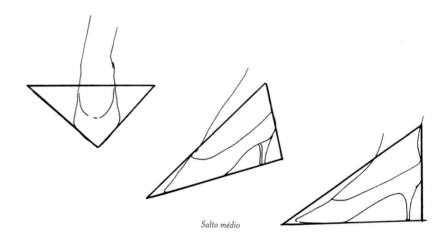
Salto médio

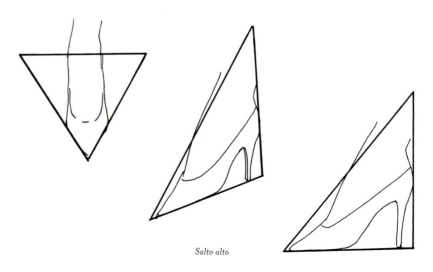
Salto alto

Tipos de sapato

Tipos de sapato

Juntando tudo

Se o *look* tem uma sofisticação urbana ou uma extravagância teatral, o princípio mais importante a lembrar, ao desenhar acessórios, é que eles devem ser uma parte apropriada do *look* total da roupa. Quando desenhados em uma figura de moda, os acessórios precisam integrar-se bem com os outros elementos de design.

CAPÍTULO 26   ACESSÓRIOS

Gaultier, 2003-2004

27

Colocando acessórios na figura

Neste ponto, vamos supor que você estudou e praticou todas as técnicas de desenho que examinamos neste livro. Analisou e observou as várias partes da figura de moda, as peças de roupa correspondentes e já planejou uma bela peça de roupa que deseja desenhar. Você trabalhou duro e desenvolveu o que acredita ser a mulher "perfeita" para a sua roupa. Ela tem atitude e pose apropriadas. Seu rosto e expressão capturam o visual que você deseja alcançar. Agora você deve começar a pensar em acrescentar acessórios mais perfeitos. Os chapéus e os acessórios desempenham um papel importante no acabamento da figura de moda. Assim como o designer vai procurar a modelo, o penteado e a maquiagem perfeitos para a apresentação de uma coleção, o artista deve escolhê-los para o desenho.

Uma das coisas a considerar, ao projetar ou desenhar acessórios, é que o que pode ser bonito de usar talvez não seja importante o suficiente para colocar em uma figura de moda. Quando uma modelo aparece na passarela, ela torna-se maior do que realmente é, em um espaço que é maior do que a realidade. E aqueles pequenos diamantes perfeitos que alguém pode usar na vida real desaparecerão completamente na passarela.

Por outro lado, muitas vezes os chapéus dão aquele toque final de extravagância e fantasia, conferindo à modelo grande presença na passarela. O chapéu também dá um visual de moda e o toque certo de acabamento para um trabalho artístico. Portanto, quando estiver desenhando a figura de moda, escolha um acessório que tenha uma presença ousada — seja uma pulseira moderna básica, seja um extravagante *look* cigano.

Vamos separar alguns dos principais *looks* com acessórios que você poderá incorporar em seu trabalho finalizado. Pode-se colocar acessórios na figura de moda para que ela seja classificada de acordo com uma ou mais das seguintes categorias:

- Clássico
- Alta-costura
- Básico
- Étnico
- Extravagante
- Retrô
- Excêntrico
- Combinações

* Neste capítulo, a representação foi executada usando sombra de olho junto com lápis de cor.

Clássico

O *look* clássico é aquele que sempre passa no teste do tempo. Os acessórios clássicos parecem continuar na moda, uma temporada após a outra e uma década após a outra. A figura de moda pode usar pérolas, pulseiras, espadrilles, cintos de peles de répteis, escarpins, bolsas tiracolo ou luvas. Esses acessórios clássicos nunca estão realmente "na moda" ou "fora de moda". Nas décadas de 1950 e 1960, Mainbocher, em suas coleções de alta-costura, e Anne Klein, em suas coleções *sportswear*, muitas vezes usaram acessórios clássicos. No momento, a moda de Ralph Lauren é o exemplo perfeito do *look* clássico.

Ralph Lauren, década de 1980

Alta-costura

Um look de alta-costura frequentemente pega um visual clássico e lhe dá um toque especial: um tamanho maior ou menor, um uso inesperado de cor ou uma forma controlada de extravagância. A peça de alta-costura é sempre da melhor qualidade e mão de obra. Chapéus que dão um toque expressivo, joias com um visual arrojado, mas de bom gosto, adornos em peles ou joias, xales e echarpes extravagantes, botas, bolsas ou outras peças de couro ou camurça especiais complementam o visual de alta-costura. Audrey Hepburn vestindo Givenchy será sempre um dos exemplos perfeitos desse visual. Outros designers de alta-costura são Yves Saint Laurent, Valentino, Oscar de la Renta e Dior.

Audrey Hepburn vestindo Givenchy, década de 1960

Básico

O *look* básico usa os acessórios com muito cuidado e de forma discreta. Uma peça perfeita para realçar o visual muitas vezes é o suficiente. Pode ser ousado, mas raramente é chamativo. Na metade do século XX, Madame Grès fez dessas características sua assinatura pessoal. Foi o complemento perfeito para seus vestidos clássicos longos e drapeados. Na década de 1970, Halston fez acabamentos em suas roupas simples e clássicas com joias desenhadas por Elsa Peretti. Calvin Klein e Giorgio Armani são hoje os que melhor representam o *look* básico.

Calvin Klein, 1995

Étnico

O *look* étnico tem outras culturas e períodos de tempo como inspiração. Pode ser pesquisado e aplicado com grande precisão ou utilizado como ponto de partida para a criatividade do designer. Lenços, turbantes, pérolas, muitos colares e pulseiras, bordados, luvas com detalhes elaborados, cintos, sapatos ou botas ajudam a criar esse *look*. Muitas dessas peças são combinadas umas com as outras de maneira bastante luxuosa. No final da década de 1970, o *look* cigano de Yves Saint Laurent inspirou e influenciou muitos estilistas. Saint Laurent muitas vezes usava diferentes culturas para suas coloridas coleções prêt-à-porter, assim como Mary McFadden se voltou com frequência para outras culturas em seus acessórios extravagantes e seus vestidos de noite plissados.

Saint Laurent, 1976

CAPÍTULO 27   COLOCANDO ACESSÓRIOS NA FIGURA

Extravagante

O *look* extravagante leva a moda até sua forma mais extrema. Muitas vezes, o mau gosto é levado tão ao extremo que até se torna aceitável. É uma moda que nunca se baseia na contenção e, às vezes, faz uma paródia do gosto aceitável. John Galliano muitas vezes extrapola sua coleção Dior de forma irônica, seja por apresentar excesso de exagero, seja por trazer uma nova versão de peças clássicas de Dior. Christian Lacroix é um mestre do exagero, e leva a extravagância ao limite em suas coleções de alta-costura.

Lacroix, 1994

Retrô

O *look* retrô tem a volta ao passado como sua inspiração. O designer escolhe um determinado período de tempo, como a década de 1930 ou a de 1960, e, em seguida, exagera no visual, ou toma elementos da época escolhida e os adapta aos tempos contemporâneos. Quase todos os estilistas em todos os níveis têm usado o visual retrô em um momento ou outro. Yves Saint Laurent assumiu a década de 1940 como tema para suas coleções de alta-costura e Anna Sui frequentemente adota o retrô de modo escandaloso em seus designs bem divertidos.

Saint Laurent, 1995

Excêntrico

O *look* excêntrico é uma abordagem peculiar e muito pessoal para compor acessórios. Ele não agrada a todos e, muitas vezes, os que seguem esses designers como algo cult são os únicos que o apreciam. A inspiração pode vir de qualquer coisa — desde lojas de ferragens até religião. A marca registrada de Schiaparelli nos anos 1930 e 1940 foram seus chapéus em forma de tinteiros, fechos de ferragens ou a lagosta pintada por Dalí em um vestido de noite. Nos últimos anos, temos Commes des Garçons, Romeo Gigli, Issey Miyake e Franco Moschino, que usaram tanto o mais conhecido como o inesperado de forma original e, muitas vezes, bem-humorada. Cada excêntrico coloca um toque pessoal em seus projetos e acessórios, que é imediatamente reconhecido.

Issey Miyake, 1986

PARTE II OS DETALHES DE MODA

Combinações

Frequentemente, dois ou mais desses *looks* podem ser combinados — por exemplo, alta-costura e clássico. O designer também pode usar a alta-costura em uma coleção e o étnico em outra.

Combinando o "retrô" e a "alta-costura", Gianni Versace tomou emprestado as linhas limpas dos anos 1960 e usou os tecidos da alta-costura, como o cetim prateado, a fim de recriar um minicasaco típico daquela época, mas com uma virada dos anos 1990. O cabelo longo penteado, a maquiagem pesada dos olhos e as botas de cetim de salto alto completavam o *look*.

Planejar uma ilustração visando o resultado final é o mesmo que o designer planejar uma coleção. Todo pensamento e cuidado tomados, antes de você mesmo pegar um lápis para desenhar, vão gerar os mesmos resultados que um desfile bem planejado e bem-sucedido.

Versace, 1995

CAPÍTULO 27 COLOCANDO ACESSÓRIOS NA FIGURA

Parte III

Representação

Bill Blass, 1988

28

Listras e xadrezes

As listras e os xadrezes têm sido algo tão presente em nossas vidas que quase nos passam despercebidos. Sua primeira peça de roupa listrada foi provavelmente uma parte de seu enxoval — uma roupa rosa e branco ou azul e branco — com uma touquinha listrada combinando! Quando criança, todos tínhamos a nossa camisa ou saia xadrez favorita, que gostávamos mais à medida que ela desbotava com todas as lavagens.

As listras podem ser discretas e simples, como aquelas em uma camisa de botão, ou impressionantes e coloridas, como em uma saia cigana de algodão brilhante e vibrante. As listras podem ser tecidas com os fios, como em uma faixa de sombra sutil, ou estampadas, como nas faixas de um toldo.

Os xadrezes podem ter a inocência de um uniforme de escola católica ou a sofisticação de um vestido de baile em tafetá de seda. Podem ser antiquados e pequenos, como o xadrez pied-de-poule, ou grandes e modernos, como um xadrez tartan. No entanto, todos os xadrezes são baseados em padrões de mais de 1500 anos de existência.

Alguns estilistas têm usado listras e xadrezes regularmente em suas coleções, enquanto outros raramente os usam. No entanto, enquanto entram e saem de moda, os xadrezes e as listras permanecem padrões clássicos. Gostando ou não deles, compreender o conceito de como desenhá-los é importante. Como são formados de linhas retas horizontais e verticais que se estendem ao redor do corpo, eles não podem ser linhas posicionadas de forma aleatória e cruzadas. Eles têm a sua própria lógica e simetria que, quando dominadas, tornam-se desafiadoras, mas gratificante de representar.

Givenchy, 1995

Compreendendo as listras e os xadrezes

Uma listra é uma faixa de cor ou textura vertical, horizontal ou diagonal. Pode ser tecida ou estampada, em uma ou várias cores, variando de largura. Usando o princípio da linha do centro da frente, vamos começar a entender as listras verticais e horizontais, as quais, quando combinadas, formam um padrão xadrez. O xadrez é um design de listras que se cruzam em ângulos retos.

Tanto os xadrezes quantos as listras podem ser regulares ou irregulares. Uma listra ou um xadrez regular são equilibrados, compostos de linhas com a mesma espessura em ambas as direções. Os irregulares não são equilibrados. Regulares ou irregulares, podem ser estampados ou tecidos em uma ou várias cores, ou texturas.

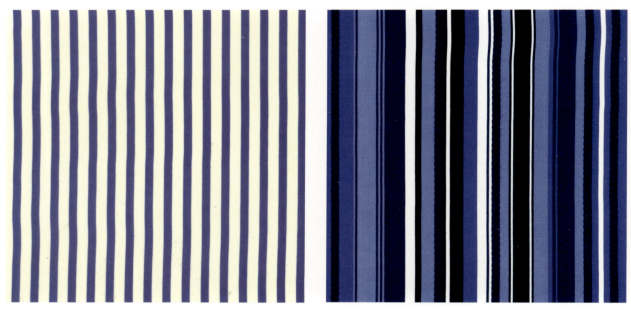

Listra regular *Listra irregular*

Xadrez regular

Xadrez irregular

PARTE III   REPRESENTAÇÃO

Desenhando listras e xadrezes

A cor ou a faixa mais importante ou dominante de qualquer listra ou xadrez segue a linha do centro da frente da roupa ou da manga. Essa faixa também pode formar a borda de uma gola, de um punho, de um bolso, de uma barra, ou se relacionar com qualquer detalhe específico.

CAPÍTULO 28   LISTRAS E XADREZES

Dividindo as listras verticais

1 Divida a vista frontal de uma figura com o quadril e os ombros em direções opostas. Indique o centro da frente com uma linha cheia, que se tornará a listra dominante da peça. Todas as outras listras trabalham a partir dela.

O maior erro quando se desenha listras verticais é trabalhar de um lado da figura para o outro. Para obter o posicionamento e a perspectiva corretos, trabalhe a partir do centro para um dos lados e, em seguida, a partir do centro para o outro lado.

2 Trabalhando apenas com o lado esquerdo da peça de roupa, divida esse lado ao meio no ombro (ponto A) e na barra (ponto B). Use apenas seus olhos (não meça!). Agora ligue o ponto A ao ponto B.

3 Depois, faça o mesmo no lado direito da peça. Você vai notar que, devido à dobra no tecido, a listra que cai do lado elevado do quadril tem uma curva onde a cintura se dobra. Em seguida, a listra se curva para fora, uma vez que segue a linha do quadril elevado. Combine-as no ponto em que elas se encontram.

4-5 Divida as mangas, seja dividindo na metade, seja alinhando-as com a roupa. A mesma mistura de linha que você fez no lado do quadril elevado também é necessária na curvatura do braço. Neste ponto, você pode dividir o corpo ainda mais para representar qualquer listra de tamanho específico. As listras na peça finalizada devem fluir suavemente na mesma direção das curvas do corpo. Continue dividindo para representar o tecido específico.

328 PARTE III REPRESENTAÇÃO

Dividindo as listras horizontais

Usando os mesmos princípios das listras verticais, vamos dividir a figura em listras horizontais. Comece com a vista da frente de um esboço de um vestido reto que tem o quadril e o ombro em movimentos opostos.

1 Primeiro, divida a distância entre o ombro e a barra na metade e, então, ligue o ponto A ao ponto B. Esse é o meio da peça, não necessariamente no quadril (no entanto, o meio pode cair na linha do quadril).

2 Em seguida, divida a parte inferior ao meio e ligue o ponto A ao ponto B com uma linha ligeiramente curva.

3 Agora, divida a parte superior do mesmo modo e ligue o ponto A ao ponto B. Você vai notar que a mudança na direção da barra para os ombros é gradual e suave.

4 Em seguida, divida e ligue as mangas do mesmo modo.

5 Continue dividindo para representar o tecido como deseja.

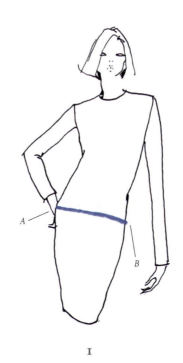

1

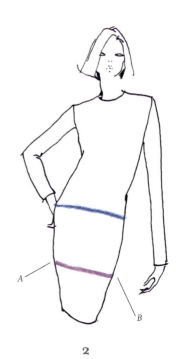

2

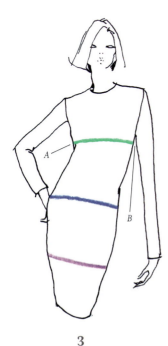

3

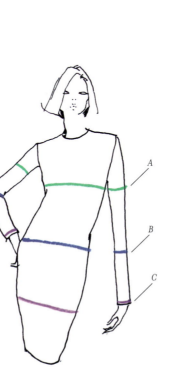

4

5

CAPÍTULO 28   LISTRAS E XADREZES

Dividindo a figura girada ¾ em listras ou xadrezes

Divida uma figura girada ¾ no mesmo vestido reto que você usou para a figura vista de frente.

1 Primeiro, marque a linha do centro da frente. Verifique se o lado mais perto de você é o maior e o lado que está mais longe (o lado que mostra o busto) é o menor.

2-3 Em seguida, divida o lado esquerdo e o lado direito como na vista frontal.

4 Agora, divida as mangas, seja dividindo na metade, seja alinhando-as com a roupa. Deixe sua linha seguir ligeiramente a curva do braço. O lado voltado para você é o mais estendido, portanto, sua linha será menos curva.

5-9 Em seguida, faça as divisões horizontais do mesmo modo trabalhado na vista frontal. Também divida as mangas da mesma forma que na vista frontal.

10 Depois que a grade inicial for estabelecida, listras adicionais podem ser acrescentadas para representar qualquer tecido específico.

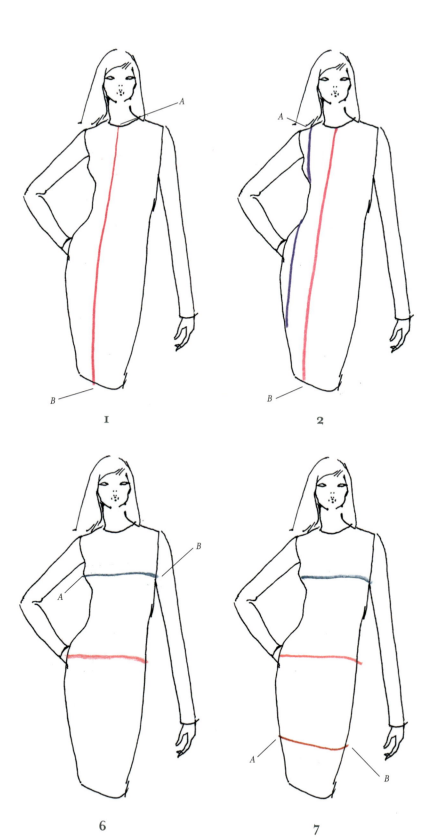

PARTE III   REPRESENTAÇÃO

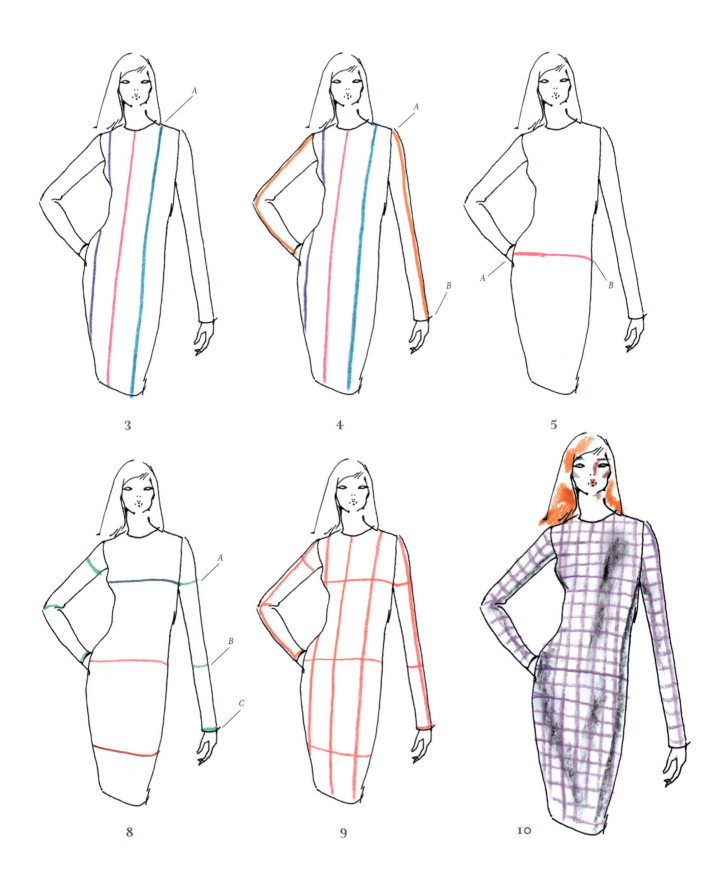

CAPÍTULO 28   LISTRAS E XADREZES

331

Quando os ombros e o quadril estiverem em direções opostas e você estender as linhas horizontais, verá que elas se encontram em um ponto de fuga. Isso mostra claramente a perspectiva da figura cilíndrica.

O princípio mais importante a lembrar quando estiver desenhando listras ou xadrezes — seja para figuras de vista frontal, girada ¾, seja de perfil — é que, ao dividir cada parte, você deve trabalhar somente dentro dela, primeiro do centro para um lado e, depois, do centro para o outro lado.

Desenhar listras e xadrezes requer um desenho guia muito preciso. Independentemente do quanto a representação seja solta, a divisão deve ser tão precisa quanto possível. Não tente representar uma listra ou xadrez diretamente sobre a arte-final.

Mantenha o tecido a ser representado de 60 a 90cm de distância de você, para ver as cores e as linhas importantes. Listras e xadrezes são difíceis e têm de ser planejados para ser desenhados com precisão e exatidão. No entanto, há uma recompensa após todo esse trabalho duro — ao combinar os princípios verticais com os horizontais, obtém-se uma grade para dividir qualquer tipo de padronagem xadrez. Tal grade também pode ser usada para dividir a roupa, a fim de desenhar qualquer tipo de detalhe de construção da peça, o que vai garantir mais precisão e simetria em seu desenho.

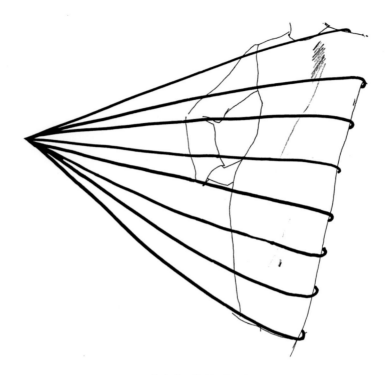

Perspectiva cilíndrica do corpo

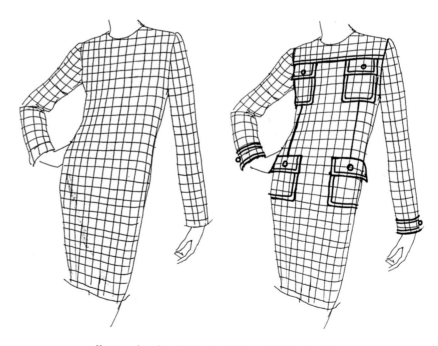

Um sistema de grade também permite o posicionamento preciso dos detalhes

PARTE III REPRESENTAÇÃO

Muitas vezes, as listras ou os xadrezes serão cortados em viés. Preste muita atenção à direção em que o detalhe é cortado. Ao desenhar listras ou xadrezes, alguns princípios importantes precisam ser lembrados:

- Xadrezes e listras devem se encontrar nas costuras laterais.
- Quando os xadrezes ou as listras são cortados em ângulo, como em uma saia linha A, eles vão se encontrar em pontos ou cantos mitrados.
- Nas mangas de alfaiataria, os xadrezes e as listras coincidem com o corpo.
- O posicionamento e a harmonização das listras e xadrezes são exclusivos para cada peça.

O erro mais comum ao desenhar listras ou xadrezes é começar na parte superior e ir até a parte inferior (ou debaixo para cima), ou ir de um lado para o outro. Isso não vai funcionar por causa da mudança gradual da direção do quadril para a direção oposta do ombro. A maneira correta de desenhar listras ou xadrezes é começar a partir do centro. Deste ponto, pode-se trabalhar de cima para baixo (ou vice-versa), ou do centro para um dos lados e, em seguida, do centro para o outro lado. Trabalhar dentro de um sistema de grade vai ajudá-lo com esse problema. Divida a peça ao meio e continue a dividir cada metade. Isso permite mudar de direção gradualmente — na vertical ou na horizontal —, tornando as listras ou os xadrezes totalmente ininterruptos.

Não distorça a listra ou o xadrez seguindo cada torção e volta do corpo. Siga o movimento geral, prestando muita atenção aos detalhes do modelo da peça. Sombras feitas com lápis macio darão a direção e o movimento na roupa.

Os detalhes podem ser desenhados em direções diferentes

As listras e os xadrezes podem formar cantos mitrados

Os xadrezes e as listras em mangas de alfaiataria coincidem com o corpo

Uma sombra suave proporcionará qualidade dimensional

CAPÍTULO 28   LISTRAS E XADREZES

Roupa listrada e xadrez

Jean Paul Gaultier usa o mesmo xadrez em dois tamanhos para esta peça de alta-costura. Em tais roupas, muitas vezes, há um grande exagero na proporção e no ajuste.

    A gola é muito próxima e alta, cobrindo completamente o pescoço. Há um colete justo colocado de maneira confortável sobre o casaco, uma cintura muito estreita e exagerada, em especial pelo cinto preto largo, e uma saia muito ampla.

    Nesta roupa específica, o xadrez é bastante complicado e precisa ser simplificado. Ao desenhar qualquer xadrez ou estampa, sempre coloque o tecido a uma distância de 60 a 90cm de você, a fim de capturar a essência dele, e não todos os detalhes.

Gaultier, 2007/2008

Este tailleur de Bill Blass é uma obra-prima de uma roupa de alfaiataria clássica. As riscas de giz são trabalhadas verticalmente por todo o corpo, mas têm um toque inesperado com as faixas que se cruzam sobre o corpo.

Leve em consideração a direção em que as listras são trabalhadas. Em qualquer listra ou xadrez, sempre comece no centro e trabalhe para os lados.

As listras, tanto na gola superior quanto nas lapelas, seguem direções opostas. Na maioria das roupas de alfaiataria, as listras são cortadas nessa direção.

Mantenha os ombros claros ao desenhar um terno ou tailleur de alfaiataria, e desenhe o paletó de forma suave. Estude as relações entre o paletó e a saia, a largura das mangas e a dimensão da gola. Para produzir uma roupa de alfaiataria, leva-se horas para desenhar a padronagem, o ajuste e a construção. Ao desenhar tais peças de roupa, as linhas devem ser precisas e limpas.

Bill Blass, 1995

CAPÍTULO 28   LISTRAS E XADREZES   335

O macacão e o paletó de James Galanos são feitos a partir de um xadrez muito grande. Mais uma vez, o posicionamento é essencial. As linhas do xadrez são colocadas na barra da calça, na barra do paletó, na lapela e na gola superior. Elas correm exatamente no centro da frente de cada perna. É por essa atenção rigorosa e perfeita aos detalhes que este tipo de roupa é tão cara. Certifique-se de que o seu trabalho artístico segue essa mesma precisão.

Galanos, 1970

Este tailleur de fechamento lateral de Pierre Cardin é trabalhado em um xadrez grande e cortado em viés. O corte em viés permite que o tailleur tenha um ajuste confortável, pois o tecido tem mais caimento.

Observe que, apesar de o tecido xadrez ser baseado em linhas verticais e horizontais, as linhas assumem uma aparência ligeiramente arredondada porque são desenhadas sobre o corpo, que é cilíndrico.

Há uma oposição extrema entre a gola grande e extravagante e o corpo estreito e as mangas.

Exagero e oposição permitem que o desenho de moda tenha bastante dramaticidade.

As listras e os xadrezes são exatos. Se eles forem representados de modo muito preso ou muito solto, a direção, a escala e o posicionamento devem ser perfeitos. Lembre-se: quanto mais preciso for o desenho guia, mais o desenho final vai parecer sem esforço.

Cardin, 1966

CAPÍTULO 28 LISTRAS E XADREZES

Valentino, 2008

29

Conceitos de representação

A representação é a maneira que o artista tem para explicar um tecido. Ela ajuda a definir uma peça de roupa, pois mostra como a peça é de fato. No entanto, a representação não salva um desenho ruim.

O processo de representação começa com o desenho da linha. Sem qualquer sombra ou cor, o desenho deve dar a maioria das informações de que precisamos para entender a roupa. As linhas só devem mostrar a silhueta, o corte, o caimento da roupa sobre o corpo, os detalhes construtivos, o peso e a sensação do tecido, ou seu "toque". Depois disso, as informações restantes vêm do processo de representação.

A representação dirá se a roupa é feita de tafetá ou cetim, crepe de lã ou jersey de lã, chiffon ou georgette. Também vai mostrar a cor, a escala da estampa e a textura do tecido. Isso tornará o trabalho artístico completo.

Muitos materiais de arte ou combinações diferentes podem ser usados para representar o mesmo tecido, assim como há muitas maneiras de representar. A representação pode ser rígida e exata, ou solta e editorial; cobrir toda a peça ou simplesmente ser indicada. Acima de tudo, é muito pessoal e pode ter diversas abordagens.

Uma categoria de tecido vem em muitos pesos, desde os bem leves até os bem pesados. Um grupo de lã pode variar desde a mais leve, mais pura, do challis ao crepe, até a lã mais pesada. Uma família de sedas pode variar do chiffon de seda leve ou georgette a um charmeuse de seda, um crepe de seda pesada ou um cetim de seda pesado. Em virtude dessas diferenças dentro das categorias gerais, você nunca deve supor que exista apenas uma maneira de representar uma seda ou uma lã, ou qualquer outro tecido, pois o peso do tecido é a primeira coisa a ser levada em conta.

Para comparação, se reunirmos um metro de chiffon de seda e um metro de crepe de lã, os resultados serão completamente diferentes. Como o chiffon é muito fino, ele ocuparia menos espaço do que o crepe de lã. Haveria muitas voltas na barra de um tecido chiffon e muito menos na barra do crepe de lã. Por isso, seriam necessários muito mais metros de chiffon do que de crepe de lã, se você fosse fazer uma roupa de estilo semelhante com ambos os tecidos.

Outro detalhe importante é o "toque" do tecido, que é a característica percebida ao se tocar o tecido. Um tecido pode ser suave, firme, áspero, fino, pesado, e assim por diante. Por exemplo, um crepe de seda tem um toque macio, assim, em uma peça de roupa, ele teria um caimento junto ao corpo. A organza, por outro lado, tem um toque muito mais firme, consequentemente, seu caimento estaria longe do corpo.

Chiffon de seda *Crepe de lã*

Crepe de seda

Organza

Grupos de tecidos

Para os propósitos deste livro, vamos agrupar os tecidos em quatro categorias: (1) lã e outros tecidos texturizados; (2) tecidos brilhantes; (3) tecidos transparentes; (4) estampas. Para entender essas divisões e categorias, vamos dar uma olhada em cada uma delas.

Lã e outros tecidos texturizados

Nesta categoria, há três pesos: leve, médio e pesado. A classe de peso leve abrange as roupas de lã pura, lã challis e bouclé. A classe de peso médio inclui vestidos ou ternos de crepe de lã, jersey de lã, lã de flanela e lã gabardine. Por fim, a de peso pesado contém casacos de tecidos de lã, mantas, mohair, cashmere, lã de camelo, vicunha e lã dupla face. Lãs texturizadas e estampadas, que também fazem parte dessa categoria geral, incluem o tweed de lã, a lã xadrez, a lã espinha de peixe e a lã xadrez tartan. Muitos desses tecidos podem passar para outra categoria, simplesmente por causa de uma construção específica. Você terá que julgar por si mesmo.

Padronagens de lã

1 Espinha de peixe
2 Tweed
3 Xadrez Príncipe de Gales
4 Risca de giz
5 Xadrez Vichy

Geralmente, os tecidos de lã são macios e flexíveis, às vezes com uma textura áspera ou felpuda. Eles são mais bem representados com materiais que reproduzem uma qualidade de superfície macia, como um pincel ligeiramente seco, um lápis macio, ou várias combinações, que incluem a utilização de um marcador com lápis de cor. Como os tecidos de lã não são brilhantes (podem ter um brilho opaco, mas isso é mais uma exceção, e não uma regra), frequentemente haverá apenas dois valores — a cor de base e uma cor de sombra mais escura.

Tecidos texturizados

1 Gabardine
2 Panamá
3 Bouclé
4 Flanela
5 Lã de alpaca
6 Texturizado
7 Lã de mohair

Desenhando tecidos de lã

O casaco de pelo de camelo é representado com um marcador, usando a cor geral para a parte principal do casaco e um tom mais escuro para as sombras e dobras. Lembre-se: quanto mais pesada a lã, mais nítidas são a gola, a cabeça da manga e as dobras da barra. Não "represente demais". De vez em quando, deixe uma borda e mantenha as sombras suaves.

A caneta marcador funciona bem para a cor total com destaques em lápis de cor macio. Algumas lãs de sarja, gabardines ou lãs mais ásperas podem exigir linhas diagonais para indicar a textura. Os tweeds podem ser representados com diagonais, hachuras cruzadas e manchas. Frequentemente, há dois ou mais tons ou cores. Texturas específicas, como panamás, bouclés, felpas ou cotelês, podem ser desenhadas com um lápis de ponta fina ou com uma caneta marcador (linho, seda pura e veludo cotelê também são representados dessa forma).

A roupa em camadas desta página, de muitos tipos de texturas e tecidos, é representada com um marcador colorido e um marcador de linha fina. O casaco dupla face de lã (reversível) tem uma textura de espinha de peixe do lado externo e um forro quadriculado na parte interna. O tweed do blazer é indicado com marcadores e lápis de cor, enquanto o tecido das calças com linhas na diagonal é representado com um lápis de cor, assim como o veludo cotelê do colete.

Looks com sobreposição

CAPÍTULO 29   CONCEITOS DE REPRESENTAÇÃO   343

O mohair, a manta de lã e a lã com "pelos" ou felpas devem ter uma borda suave. Este casaco amplo é contornado com um lápis de cor macio cinza escuro. Não use um contorno rígido para representar qualquer tipo de tecido escovado ou tipo mohair de lã. O casaco de pelo de camelo tem um contorno um pouco mais rígido.

Tecidos brilhantes

Os tecidos brilhantes refletem a luz: vão desde um leve brilho de crepe de seda até o brilho altamente reflexivo do lamé, das sombras suaves de um veludo até o alto-contraste de um tafetá furta-cor.

O toque pode ser tão suave quanto um charmeuse ou tão áspero quanto um brocado. As superfícies podem ser tão suaves quanto o cetim, ou tão ásperas e com ranhuras quanto uma seda doupioni ou um shantung, e também decorativas, como um tecido jacquard ou um brocado. Ao representar, tenha em mente que os tecidos brilhantes e vivos têm contornos nítidos e rígidos, enquanto os veludos e os tecidos macios e brilhantes têm contornos suaves e apagados.

Dentro dessa categoria geral, existem três classes: os tecidos com brilho suave, os com brilho vivo e os com brilho decorativo. Os tecidos com brilho suave incluem o crepe da China, o veludo e o plush. Os tecidos com brilho vivo abarcam o cetim, o tafetá, o peau de soie, o failete, o vinil e o couro. As superfícies com brilho decorativo englobam o brocado, o matelassé, o cloqué, o moiré, o ottoman, o jacquard, a pele de crocodilo, de lagarto e de jacaré, o lamé e os paetês. Mais uma vez, mantenha em mente que qualquer um desses tecidos e materiais pode pertencer a qualquer uma das classes, devido a uma construção específica ou um detalhe especial.

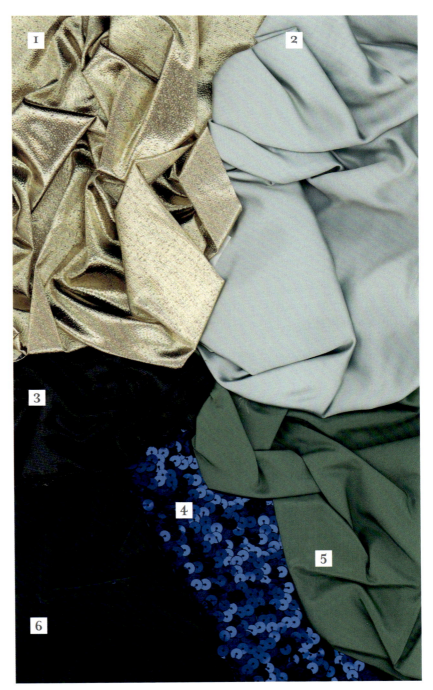

Tecidos brilhantes

1 Lamé
2 Cetim
3 Veludo molhado
4 Paetês
5 Tafetá
6 Veludo

CAPÍTULO 29   CONCEITOS DE REPRESENTAÇÃO

Desenhando os tecidos brilhantes

Vamos analisar os princípios de qualquer tecido com um brilho distinto. Primeiro, ao representar um tecido brilhante, pense em um cilindro brilhante em volta do corpo. Se a fonte de luz está vindo da direita, você vai observar que:

- O tom mais claro está no lado direito.
- O tom mais escuro está mais para trás.
- O tom médio está na frente.

Quando um tecido brilhante está no corpo, os mesmos princípios devem ser levados em consideração. Vamos dividir o corpo em diferentes planos: busto, barriga, quadril e joelhos. Tenha em mente que o plano lateral é o mais importante. Vamos usar as setas para representar as voltas cilíndricas, e os tons de cinza para indicar as sombras. Usando essas informações, você pode tentar desenhar um vestido justo com um tecido muito brilhante.

Os tecidos brilhantes têm valores distintos de luz: claros, médios e escuros. Os valores mais escuros ficam nas dobras e nas sombras. O valor médio é geralmente a cor da roupa. Os valores mais claros ficam nas dobras superiores e nos destaques. Eles também aparecem onde o tecido está caindo em uma parte extensa do corpo, como em um braço, em uma perna ou no busto. É quase como se houvesse uma curva branca em cada sombra escura ou dobra. Além disso, lembre-se de deixar uma borda clara em torno dos detalhes da roupa e dos franzidos.

Cilindro

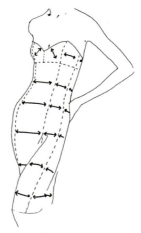
Planos do corpo

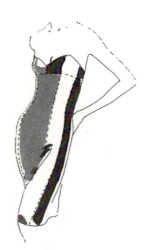
Posicionamento do valor de luz (tons claros, médios e escuros)

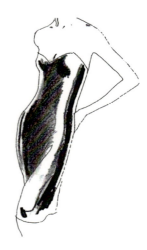
Acabamento

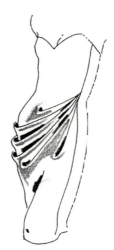
Imagine uma "curva" em torno das dobras

346   PARTE III   REPRESENTAÇÃO

Este vestido de gala tomara que caia de cetim foi representado com lápis de cor macio e marcador. Observe os padrões distintos de luzes e sombras. O cetim, o charmeuse e todos os tecidos macios e brilhantes têm uma certa qualidade "arredondada".

CAPÍTULO 29   CONCEITOS DE REPRESENTAÇÃO

Este vestido de tafetá foi representado com marcador e lápis de cor. Mais uma vez, os brilhos são distintos. Os tafetás têm uma qualidade mais "pontuda" e viva.

Os veludos têm um contorno muito suave, quase como se tivessem sido contornados com um "branco" muito suave. Não há contrastes fortes. Este vestido e as sombras no rosto foram representados com um marcador e com sombra de olho cinza (com seu aplicador de esponja). A sombra de olho é um excelente material de arte e o aplicador de esponja proporciona uma qualidade de cor pastel. Use uma marca de baixo custo que não seja muito oleosa. Qualquer cor pode ser usada para a representação, mas cinza ou preto são as mais adequadas para fazer as sombras. Para o rosto, um conjunto de cores marrom funciona lindamente em cima de um marcador cor da pele.

Vestido camisola de charmeuse representado em papel reciclado

O carvão ou o papel reciclado funcionam lindamente, pois permitem que se trabalhe com os brancos também. O vestido de cetim charmeuse desta página foi executado com lápis de cor sobre papel reciclado.

Tecidos transparentes

Os tecidos finos são transparentes, permitindo que se veja, através deles, as partes do corpo, bem como as roupas íntimas. Dentro da categoria geral dos tecidos transparentes, existem dois grupos: os tecidos transparentes macios e os tecidos transparentes estruturados e rígidos. Os transparentes macios incluem o chiffon, o georgette, o voile e as rendas. Os transparentes rígidos englobam o organdi, a organza, o tule, o tule point d'esprit e o gazar.

Na representação de tecidos transparentes, pode haver diversos valores de cor devido à transparência dos tecidos, que caem uns sobre os outros. Camadas de transparência também eliminam contornos rígidos. Muitas vezes, uma cor é usada para a borda ou, por vezes, apenas um valor ligeiramente mais escuro é suficiente. Como as roupas têm as barras enroladas, as barras não devem ter uma borda pesada ou dura, mas sim manter uma qualidade muito fluida.

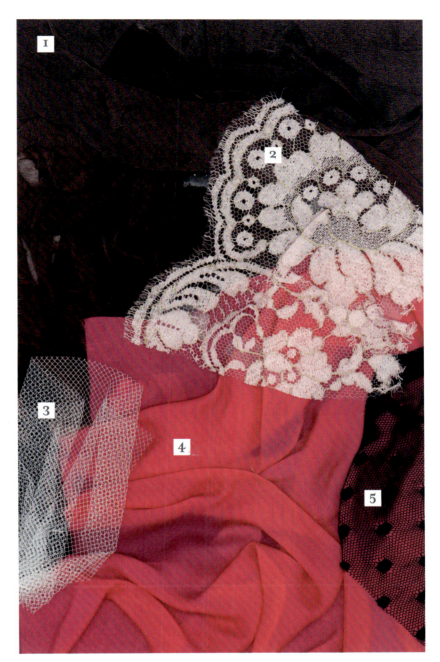

Tecidos transparentes

1 Chiffon
2 Renda
3 Tule
4 Organza
5 Point d'esprit

CAPÍTULO 29   CONCEITOS DE REPRESENTAÇÃO

Desenhando tecidos transparentes

Comece aplicando tons de pele onde a pele vai aparecer através do tecido. Esse é o método a ser empregado na representação de qualquer tecido transparente, especialmente o chiffon ou o georgette. Use uma linha fina para indicar os punhos, o debrum do decote e as dobras principais.

Com um lápis de cor ou um marcador de cor clara, represente o tecido sobre o tom da pele. Tente não deixar contornos rígidos. O contorno pode ser indicado em um desenho guia ou muito levemente com um lápis que pode ser apagado.

Aplique o tom de pele

Indique o detalhe

Represente o tecido sobre a pele

Este vestido em crepe georgette foi feito com um pincel seco. O valor mais escuro foi aplicado ao lado do corpo, e o valor mais claro, onde o tecido atinge o ar. Lembre-se: quando representar tecidos transparentes, mantenha um toque muito leve e não deixe qualquer contorno forte.

Renda

A renda tem uma base de rede com um padrão trabalhado sobre ela, que muitas vezes é floral. A renda, que varia da alençon ou chantilly até a renda guipure pesada, pode ser rebordada e coberta de pérolas. Muitas vezes é visível um padrão de pontos na rede, chamado point d'esprit.

    Tal como acontece com o crepe chiffon ou georgette, o tecido será representado sobre o tom da pele. A rede pode ser levemente esboçada com uma hachura transversal, ou esfumada com lápis com o papel sobre um tule ou uma rede, por cima do tom da pele. Em um desenho guia, indique o posicionamento do motivo e qualquer recorte ou borda. Primeiro, trabalhe os tons da pele e, em seguida, represente a renda mantendo um ritmo para a linha.

Tule

A parte de tule deste vestido de gala foi esfumada com um lápis de cor em papel sobre um pedaço de tule, camada sobre camada. Trabalhe as camadas em uma direção um pouco diferente, esfumando novamente sobre as camadas anteriores para criar sombras. Faça as partes mais escuras com uma linha um pouco mais escura.

O vestido de renda e de organdi à direita foi todo feito com um marcador fino e os destaques com lápis de cor. O casaco de organza abaixo também foi representado com um marcador fino e os destaques com lápis de cor. Ambos usam as mesmas ferramentas, mas têm resultados e características completamente diferentes.

O organdi é mais pontudo

A organza é mais arredondada

PARTE III   REPRESENTAÇÃO

Representando com caneta marcador no verso do papel

Trabalhar com uma caneta marcador (ou apenas marcador) na parte de trás do papel é outro modo de representar, e que produz resultados magníficos. A cor pode ser aplicada no verso do papel, bem como no anverso.

Comece com um desenho de linha preciso. Na parte de trás do papel, aplique as cores principais com um marcador. A cor ficará um pouco mais clara na parte da frente do papel. Não se preocupe se aparecerem listras leves da junção das cores do marcador. Deixe o marcador secar antes de virar o papel.

Desenho de linha na frente do papel

Aplique as cores principais na parte de trás do desenho

CAPÍTULO 29   CONCEITOS DE REPRESENTAÇÃO

No lado direito do desenho, represente as próximas camadas com marcador e lápis de cor, ou ambos. Você pode adicionar luz ou destaques em branco na parte da frente, pois a cor principal está na parte de trás.

Estampas

As estampas são desenhos ou padrões reproduzidos no tecido. Qualquer tecido pode ser estampado, desde o crepe chiffon até o cetim ou a lã. Os motivos (desenhos) variam desde uma pequena bolinha (poá) até um enorme floral. As estampas podem seguir uma progressão regular, ser lançadas de modo aleatório, ter barrados ou ser projetadas para cair em uma parte específica da roupa. A duplicação do padrão é chamada de repetição (*rapport*). Além disso, certas estampas têm uma única direção ou um padrão de repetição definido.

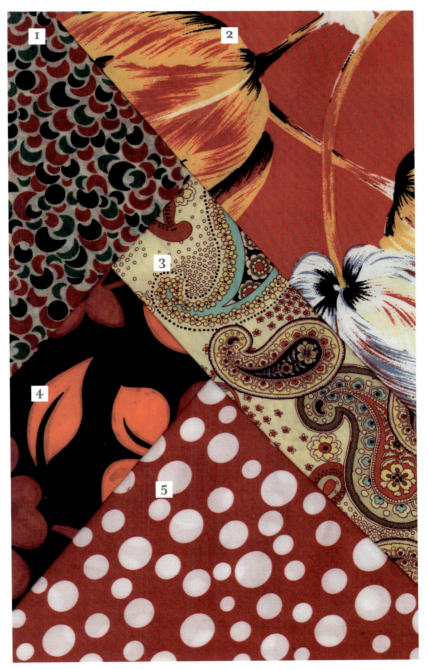

Tecidos estampados

1 Geométrico
2 Floral
3 Pasley
4 Estilizado
5 Poás

CAPÍTULO 29   CONCEITOS DE REPRESENTAÇÃO

Estampa com barrado localizado

Padrão multidirecional

Barrado na gola, na manga e na barra

Padrão não alinhado (half drop)

CAPÍTULO 29   CONCEITOS DE REPRESENTAÇÃO

Desenhando tecidos estampados

Ao representar uma estampa, é desejável capturar o efeito e a sensação do design, e não indicar todos os seus detalhes. Representar além dos limites pode tornar o *look* estampado demais. O mais importante a ser considerado, quando se representa uma estampa, é a escala e a repetição.

Para começar, encontre uma estampa que gostaria de representar. Primeiro, fixe a amostra ao desenho de um vestido ou a uma roupa pronta e caminhe pela sala. Se o padrão ou a estampa for tão pequeno que você não consiga determinar quantas repetições há, represente-o de modo mais geral.

Se a estampa for de tamanho médio e você ainda está consciente das quantidades de motivos ou repetições que ela contém, conte-os e tente fazer uma quantidade aproximada.

Em uma estampa grande, quando as repetições são muito poucas, mas visíveis, determine quantos desenhos haveria em uma área específica, como o corpete, a saia ou a manga, e indique-os em sua arte.

Estampa pequena

Estampa média

Estampa grande

O mais importante é estar na distância correta da estampa, de modo que, quando você representar um motivo grande, ele seja representado muito menor, com muito menos detalhes. Mesmo que a estampa seja representada de modo simples, sombras suaves darão um efeito dimensional.

CAPÍTULO 29   CONCEITOS DE REPRESENTAÇÃO   363

Algumas estampas ficam melhor quando representadas completamente, outras ficam melhores quando são representadas parcialmente. A estampa e sua relação com a roupa vai determinar isso. Estabeleça a mensagem de moda da estampa antes de começar a representá-la. É um floral impressionista, um geométrico definido ou pequenos e nítidos poás? Para ajudá-lo a definir o ritmo, a direção e o posicionamento da estampa, use uma grade de repetição em seu desenho.

Completa

Parcial

Este floral clássico foi representado com marcador e lápis de cor. Os destaques suaves foram feitos com um lápis de cor cinza. Como se vê, há um forte posicionamento diagonal para o motivo da estampa.

CAPÍTULO 29   CONCEITOS DE REPRESENTAÇÃO

Esta estampa geométrica grande exige um posicionamento preciso.

Este robe tem uma estampa com barrado e um pequeno padrão diagonal, que foi criado apenas por um marcador. Observe que a estampa pasley tem uma direção única, com a parte maior do padrão virada para cima.

Este vestido de festa com drapeado nas costas tem poucas flores estilizadas em um fundo de poás. Foram usadas três cores de lápis de cor para a flor e uma estampa muito pequena de póas como fundo.

Hoje, as estampas têm muitas possibilidades. Um tecido listrado pode ter uma borda floral, ou a estampa se parecer com um patchwork. Ela talvez imite uma fotografia ou seja parecida com uma pintura abstrata. Pode ser pintada à mão em um dos lados da peça e bordada com pérolas no outro. Apenas certifique-se de que sua representação explique claramente a estampa.

A representação é um assunto vasto. Não há, portanto, uma maneira de incluir todos os tecidos em um único capítulo. As possibilidades de tecidos são infinitas; por exemplo, paetês podem ser aplicados em um chiffon ou em um jersey de lã, e um tafetá ou uma flanela podem ser "quiltados". A tecnologia moderna mistura fibras sintéticas com as naturais, a fim de fazer um drapeado específico. Aprender os princípios e os conceitos o ajudará a aplicá-los em um determinado tecido.

Há momentos, no entanto, em que vários conceitos têm de ser combinados para representar um dado tecido — um corte de veludo, por exemplo, combina os princípios do veludo trabalhados em um tecido de base brilhante. O uso de paetês sobre o jersey combina as regras do brilho e da lã. Mesmo se fosse possível cobrir tudo, quando este livro começasse a ser impresso, já seriam criadas novas possibilidades e combinações. Então, fique aberto a todas as novas criações e experimente!

CAPÍTULO 29   CONCEITOS DE REPRESENTAÇÃO

Lacroix, 1997

30

Técnicas de representação

Dicas para usar a caneta marcador

Imagine se todas as peças fossem confeccionadas apenas em musseline. Seria impossível dizer a cor, o peso, a sensação ou a textura delas. Nunca conseguiríamos experimentar a sensação de um vestido de crepe chiffon esvoaçante, de um terno de tweed texturizado, ou de um vestido de cetim brilhante. Nunca poderíamos imaginar miçangas brilhantes ou peles sensuais. Nossos olhos nunca seriam capazes de distinguir uma estampa em preto e branco ou uma em cores vivas.

Ao aprender as várias técnicas de representação, somos capazes de representar de modo artístico os tecidos que queremos retratar em nossos projetos. O espectador conseguirá compreender totalmente as características e a aparência da peça.

Existem muitas técnicas para representar os tecidos e, neste capítulo, serão apresentadas as técnicas que, acredita-se, produzem os melhores resultados, utilizando canetas marcador e lápis de cor macios. Depois de aprender as técnicas e ganhar confiança em relação a elas, você pode adaptá-las para alcançar seus próprios resultados.

Aqui estão algumas dicas úteis para o uso de marcadores:

- Para evitar as manchas dos marcadores, comece com um desenho guia feito em papel manteiga. Sobre o papel para marcador, trace o desenho guia com um lápis muito claro que possa ser apagado. Aplique os marcadores e os lápis de cor Prismacolor para as técnicas de representação específicas desejadas. Os contornos podem ser trabalhados em cinza escuro, ou lápis Prismacolor preto ou marcador fino.
- Existem algumas marcas de papel para marcador, como Borden & Riley número 37 translúcido, que permitem utilizar o marcador tanto no verso quanto no anverso do papel. Isso vai permitir que você faça o desenho acabado na frente e aplique o marcador na parte de trás, e também na frente.
- Marcadores de cores mais claras são mais fáceis de usar do que os de cores mais escuras.
- Antes de usar qualquer marcador novo, desenhe um quadrado de 5cm. Trace com o marcador de um lado para o outro do quadrado e pare nas bordas. Isso lhe permitirá determinar se o marcador vai sangrar sobre a linha, ou se você não deve levá-lo até a borda.
- Para o trabalho, neste capítulo, foi utilizado o papel para marcador translúcido Borden & Riley número 37; o marcador de cor base foi aplicado no verso do papel para uma aparência mais suave. Os outros materiais foram aplicados na frente do papel: marcadores Chartpak e lápis Prismacolor cinza frio 30, 50 e 90% e preto, bem como lápis de cor Prismacolor.

Representando sombras

As propriedades dos diferentes tecidos vão resultar em suas sombras únicas. Há, no entanto, determinados locais de uma peça que sempre resultam em uma sombra. A sombra vai sempre aparecer nas seguintes áreas:

- Qualquer lugar na roupa que se possa colocar os dedos dentro ou por baixo. Há sombra sob uma gola ou lapela e também sob abas e botões. Sempre há sombra embaixo da abertura de uma peça de roupa.
- Uma sombra sempre ocorre quando algo cobre alguma coisa. Por exemplo, em um paletó e uma saia, uma sombra sempre cai sobre a saia, embaixo do paletó.
- Em uma figura girada ¾, há uma sombra ao longo do plano lateral.
- As sombras aparecem em uma dobra.

2 Com um lápis de cor macio na cor preta, adicione as sombras e os detalhes da roupa.

Representando tecidos preto e branco

Para representar a cor preta, vamos imaginar uma gama de cores de tecidos pretos que vão desde o preto mais claro, como em uma camiseta desbotada, até o preto mais escuro, como em um vestido de veludo preto.

Para alcançar esse intervalo, vamos trabalhar com marcadores cinza escuro (foi utilizado o Chartpak cinza frio número 7), em vez do preto. As sombras serão desenhadas com um lápis de cor preto macio. Como todos os esboços de design são acompanhados com amostras de tecido, ficará muito claro que a cor real é o preto, e não o cinza.

1 Preencha a área a ser colorida de preto com a cor cinza mais escura, o que permitirá que uma linha preta seja vista.

3 Para tecidos brancos, deixe o papel representar a cor branca e indique as sombras com um lápis de cor macio na cor cinza médio.

Look representado em preto e branco

CAPÍTULO 30 TÉCNICAS DE REPRESENTAÇÃO 373

Representando tweed

Um bom modo de representar o tweed é colocar o papel sobre um pedaço de lixa e esfumar. Diferentes espessuras de lixa podem simular diferentes pesos do tweed.

1 Comece aplicando a cor base do tecido.

2 Coloque um pedaço de lixa embaixo do desenho da peça e esfregue suavemente o lápis de cor macio ou lápis de cor comum com as cores do tweed.

Diferentes espessuras de lixa permitem diferentes efeitos

3 Indique as sombras passando o marcador por cima do marcador original, com a mesma cor. Isso resultará em um tom mais escuro da mesma cor. Uma forma alternativa seria usar um lápis de cor macio cinza ou preto. Desenhe os detalhes da roupa.

CAPÍTULO 30   TÉCNICAS DE REPRESENTAÇÃO

Representando xadrez

Em seu desenho guia, indique as direções das linhas do xadrez (veja o Capítulo 28, em "Desenhando listras e xadrezes").

1 Aplique a cor de fundo com um marcador.

2 Indique as faixas verticais com um lápis de cor macio.

3 Indique as faixas horizontais com um lápis de cor macio. Escureça a área em que as linhas horizontais e verticais se cruzam.

Os xadrezes também podem ser representados com marcadores e lápis de cor

4 Desenhe as linhas secundárias do xadrez.

5 Para simular uma lã média a pesada ou um xadrez com uma trama diagonal, trabalhe a linha diagonal com um lápis de cor macio sobre as faixas dominantes.

Representando peles

Pense na pele como um pneu ou balão circulando o pescoço ou os pulsos.

1 Indique a guarnição de pele nas áreas apropriadas da roupa e aplique a cor base da pele com um marcador.

Marta ou zibelina

2 Para pele de marta ou zibelina, desenhe uma linha no centro com sombra de olho marrom e aplicador ou com um lápis de cor macio na cor marrom.

3 Com cuidado, desenhe na borda externa uma linha com lápis de cor macio. Indique os pelos ao longo dessa linha. Indique os pelos internos com um lápis de cor macio na cor branca.

Leopardo

1 Para a pele de leopardo, faça a cor de fundo com um marcador bronzeado.

2 Aleatoriamente trabalhe formas ovais irregulares com um lápis de cor macio marrom.

3 Desenhe um contorno quebrado ao redor do marrom com um lápis de cor macio preto.

Raposa e pelo longo

Para pele de raposa ou pelos longos, siga para o passo 2, mas trabalhe linhas graciosas e longas para indicar o pelo mais longo da pele.

Marta ou zibelina

CAPÍTULO 30   TÉCNICAS DE REPRESENTAÇÃO

Representando cetim e tafetá

1 Indique a cor de fundo, mas não leve a cor para o contorno. Deve haver um pouco de papel branco exposto.

2 Usando o marcador pela segunda vez ou um lápis de cor macio, indique as áreas que estarão na sombra, bem como sob o busto e abaixo no plano lateral. Se o joelho estiver saliente, uma sombra cairá sobre a parte inferior da perna.

3 Coloque uma fonte de luz sobre um dos ombros da figura. Imagine que essa fonte de luz descerá pela figura. As áreas que se projetam, como o busto ou a parte superior da perna, vão ficar bem iluminadas, enquanto as áreas que não se projetam terão apenas um leve brilho. Usando um lápis de cor macio branco, reproduza a fonte de luz. Trabalhe com o lápis em um movimento redondo e suave. Você vai notar que, nesta pose em particular, a luz cai fortemente no topo do busto, diminui na barriga e no quadril, fica mais forte na perna que está projetada e, então, diminui mais uma vez na parte de baixo.

380   PARTE III   REPRESENTAÇÃO

4 Para cores claras ou tecido branco, indique as sombras com um lápis de cor macio cinza médio.

5 Nos franzidos, trabalhe levemente com o lápis de cor macio branco em volta das dobras.

6 Para o cetim, mantenha o destaque branco suave e redondo.

7 Para o tafetá, mantenha o destaque branco um pouco mais nítido e pontudo.

Representando couro

1 Para representar o couro, siga as instruções do cetim, mas contorne a borda suave com um lápis de cor macio branco.

Representando vinil

2 Para representar o vinil, siga as instruções do couro, mas acrescente outro contorno com uma caneta corretiva branca ou tinta têmpera branca.

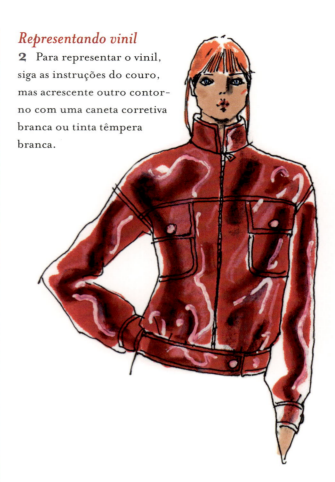

Representando camurça

Esfregue o lápis branco sobre uma lixa em cima do marcador.

Representando veludo

Ao representar o veludo, traga a cor do marcador para a borda. Suavemente, esfregue um lápis de cor macio branco em torno das bordas e dobras.

Representando lamé

Use o marcador Chartpak na cor sépia pálido. Indique as sombras com lápis Prismacolor cinza frio escuro 90% e borre com o dedo. Adicione os destaques em branco.

Representando paetês

1 Divida a cor de fundo, deixando um pouco de espaço em branco ao redor da roupa.

2 Usando o marcador pela segunda vez, faça uma sombra no plano lateral e sob o busto. Se a perna estiver saliente, faça uma sombra sob o joelho. Para mais dramaticidade, sombreie em cima do marcador com um lápis de cor macio cinza escuro ou preto.

3 Usando uma caneta de ponta fina preta ou qualquer marcador preto de ponta redonda, desenhe pontos que descem pela fonte de luz. Espalhe pontos adicionais aleatoriamente na figura.

4 Usando uma caneta corretiva branca, trabalhe os pontos brancos sobre os pretos e sobre a cor também. Os pontos pretos tornam-se os reflexos dos paetês, e os brancos, os paetês em si.

Sobre as áreas que se projetam, tal como o topo do busto ou uma das pernas, trabalhe ainda mais com a caneta corretiva.

1

2

3

4

Miçangas ou paetês furta-cor

1 Deixe o branco do papel como a cor de fundo. Indique as sombras com um marcador cinza claro ou com um lápis de cor Prismacolor.

2 Indique as sombras em destaque com um lápis de cor macio cinza. Com um marcador cinza médio, desenhe pequenos pontos que descem pela fonte de luz.

3 Faça pontos sobre o marcador cinza com uma caneta corretiva.

4 Esfregue levemente tons de amarelo, lavanda, azul, laranja e verde, usando lápis de cor sobre a caneta corretiva para criar a iridescência.

Franja de miçangas

1 Desenhe linhas finas com um marcador de ponta fina.

2 Faça pontos sobre a linha com a caneta corretiva branca.

Representando chiffon

1 Pinte com um marcador todos os tons de pele não coberta com o tecido. Indique o chiffon levemente com um lápis de cor suave.

2 Indique as sombras e as dobras com um lápis de cor macio de um tom mais escuro.

3 Indique o tom da pele sob o chiffon com um lápis de cor macio na cor de pele. Desenhe os detalhes da roupa com um lápis de cor de tom mais escuro.

4 Com um lápis de cor macio cinza escuro, indique as sombras mais escuras e enfatize os detalhes importantes de design. Não desenhe linhas escuras ou rígidas em torno das bordas externas do chiffon. Mantenha-as suaves.

CAPÍTULO 30   TÉCNICAS DE REPRESENTAÇÃO

Representando tule e renda

1 Pinte com um marcador todos os tons de pele não coberta com o tecido. Pinte com um marcador todos os tecidos adicionais que não sejam tule ou renda. Indique levemente a forma da saia.

2 Para representar o tule, esfregue a lateral de um lápis de cor macio no papel sobre um pedaço de tule. Indique o tom da pele sob a renda com um lápis de cor macio no tom de pele.

3 Para escurecer as dobras do tule, esfregue o lápis uma segunda vez, usando maior pressão na lateral do lápis de cor. Para os destaques, use mais a ponta do lápis.

Para indicar a base da rede da renda, esfregue o lápis de leve no papel sobre um pedaço de tule em cima da cor da pele.

4 Indique o motivo da renda com um marcador de ponta muito fina ou um lápis de cor com ponta muito afiada. Não contorne a renda ou o tule com linha escura ou pesada.

5 O contorno do decote e as barras da manga de renda são frequentemente finalizados com a borda curva.

CAPÍTULO 30   TÉCNICAS DE REPRESENTAÇÃO

Representando estampas

1 Indique as cores de fundo com um marcador.

2 Usando um lápis de cor macio ou um marcador, desenhe as formas básicas do motivo dominante. Se houver uma faixa, desenhe-a com a cor dominante.

3 Desenhe as formas secundárias com um lápis de cor macio.

4 Adicione os detalhes finais. Use um lápis de cor macio cinza para indicar as dobras e as sombras.

5 Siga os mesmos passos para uma cor de fundo escura.

CAPÍTULO 30   TÉCNICAS DE REPRESENTAÇÃO

31

Malharia

A principal diferença entre as malhas e os tecidos planos é que as malhas se esticam e, portanto, as pences e as costuras podem ser eliminadas. Porque se esticam, as malhas podem se ajustar ao corpo e, em virtude de sua construção, não rasgam. Além disso, as malhas não têm o acabamento de bainhas convencionais e forros, mas sim têm barras caneladas, são enroladas ou de croché.

Para uma roupa justa de malha, pense em uma camisola com nervuras, um vestido justo com elastano ou um corpete. Normalmente, essas peças de roupa são menores do que o corpo e, até que sejam colocadas nele, achamos difícil determinar o ajuste. Por outro lado, as malhas podem ser extremamente amplas e luxuosas. O corpo parece desaparecer sob a roupa, o pescoço é enterrado sob uma gola profunda e as mangas estendem-se além dos dedos. Às vezes, como em um suéter clássico, o ajuste pode estar em algum lugar entre os dois extremos.

As malhas são bastante versáteis e é possível usá-las de muitas formas e combinações diferentes. Elas variam de uma superfície muito lisa até uma aparência muito texturizada. A roupa de malha pode ser confeccionada com cores simples, sólidas, ou com padrões diversos, utilizando muitas cores e texturas contrastantes. Fios de diversos tamanhos e texturas estão disponíveis para obter diversas combinações. O tecido de malha pode ser combinado com um tecido plano para contrastes interessantes. Também é possível decorar as malhas com bordados de pedraria ou pérolas. Hoje, as malhas são usadas para qualquer tipo de roupa, desde bonés e luvas até vestidos, calças, casacos e camisolas. Com a tecnologia moderna, infinitas combinações de cores e texturas são produzidas.

Blusa de malha justa canelada

393

As composições básicas da roupa de malha são as seguintes:

- Malha manual (tricô), que são as peças feitas completamente à mão.
- Malha manual no tear, que são as peças feitas à mão com um tear manual para tricô.
- Corte e costura, que descrevem a metragem da malha que é cortada e costurada com uma máquina overloque.
- Malha no tear industrial feitas por computador, que podem ser projetadas em muitos padrões complexos, pois a tecnologia permite várias cores e opções de design.

Blusa de malha oversized e luxuosa com gola rolê

Twin set

Os fios variam em espessura de finos a médios e grossos. Em termos de bitola (pontos por polegada), as amostras de tricô abaixo mostram a composição básica dos diferentes tipos de fios.

Um fio fino formará cerca de 7 a 9 pontos por polegada (1 polegada = 2,54cm).

Um fio de espessura média formará cerca de 5 a 7 pontos por polegada.

Um fio de lã formará cerca de 4 a 6 pontos por polegada.

Fios volumosos ou robustos formarão cerca de 3 a 5 pontos por polegada.

CAPÍTULO 31 MALHARIA

As fibras podem variar da mais luxuosa até a mais utilitária. Algumas fibras de luxo são:

- **Cashmere** (ou casimira, ou caximira) – fibra obtida da lã felpuda da cabra da região da Caxemira (Kashmir), na Índia e no Paquistão.
- **Pelo de coelho angorá** – fibra suave e felpuda obtida do pelo do coelho angorá.
- **Mohair** – fibra longa, branca e brilhante obtida da cabra angorá.

Outras fibras naturais utilizadas para a malharia são as de algodão, lã, linho e seda. Também são usadas com frequência as fibras manufaturadas artificialmente, como a viscose e o acrílico.

Os fios podem ter muitas texturas e pesos. Ao desenhar roupas de malha a partir desses fios, tome cuidado para não desenhar uma linha rígida na borda externa. Tente fazer suas linhas representarem os seguintes fios:

- **Fio bouclé** – tem uma textura encaracolada e de laçada. Um marcador ou um lápis funcionam bem. Mantenha um ritmo rabiscado para a borda externa.
- **Fio de Mohair** – tem uma textura felpuda. Um pincel seco funciona bem.
- **Fio de coelho angorá** – tem uma textura peluda e macia. Um pincel seco é muito eficiente. Mantenha os movimentos suaves como as peles.
- **Fio chenille** – tem uma espessura e textura aveludadas. Um marcador mais pesado ou um lápis macio podem dar uma tonalidade rica e apropriada.
- **Fio metálico** – tem uma qualidade de alto brilho e é muito chamativo. Use marcadores, lápis ou pincéis, pois todos funcionam bem. Faça alguns pontos para indicar o "brilho".

Fio bouclé

Fio de Mohair

Fio de coelho angorá

Fio chenille

Fio metálico

CAPÍTULO 31   MALHARIA   397

Existe uma variedade de fios. Qualquer um destes fios (ou outros) podem ser combinados em pontos para produzir diferentes tipos de pontos de tricô e padrões de malha (mostrados a seguir). São eles:

Pontos planos
Incluem-se nesta categoria:
- **Ponto meia** – ponto plano básico, utilizado para criar um tecido de jersey. Feito por tricotagem em carreiras. Utilizado em diversos tipos de malhas, desde cashmere e suéteres Shetland até camisolas.
- **Ponto tricô** – processo inverso do ponto meia, utilizado para o mesmo tipo de roupa que o ponto meia.
- **Ponto meia e tricô** – combinam-se os dois tipos de pontos, onde uma carreira é feita de ponto meia, e a outra, de ponto tricô. O exemplo mostrado aqui tem uma carreira de ponto tricô que é separada por uma carreira de ponto meia.

Ponto meia

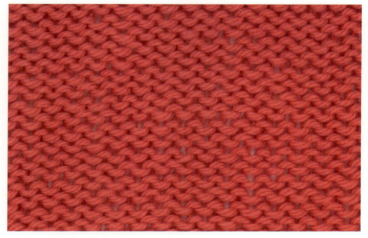
Ponto tricô

Ponto meia e tricô

Pontos texturizados

Incluem-se nesta categoria:

- **Ponto cabo ou corda** – ponto que produz um padrão que parece uma corda trançada, formado por pontos cruzados por cima e por baixo uns dos outros.
- **Ponto pointelle** – ponto que forma buracos no tecido, utilizando pontos de transferência ou queda de pontos.
- **Ponto pescador** – padrão que combina o ponto cabo com pontos zigue-zague.
- **Ponto canelado** – ponto feito por uma construção de ponto tricô. O ponto canelado forma colunas que têm um efeito listrado vertical. É mais elástico do que o tricô simples e é usado quando se deseja que a roupa tenha uma forma apertada e justa no corpo. Muitas vezes, é utilizado para acabamentos, como em faixas na cintura, nas golas e decotes, e no cós.
- **Ponto pipoca** – ponto que parece um pequeno pompom. Muitas vezes, é feito de uma cor contrastante, para dar um efeito diferente.

Ponto cabo ou corda

Ponto pointelle

Ponto pescador

Ponto canelado

Ponto pipoca

CAPÍTULO 31   MALHARIA

Padrões de tricô

Incluem-se nesta categoria:

- **Fair Isle** – padrão feito em muitas cores contrastantes. Forma pontos soltos (flutuantes) no lado avesso, os quais conectam os pontos na parte da frente. A cor é carregada do avesso. Os padrões podem ser de qualquer tipo, desde formas geométricas abstratas até animais e flores. Tal padrão geralmente é usado em lenços, bonés e suéteres.
- **Intarsia** – padrão de malha plana, tricotado em cores sólidas, de modo que o padrão em ambos os lados do tecido seja idêntico. Em geral, é um padrão geométrico e muito utilizado em blusas.
- **Argyle** – tipo de jacquard de tricô feito em várias cores, tendo forma de losangos. Muito usado em meias e suéteres.

Fair isle

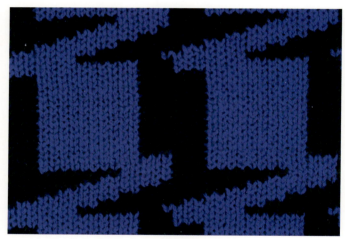
Intarsia

Argyle

As roupas de tricô podem utilizar qualquer combinação de pontos e padrões. Ao desenhá-las, é muito importante manter a linha suave e rica, deixando a qualidade da linha dar a sensação e a textura da malha.

Mantenha as dobras curvas e evite arestas — mantenha as barras e as golas arredondadas. Tente evitar borda rígida e reta, a não ser que seja uma malha muito plana, como uma camiseta, ou um fio muito fino, como o cashmere.

Em uma malha padronada, desenhe as listras ou o padrão levemente, ou desenhe em um desenho guia. Os padrões tendem a ter um desenho em forma de "degrau" (quadriculado), em vez de uma forma arredondada.

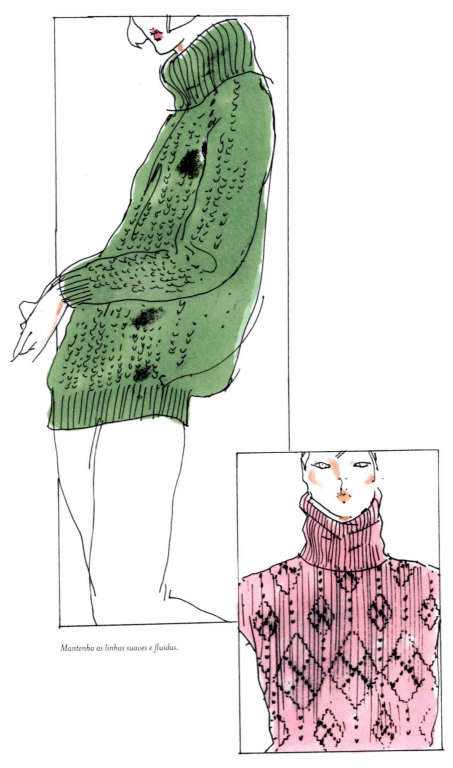

Mantenha as linhas suaves e fluidas.

Os padrões tendem a ter um desenho em forma de "degrau" (quadriculado), em vez de uma forma arredondada.

Os seguintes detalhes aparecem em muitas peças de malha:
- **Canelado** — usado nos acabamentos de decotes, mangas e barras, bem como em decotes capuz e golas rolê.
- **Pontos de união** — método que molda o detalhe da roupa como se fosse tricotado, frequentemente usado em cavas. Observe as pequenas marcas feitas como resultado da união dos pontos.
- **Barra enrolada** — modelo de acabamento em que a extremidade da peça de malha permite que ela seja enrolada naturalmente.

Canelado

Pontos de união

Barra enrolada

PARTE III   REPRESENTAÇÃO

Tipos de roupa em tricô

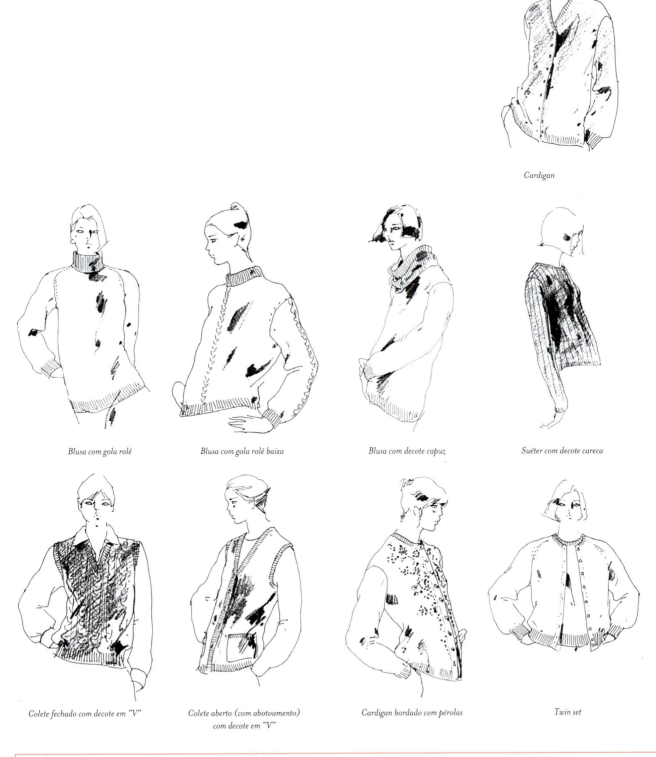

Cardigan

Blusa com gola rolê

Blusa com gola rolê baixa

Blusa com decote capuz

Suéter com decote careca

Colete fechado com decote em "V"

Colete aberto (com abotoamento) com decote em "V"

Cardigan bordado com pérolas

Twin set

Christian Dior, 1950

Parte IV

Extras

Bill Blass, 1994

32

A figura caminhando

Pense em um vestido esvoaçante de chiffon ao vento. O excesso de tecido deixa a figura e flui no ar. Se tivéssemos que esboçar esse vestido em uma figura parada, o tecido cairia e seu movimento desapareceria.

A figura caminhando (muitas vezes referida como a figura de passarela) é uma opção que nos permite mostrar não só a roupa, mas também a roupa em movimento.

Geralmente, utiliza-se esse tipo de figura quando a roupa tem um excesso de tecido em uma ou mais áreas. Uma saia reta e uma blusa justa não têm esse excesso, mas uma saia ampla e volumosa e um top com uma echarpe têm.

Observe como é possível mover o excesso de tecido da saia para um lado e permitir que a echarpe se afaste da figura e forme ondulações no ar.

Lacroix, 2003

Desenhando a figura caminhando

A figura caminhando começa a ser desenhada do mesmo modo que uma figura tradicional parada (estática).

1 Comece desenhando a vista frontal da figura com o movimento do ombro oposto ao do quadril. Mais movimento será criado se você trouxer a perna passando a linha de equilíbrio. Observe que não há mudança nesse momento, mas, em vez de indicar a perna estendida no chão, vamos levantá-la e movê-la para trás. Ao levantar a perna estendida do chão e movê-la para trás, ela se tornará mais curta.

A perna mais curta

2 Comece desenhando o músculo inferior externo da perna com uma linha contínua ligeiramente arredondada.

3 Desenhe uma linha guia do joelho ao tornozelo, seguindo a forma do músculo externo.

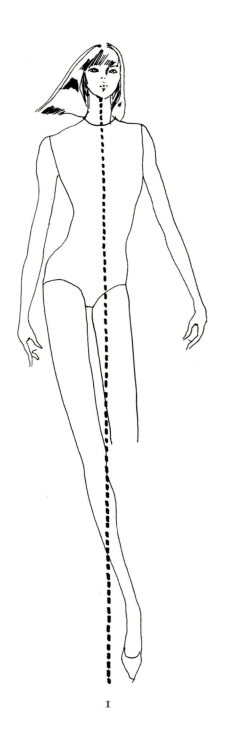

1

Vista frontal da figura com o movimento do ombro oposto ao do quadril.

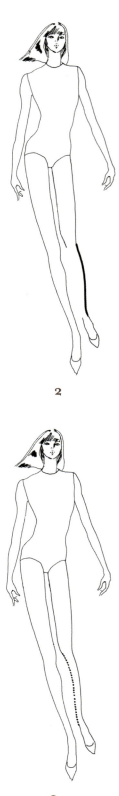

4

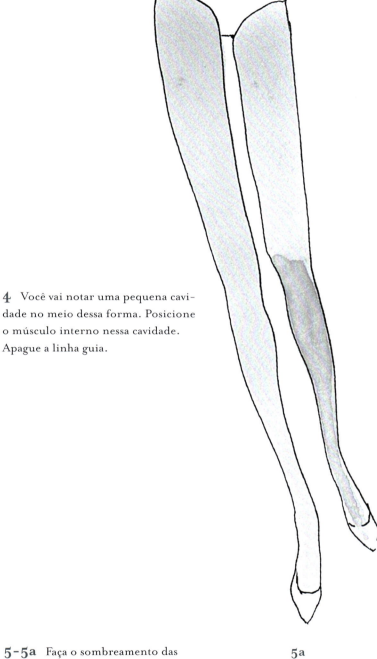

5a

4 Você vai notar uma pequena cavidade no meio dessa forma. Posicione o músculo interno nessa cavidade. Apague a linha guia.

5

5-5a Faça o sombreamento das pernas com lápis grafite ou lápis de cor cinza. Em seguida, faça uma sombra na perna de trás, a partir do joelho até o pé, passando o marcador por cima pela segunda vez.

Ao desenhar saias, muitas vezes há uma sombra perto da perna mais na frente.

Ao desenhar calças, observe como as dobras se formam no joelho da perna mais curta (a perna mais para trás). A barra da calça torna-se mais redonda também. Muitas publicações de moda que fotografavam as roupas em estúdio agora as fotografam diretamente durante o desfile de moda, na passarela. Essas referências de fotos são as ideais para usar no desenho da figura caminhando.

CAPÍTULO 32   A FIGURA CAMINHANDO   411

33

Moda masculina

Visão geral da moda masculina

As roupas femininas foram influenciadas pela moda masculina já em 1930, quando Marlene Dietrich foi fotografada usando uma adaptação do terno masculino. Além disso, Yves Saint Laurent criou ternos smoking para mulheres ao longo de 30 anos.

Até a década de 1960, o modelo de moda masculina era apenas um cabide de roupas ou um pano de fundo para as mulheres. No entanto, a moda dos "Mod", em meados dos anos 1960, alterou a moda para sempre. O pavão macho nasceu e seu lugar na moda tornou-se estabelecido. Hoje, quase todo designer importante do vestuário feminino também cria coleções masculinas. Os modelos de moda estão se tornando quase tão famosos quanto suas colegas do sexo feminino, e os desfiles são tão importantes quanto os das mulheres. Nomes como Giorgio Armani, Calvin Klein e Ralph Lauren não só criam moda masculina, como também a usam para influenciar suas coleções femininas.

Após a guerra de 1812, as calças passaram a ser muito usadas nos Estados Unidos, em vez das de *breeches* ou meias de seda. A evolução do terno de três peças, no entanto, resultou do colete, da casaca e das calças que foram usadas apenas em décadas anteriores. E, desde o início do século XX, os ternos masculinos têm basicamente as mesmas peças – paletó, calça e colete de alfaiataria. Na virada do século XX, os homens usavam os "ternos sacos", que eram ternos de trabalho, feitos de lã, flanela ou tweed, com uma silhueta mais larga e um paletó com abotoamento simples ou duplo.

Terno saco, 1905

413

Assim como o *look* melindrosa influenciou a moda feminina, em 1920 os homens também foram à procura de uma imagem mais jovem. Eles usavam ternos com silhueta confortável, com os ombros naturais, que foram muitas vezes cobertos por casacos de guaxinim de comprimento até os tornozelos.

Na década de 1930, apesar da Grande Depressão, a imagem de moda masculina era o ídolo de cinema altamente sofisticado, personificado por estrelas de cinema como Cary Grant e Fred Astaire. O corte elegante do terno drapeado com inspiração inglesa (volume extra no peito e nos ombros) foi de grande influência para a moda masculina e ainda inspira os designers de hoje. Além disso, os zíperes estavam apenas começando a substituir a braguilha de botões.

A década de 1940 e a Segunda Guerra representaram uma austeridade para a moda masculina, e as restrições de tecido deram aos homens uma silhueta mais estreita. As fibras sintéticas permitiram que os tecidos se tornassem mais leves e mais fáceis de cuidar. No final da década, houve a volta do terno transpassado com ombros largos e lapelas largas.

Na década de 1950, surgiu o terno de flanela cinza. Esse terno tinha abotoamento simples, silhueta reta e ombro de corte natural, e popularizou o *look* "Ivy League" e os Brooks Brothers. Perto do final da década, o terno "continental" chegou da Itália, com seu paletó elegante, abertura lateral e calças com barra comum. Os filmes também introduziram o "rebelde". Marlon Brando e James Dean fizeram do couro, do jeans e da camiseta o *look* da juventude.

A década de 1960 mudou para sempre a aparência dos homens. No início dessa década, o presidente Kennedy popularizou o terno de dois botões com ombro natural e a aparência limpa, jovem e em boa forma.

Na segunda metade da década, vieram o *look* Mod inglês, Carnaby Street e os The Beatles. O *look* da moda masculina foi finalmente liberado com o advento do terno Nehru, com a gola alta substituindo as gravatas, e com camisas estampadas e coloridas, às vezes até mesmo bordadas com pérolas!

Terno drapeado, década de 1930

Terno Mod inglês, década de 1960

Na década de 1970 surgiram grifes como Bill Blass, Pierre Cardin e John Weitz. Também surgiu o terno de lazer de malha dupla, o colete com cinto, e o terno desconstruído, que não tinha ombreira ou alfaiataria à mão.

Na década de 1980, havia o "terno com ombro largo", com grandes ombreiras e uma dobra baixa até a lapela, com uma silhueta até o quadril. Giorgio Armani, Calvin Klein, Hugo Boss e Ralph Lauren estavam criando coleções inteiras de moda masculina nesse momento. *Underwear* (roupa íntima) de grife estava se tornando tão popular quanto os ternos de grife.

A moda masculina contemporânea é mais suave. A ombreira do terno com ombro largo foi substituída por um ajuste mais fácil e uma atitude mais relaxada. O *look* tem mais relação com a textura e os tecidos. O perfume unissex é popular e ambos os sexos usam itens uns dos outros. Pessoas que usam grifes para o trabalho estão vestindo J. Crew e Gap nos fins de semana. Fabricantes de roupas esportivas, como Nike, Adidas e Reebok, estão adicionando linhas de roupas assinadas por designers famosos em suas marcas.

Ainda assim, a moda masculina muda em ritmo mais lento que a feminina, portanto, a figura de moda masculina continua sendo um pouco mais consistente. Muitos dos princípios da figura de desenho e dos detalhes das roupas permanecem basicamente os mesmos do desenho das roupas femininas – equilíbrio, movimento, gesto, centro da frente, golas, mangas ou calças. A divisão da cabeça masculina, dos braços e das pernas muda mais em ênfase do que em regras.

Ternos amplos, década de 1990

Terno com ombro largo, década de 1980

CAPÍTULO 33 MODA MASCULINA

Desenhando a figura de moda masculina

As figuras de moda masculina e feminina, com exceção da ênfase muscular, são desenhadas sem muitas diferenças. As distinções são, na sua maioria, em alinhamento, ênfase e atitude. Por exemplo, a figura feminina é mais fluida, e a masculina, mais angular.

Embora a figura feminina seja um pouco menor, utilizamos 10 cabeças para desenhar tanto homens quanto mulheres. Se você desenhá--los lado a lado, a figura masculina será mais alta.

Pela estrutura óssea e muscular ser diferente entre homens e mulheres, e também por haver muitas variáveis entre os próprios sexos, para fins de comparação, vamos estudar apenas as diferenças básicas. Ao comparar a figura de moda masculina com a feminina, vemos que na figura masculina:

- Os ombros são mais largos e mais quadrados, o pescoço é mais grosso e um pouco mais curto, e os braços têm músculos mais definidos.
- O peito é maior, as costas mais largas, e o tronco é um pouco mais longo.
- A cintura é um pouco maior e mais baixa (e não muito menor do que o quadril), e o quadril é mais estreito.
- Os joelhos são mais destacados, os músculos das pernas são mais definidos, e as mãos e os pés são maiores.
- O corpo é geralmente mais amplo e reto, com ombros mais largos do que o quadril.
- As pernas de apoio não ficam muito em ângulo (em uma pose de descanso), pois a pélvis é menor.

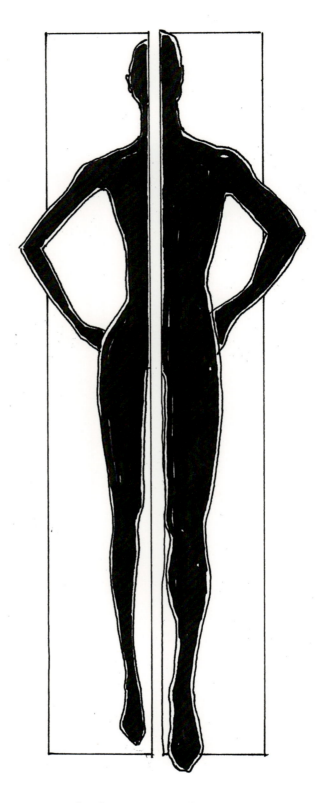

Figura feminina   *Figura masculina*

As ilustrações nesta página mostram a figura de moda masculina na vista frontal e vista girada ¾.

Agora vamos estudar as especificidades da figura de moda masculina.

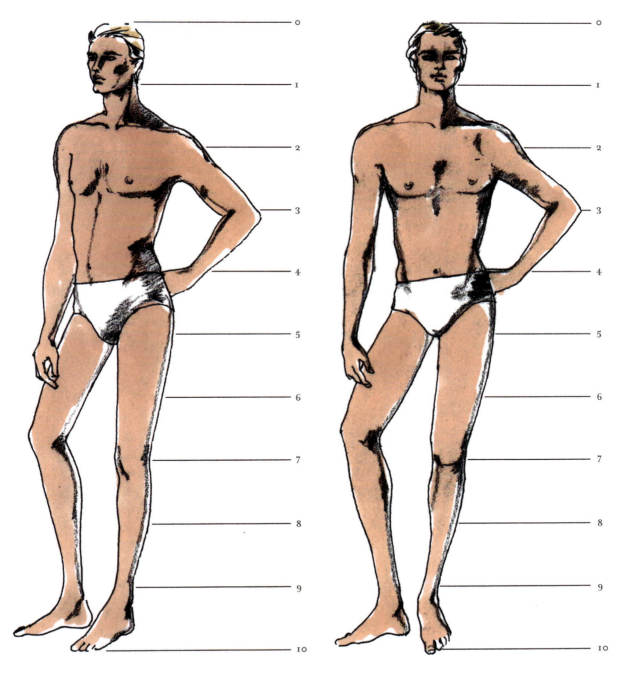

Vista girada ¾ *Vista frontal*

CAPÍTULO 33 MODA MASCULINA

Pescoço, ombros, braços e mãos

Mais uma vez, vamos examinar as diferenças entre a figura de moda masculina e feminina. Na figura de moda masculina, você vai notar que:

- O pescoço é mais grosso em relação aos ombros e tem mais massa.
- Os braços e os ombros são mais grossos e mais musculosos.
- Os pulsos são mais grossos.
- A mão é mais quadrada, com os dedos mais retos e menos cônicos.

Tronco

O tronco da figura de moda masculina difere de modos sutis e nem tão sutis do tronco feminino. Ao examinar o tronco da figura masculina, observe que:

- O tronco afunila ligeiramente para o quadril, mas tem pouca curva.
- Há menos diferença entre a cintura e o quadril.
- O quadril é estreito.
- Os músculos do estômago são mais definidos.

Pernas e pés

As pernas e os pés da figura de moda masculina são bem diferentes da feminina. Ao estudar essas partes da anatomia, você verá que:

- As pernas e os pés têm uma definição mais muscular.
- Os joelhos são mais destacados.
- As panturrilhas e os tornozelos são mais definidos.
- Os pés são maiores e mais angulares.

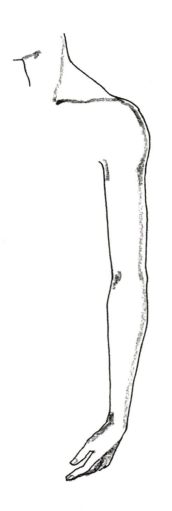

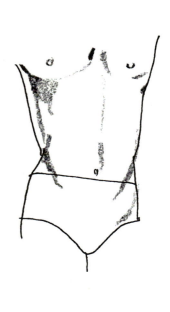

Cabeça

Como os homens não usam maquiagem, os traços físicos terão uma qualidade mais natural. No entanto, a divisão da cabeça vai ser a mesma que das mulheres, com exceção de que:

- A forma geral da cabeça é mais angular.
- Os olhos são mais estreitos, com menos pálpebra superior.
- As sobrancelhas são mais baixas.
- Os lábios são mais estreitos e a linha do lábio é mais ampla.
- A linha da mandíbula é mais quadrada e mais destacada.
- O queixo é mais destacado e mais pesado.

Nas vistas giradas ¾ e vistas de perfil, note que:

- Há um ligeiro recuo na testa.
- As sobrancelhas se estendem ainda mais.
- O nariz é geralmente mais reto.
- Há menos curva entre a boca e o nariz.

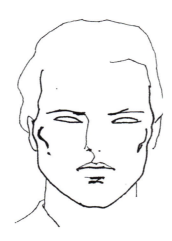

Vista frontal

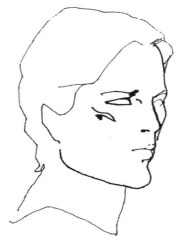

Vista girada ¾

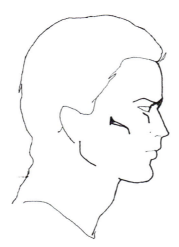
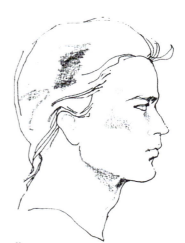

Vista de perfil

CAPÍTULO 33   MODA MASCULINA

Novamente, como a maquiagem não pode ser utilizada para criar uma atitude, os diferentes tipos faciais dos homens ficam mais evidentes.

Elegante

Jovem, preppy

Fashion

Meia-idade

Intelectual

Esportivo

420   PARTE IV   EXTRAS

Desenhando ternos masculinos

As grandes mudanças nos ternos masculinos em geral estão no ombro e na lapela. Ao desenhar ternos masculinos, os detalhes de adaptação e os princípios básicos são idênticos como na moda feminina, exceto que:

- As roupas masculinas fecham da esquerda para a direita sobre o corpo (o que significa da direita para a esquerda no desenho).
- A linha do ombro deve ser mantida rígida e reta, com a gola envolvendo o pescoço.
- A cabeça da manga nomalmente é menos definida em um terno com ombro natural.
- A linha de quebra e o abotoamento devem estar sempre em linha reta e precisa.
- A forma não é tão exagerada como no terno feminino.

Será fácil distinguir as diferenças quando você examinar os vários detalhes, como as dobras e os drapeados específicos em um terno de abotoamento simples ou duplo (transpassado), em um *look* em camadas e em um casaco. Estude também as diferenças de atitude em um *look* com blazer esporte, em um conjunto informal e descontraído, em uma roupa em camadas, em uma roupa da moda, em uma *activewear* e no clássico smoking.

Abotoamento simples

CAPÍTULO 33   MODA MASCULINA

Blazer esporte e colete

Abotoamento duplo

Na figura de moda masculina, as poses tendem a ser mais solidamente enraizadas, com menos exageros de braço. Os braços e as mãos ficam mais perto do corpo, a menos que eles estejam em alguma atividade específica, como segurando um copo, levantando uma gola, desabotoando um casaco ou descansando nos bolsos. O *activewear* masculino, assim como o feminino, deve ter as poses adequadas, por exemplo, correndo, exercitando-se, jogando bola, e assim por diante.

Apesar de a moda de luxo masculina mudar sazonalmente, as roupas masculinas, em sua maioria, permanecem clássicas. Muitas vezes, a largura de uma lapela, a ombreira ou a calça afunilada será tudo o que separa uma estação da outra! No entanto, assim como nas roupas femininas, ideais diferentes estão ou não na moda, por razões muito parecidas. O nadador musculoso de uma estação é logo substituído pelo erudito intelectual da próxima. Embora a moda masculina já tenha percorrido um longo caminho, ela ainda não é, em sua maior parte, tão livre quanto a moda feminina.

Contudo, note que, em virtude dos métodos muito similares utilizados, os detalhes específicos para desenhos de camisas, calças, malhas e roupas de alfaiataria encontram-se nos vários capítulos deste livro.

Moda esporte casual

Blazer esporte

CAPÍTULO 33 MODA MASCULINA

Casaco urbano elegante

Fashion

CAPÍTULO 33   MODA MASCULINA

34

Crianças

Pode ser muito divertido desenhar crianças. A coisa mais importante para lembrar, ao desenhá-las, é que as crianças não são adultos em escala reduzida. Elas não são chiques ou sofisticadas — elas têm uma luz, algo de lúdico. Suas poses não são elegantes ou graciosas — são animadas e, às vezes, estranhas. Seus rostos não transmitem atitude — eles são inocentes, desinibidos e expressivos. Quando você desenhar crianças, tente manter uma qualidade alegre e espontânea. Outros fatores e dicas importantes que você deve lembrar são os seguintes:

- Os tamanhos das roupas infantis geralmente correspondem à sua idade aproximada.
- As proporções corporais das crianças, as expressões faciais e as poses mudam muito de ano para ano.
- Quanto mais jovem a criança a ser desenhada, mais formas "redondas" devem aparecer no desenho.
- Livros sobre malhas e padronagem são excelentes fontes para fotografias de crianças.

As idades das crianças variam de bebês (e recém-nascidos) até adolescentes. Primeiro, vamos dividi-las em diferentes grupos etários e então estudá-las. Para os propósitos deste livro, usaremos as faixas etárias de bebês, crianças de 1 ano, de 2 a 3 anos, de 4 a 6 anos, de 7 a 10 anos, pré-adolescentes e adolescentes.

Bebês

Primeiro, vamos estudar os bebês. Considera-se bebê a criança desde o nascimento até a idade em que começa a andar. A cabeça é um ¼ do tamanho total do corpo. Tudo no bebê é redondo: desde a cabeça e suas características até o tronco, os braços e as pernas. As pernas se voltam para dentro e os joelhos têm ondulações exageradas. Como os bebês não andam, as únicas poses disponíveis são deitados ou apoiados.

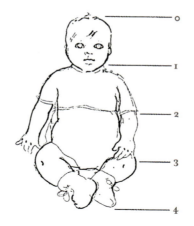
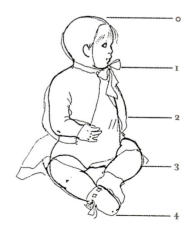

Crianças de 1 ano

Crianças de um ano de idade têm 4 cabeças de altura. Como não caminham facilmente por conta própria, as poses serão sentadas, engatinhando ou deitadas. Tudo nos seus corpos ainda é redondo e indefinido, e o fato de elas usarem fraldas torna isso ainda mais evidente. Os braços e as pernas são gordinhos e sem muita definição. Como a coluna é curvada, e a barriga, saliente, as crianças de um ano têm uma forma redonda. Há pouca diferença entre meninos e meninas.

A cabeça ainda é cerca de ¼ do corpo. O formato do rosto é redondo, com as bochechas que tornam tudo ainda mais redondo, e não há definição da mandíbula. Parece que a cabeça está descansando sobre os ombros. Seus olhos são grandes e redondos, e as sobrancelhas, muito leves. Seus lábios são macios e suaves, e a boca nunca parece estar completamente fechada. O nariz deve ser curto e pequeno. O cabelo geralmente está começando a se formar.

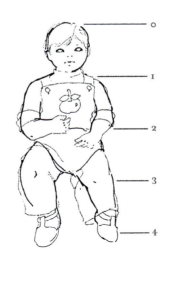
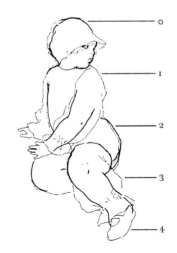

CAPÍTULO 34   CRIANÇAS

Crianças de 2 a 3 anos

Como uma criança normalmente começa a andar de fato por volta dos 2 anos de idade, as poses agora serão de pé e mais ativas, mas, muitas vezes, um pouco estranhas. A figura tem aproximadamente de 4 a 4,5 cabeças de altura, com uma variação maior no comprimento das pernas. As pernas tornam-se mais longas, retas e fortes o suficiente para suportar seus corpos. Os braços e as pernas são um pouco mais definidos – mas ainda rechonchudos. Como a coluna ainda tem curvas para dentro, o estômago se sobressai.

O rosto é um pouco mais definido, e a criança agora tem um pescoço que aparece. A boca é um pouco maior, pois os dentes estão vindo. O cabelo é mais definido, mas não há muita distinção entre meninos e meninas.

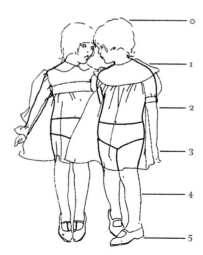

Crianças de 4 a 6 anos

Muitas mudanças ocorrem durante esses anos: as poses tornam-se mais animadas e ativas, e a figura tem aproximadamente 5 cabeças de altura. As pernas são mais longas. O tronco perde um pouco da gordura de bebê, mas ainda não há cintura. O estômago se projeta menos. Mas, a maior mudança é que as meninas e os meninos começam a se diferenciar. Por causa dessa mudança, o vestuário também separa as meninas dos meninos. A criança tem agora uma combinação de "moda" e "inocência".

O rosto se torna um pouco mais estreito, e os olhos, menos redondos. O nariz fica mais definido, com um arredondamento na ponta. A boca é maior, pois todos os dentes cresceram. As sobrancelhas são mais escuras e o cabelo torna-se mais estiloso.

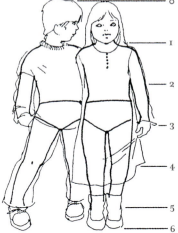

Crianças de 7 a 10 anos

Como a criança está na escola agora, as poses e os gestos começam a perder sua fofura. A figura tem aproximadamente 6 cabeças de altura. Mesmo que o tecido muscular comece a substituir a gordura de bebê, a cintura ainda não está definida. Os braços, as pernas e o tronco se tornam mais longos e mais magros, e os joelhos e os cotovelos ficam mais aparentes.

A gordura de bebê também está desaparecendo do rosto, no entanto, as bochechas ainda são muito mais redondas do que as de um adulto. O nariz ainda é pequeno, mas a ponta está se tornando mais definida. A boca começa a perder aquela aparência "franzida".

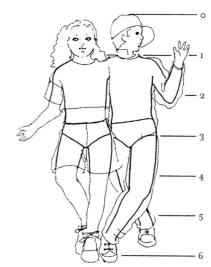

Pré-adolescentes

A figura está começando a amadurecer e agora tem entre 7 e 8 cabeças de altura. Ela é mais esguia, com o tronco tornando-se alongado e a cintura aparecendo. Os braços e as pernas são mais longos.

O rosto começa a desenvolver a estrutura óssea, e as características tornam-se mais adultas. Os estilos de cabelo são mais adultos.

Nas meninas, o quadril e os seios começam a se desenvolver, e a linha da cintura aparece. Nos meninos, os músculos dos ombros, dos braços e das pernas são mais desenvolvidos. O quadril de um menino é estreito, e a linha da cintura é menor e não tão definida como em uma menina.

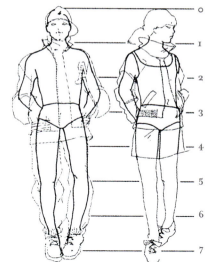

CAPÍTULO 34 CRIANÇAS

Adolescente em diante

Os adolescentes começam a ganhar mais características de um adulto. O crescimento se dá em ritmos tão diferentes que as regras tornam-se mais flexíveis e imitam as de uma figura adulta. Os adolescentes atingem uma altura de 8 cabeças ou mais.

A menina adolescente tem a linha do busto alta, uma cintura definida e o quadril estreito, enquanto o menino começa a ter o tronco, os braços e as pernas mais desenvolvidos. No entanto, os rostos de ambos os sexos começam a assumir traços adultos.

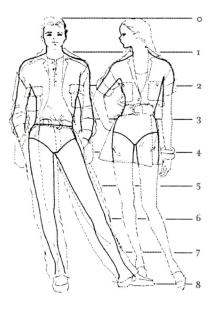

434   PARTE IV   EXTRAS

Divirta-se ao desenhar crianças. Pode ser um alívio do bom gosto e do requinte envolvidos ao desenhar adultos! Para desenhar bem crianças, você tem que limpar a cabeça de atitudes adultas. Pense como uma criança, mesmo que isso signifique assistir a desenhos animados na televisão enquanto trabalha! Pense como uma criança e você pode até ver seu pé virando em uma pose desajeitada.

Mantenha as idades o mais gerais possível. Na realidade, uma criança de 2 anos pode ser maior do que uma de 3. Não desanime com as categorias. O mais importante é que as poses e os gestos estejam corretos. Não pareceria estranho ter um bebê em uma pose em pé?

Adereços são bons complementos para usar ao desenhar crianças. Bolas, ursinhos, blocos, e assim por diante, são úteis para transmitir o ludismo delas. Apenas certifique-se de que eles estejam na proporção correta em relação à criança. Mais uma vez, qualquer pose ou expressão facial que torna maravilhoso um desenho adulto deve ser evitada ao desenhar crianças.

CAPÍTULO 34   CRIANÇAS

435

Detalhes do vestuário infantil

Aplique

Bordado

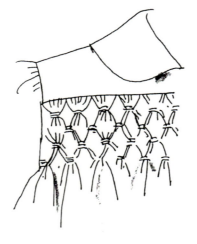
Casinha de abelha

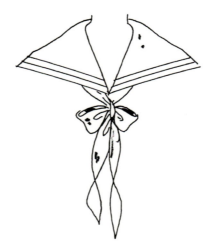
Gola marinheiro

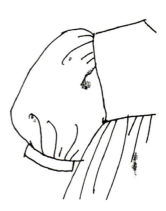
Manga bufante

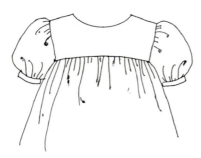
Pala com franzido

Moda infantil

Vestido de batizado

Jardineira

Macacão

Vestido jumper ou vestido avental

Saia godê

Terno infantil

Macacão de inverno

Babador

John Galliano/Dior, 2005

35

Desenho plano

Para aqueles que já costuraram, a introdução ao desenho plano ou desenho técnico foi o desenho no verso do molde. Era uma versão plana da roupa desenhada de frente, com todas as costuras e pences claramente indicadas. Isso é o que vamos estudar nesta seção — o desenho plano. O desenho plano é um desenho sem a figura de moda. É como se uma peça fosse colocada sobre uma mesa, para estudarmos sua forma e a construção dos detalhes de modo mais puro.

Uma ilustração finalizada vai mostrar a roupa como ela deve ser na vida real, com a atitude, a silhueta e a fabricação. Por outro lado, uma superfície plana é desenhada de tal forma que qualquer pessoa envolvida na produção da peça de roupa consiga ver a silhueta e os detalhes de construção com precisão. Os desenhos planos também permitem que os diferentes itens de uma coleção sejam vistos isoladamente. Os desenhos planos são usados principalmente em *sportswear* (masculino e feminino), roupas infantis e roupas íntimas. Em uma coleção *sportswear*, eles permitem que cada item seja visualizado, facilitando a coordenação de toda a linha.

Os desenhos planos podem ter seu tamanho reduzido e ser usados em folhas pautadas. Podem até mesmo ser usados para projetar coleções inteiras. São incluídos em painéis de apresentação e são vitais em um portfólio de design de moda.

Geralmente, os desenhos planos são feitos em preto e branco, mas hoje — devido a seus muitos usos e às diferentes necessidades que eles cobrem — são representados em cores e mostram também sua fabricação.

Além disso, um desenho plano pode ter especificação de medidas. Com tanta produção terceirizada, um desenho plano com especificação consegue eliminar qualquer barreira linguística. Quando uma modelista recebe tal desenho, é possível fazer uma amostra exata. Por isso, é imperativo que um desenho plano com especificação de medidas seja desenhado com extrema exatidão. É vital que cada peça seja desenhada em uma escala exata em relação às outras peças.

Fazendo desenhos planos

Há muitas maneiras e abordagens para fazer desenhos planos, e a maioria das empresas tem sua própria abordagem específica. Vamos começar aprendendo a fazer desenhos planos muito precisos com uma régua, uma curva francesa e um modelo (*template*). Depois de se tornar proficiente, você vai usar uma régua só para linhas retas e conseguirá fazer o restante à mão livre. Se você é bom em fazer desenhos planos, será capaz de desenhá-los completamente à mão livre!

O desenho plano é desenhado sobre uma *figura plana* que é menor e mais realista em sua proporção do que uma figura de moda. Você pode usar a figura plana à direita como modelo. As várias posições de braço e perna mostradas nesta figura plana permitem cortes e silhuetas específicas.

Antes de começar a fazer desenhos planos, você precisará de alguns materiais:

- Uma régua de 30cm.
- Uma curva francesa simples.
- Modelos (*templates*) de figuras planas de moda (vendidos separadamente ou em conjunto em uma folha de plástico).
- Lápis e borracha.
- Marcadores com ponta bem fina que fiquem confortáveis em sua mão.
- Papel manteiga.

Os modelos de figura plana de moda variam de designer para designer. O modelo de figura plana nesta página é uma boa base para usar.

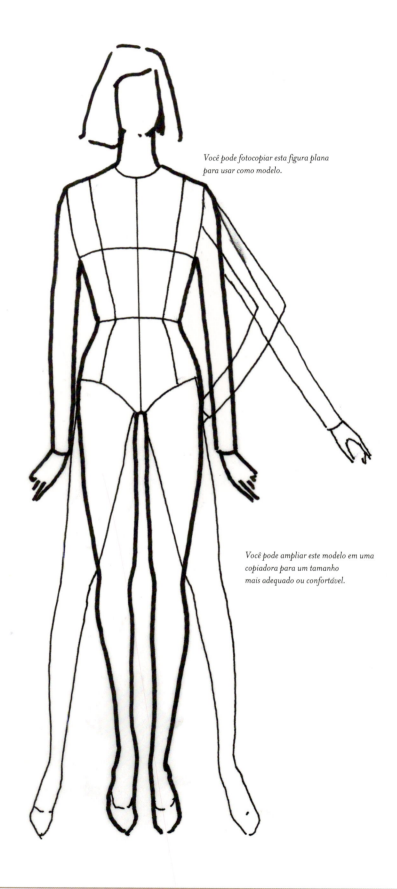

Você pode fotocopiar esta figura plana para usar como modelo.

Você pode ampliar este modelo em uma copiadora para um tamanho mais adequado ou confortável.

Fazendo o desenho plano das peças sobre a figura plana de moda

Vamos começar com algumas peças casuais:
- uma camiseta
- uma saia
- uma calça
- um blazer simples

Quando desenhar essas peças, você deverá vestir as figuras planas camada por camada, para formar uma veste perfeita. É exatamente o mesmo que cortar roupas para bonecas de papel! Tenha em mente a folga que a roupa terá sobre a figura. Será que vai caber bem justo ou vai ser generosamente cortado? Lembre-se de que as peças vão ser em camadas, por isso, um colete tem que caber sobre uma blusa, e um casaco, por cima do colete.

Vamos usar o método de "espelhar" dos desenhos planos. Essa é uma técnica em que você vai desenhar apenas uma metade da peça e, em seguida, vai dobrá-la na linha do centro da frente para traçar a segunda metade. É uma boa maneira de aprender a precisão e a exatidão essenciais para esse tipo de desenho. Todas as peças que você desenhar neste capítulo serão feitas dessa maneira.

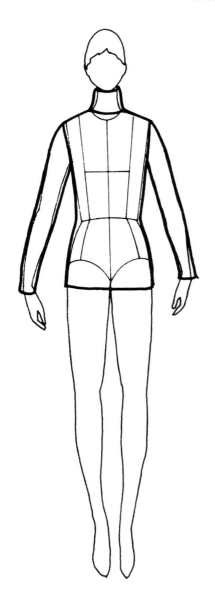

Pouca folga

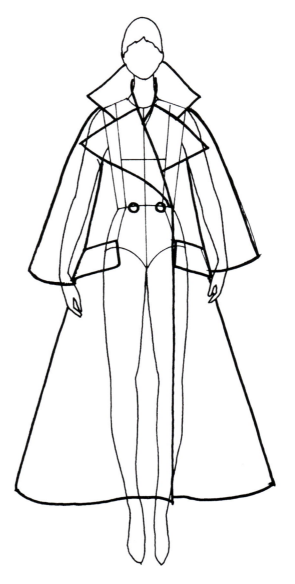

Muita folga

CAPÍTULO 35　　DESENHO PLANO

Camiseta

1 Primeiro, desenhe uma linha com a régua no papel manteiga. Essa linha vai representar o centro da frente do tecido que está sendo desenhado. Coloque a linha do centro da frente do papel manteiga em cima do modelo da figura plana de moda. Comece a desenhar a camiseta levemente, certificando-se de que as proporções e os detalhes sejam aceitáveis.

2 Em outra folha de papel manteiga, trace a linha do centro da frente com a régua e coloque o esboço sob ela, combinando as linhas do centro da frente. Use a régua, a curva francesa e os modelos da figura plana de moda para desenhar com exatidão.

3 Uma vez satisfeito com o desenho, dobre-o na linha do centro da frente e trace a outra metade.

4 Termine indicando o decote atrás e apagando a linha do centro da frente.

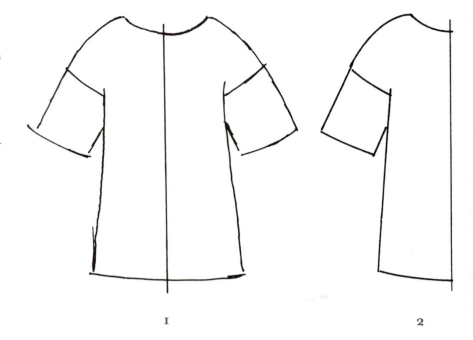

1

2

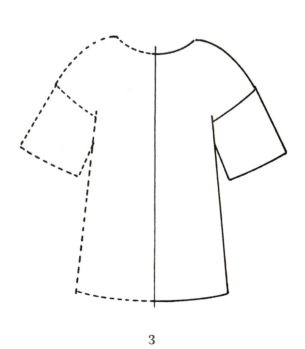

3

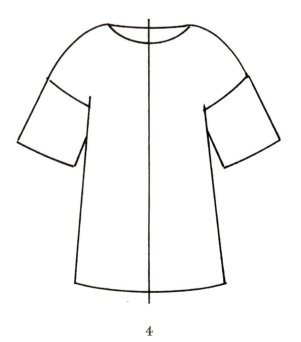

4

Saia

Agora temos que estabelecer a relação da camiseta com a saia. Primeiro, coloque a camiseta sobre o modelo da figura plana de moda. Na cintura e na barra, desenhe uma linha para estabelecer a proporção da saia. Isso deve representar como a saia e a camiseta vão parecer juntas. Continue e coloque o modelo da figura plana de moda sob uma folha de papel manteiga, divida a silhueta e desenhe um acabamento preciso com os modelos e a régua. Se a saia tiver que ser mais estreita, afunile mais as linhas. Além disso, lembre-se de apagar as linhas do centro da frente em todos os desenhos quando estiverem completamente terminados.

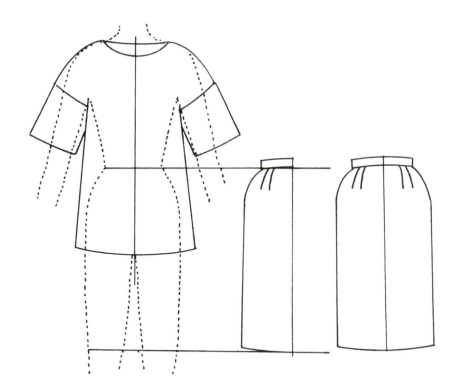

Tops (peças superiores) e bottoms (peças inferiores)

Os princípios aplicados na elaboração de outras peças de roupa são os mesmos para as calças, mas agora você vai estender as linhas da cintura até a barra da calça. Indique a costura do gancho. Lembre-se de desenhar a região da virilha suavemente — evite desenhar um "V." Se as calças forem largas, use o modelo da figura plana de moda com as pernas abertas.

Em seguida, desenhe alguns *tops* e *bottoms* simples, usando este mesmo método, mas adicione também algumas linhas à mão livre. Se a peça tiver excesso de tecido, como em uma saia godê ou franzida, imagine que, em seu desenho, você está organizando a peça sobre uma superfície plana. Isso ajudará o seu desenho a ter uma dimensão.

CAPÍTULO 35   DESENHO PLANO

Blazer com abotoamento simples

O blazer torna-se um pouco mais difícil, por causa da adição do abotoamento no centro da frente. Para desenhar um blazer com abotoamento simples, primeiro desenhe a abertura do decote desde o pescoço até a linha do centro da frente da peça.

1 Estabeleça o abotoamento posicionando a régua ao longo da linha do centro da frente e traçando uma linha pontilhada até atingir o decote.

2 Posicione a régua na borda do pescoço, no ombro, até que ela toque o abotoamento. Em seguida, posicione os botões na linha do centro da frente. Por último, dobre o desenho na linha do centro da frente e desenhe a segunda metade.

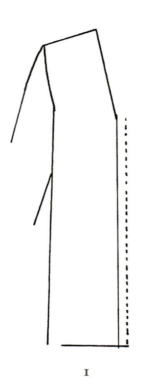

1

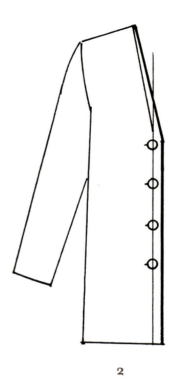

2

Blazer com abotoamento duplo

1 Para um blazer com abotoamento duplo, estabeleça o abotoamento posicionando a régua ao longo da linha do centro da frente e traçando uma linha pontilhada até atingir o decote. Os princípios são os mesmos do blazer com abotoamento simples, mas haverá uma distância maior da linha do centro da frente até o abotoamento.

2 O centro da frente torna-se a distância entre os botões. Para o abotoamento lateral, deixe de fora os botões decorativos. Lembre-se de apagar as linhas do centro da frente quando terminar.

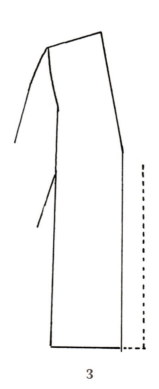

3

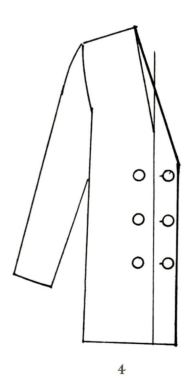

4

Algumas técnicas para aprimorar o desenho plano básico:

- Use um marcador cinza número 1 ou um lápis de cor cinza Prismacolor para indicar as sombras.
- Use um marcador mais grosso para os contornos e um mais fino para as linhas de costura, os recortes, os pespontos e os detalhes.
- Desenhe uma representação parcial para indicar os padrões e as texturas.

Desenho plano básico

Sombras feitas com o marcador cinza ou com o lápis de cor cinza Prismacolor

Marcador grosso e fino

Representação parcial

Golas

Ao desenhar uma gola virada em um blazer, comece indicando o abotoamento como se fosse fazer um blazer sem gola. Estabeleça a forma do decote a partir do centro da frente. Desenhe a gola com uma linha pontilhada em torno da parte de trás do pescoço e desenhe o formato da gola. Dobre no centro da frente e desenhe o outro lado. Desenhe a parte de trás do pescoço e a costura que une a gola ao decote.

Para uma gola alfaiate, desenhe a abertura, a gola superior e a lapela. Dobre no centro da frente e desenhe a segunda metade. Desenhe os bolsos e quaisquer detalhes que apareçam em ambos os lados.

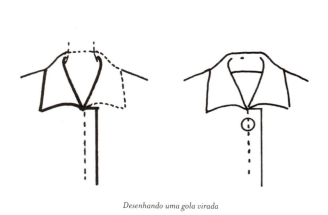

Desenhando uma gola virada

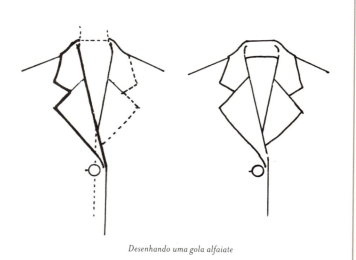

Desenhando uma gola alfaiate

Pespontos e outros detalhes

Quando desenhar os pespontos, certifique-se de que a distância de cada ponto até a borda seja exatamente a mesma. Se houver qualquer detalhe que não possa ser desenhado diretamente no desenho plano (devido à escala ou ao tamanho requerido), desenhe uma ampliação na lateral. Alguns detalhes das mangas, como carcelas ou punhos, são mostrados no braço dobrado.

Para uma vista de costas, trace sobre a silhueta frontal para imitar a forma exata. Lembre-se de que os detalhes nas costas tomam uma direção descendente.

Se achar difícil desenhar em escala menor, amplie o modelo da figura plana de moda e, depois de desenhar, reduza-a novamente.

Algumas dicas para os iniciantes:
- A maioria dos desenhos planos parece melhor quando são reduzidos a um tamanho menor.
- Se o marcador for muito difícil no início, use um lápis e, depois, tire uma cópia. O desenho vai parecer que foi feito com nanquim.
- Pequenos erros podem ser corrigidos com corretivo líquido ou fita corretiva e então fotocopiados.

Depois de alcançar certa habilidade, os desenhos planos podem ser feitos à mão livre, ou com uma combinação de mão livre, régua, curva francesa e modelos (*templates*). Eles podem ser rígidos ou ter um traçado mais solto, dependendo das necessidades da moda, do designer ou do fabricante. Entretanto, quando um desenho plano tem movimento, é chamado "desenho plano ilustrado".

Uma última palavra: os desenhos planos exigem prática. Não há uma solução mais simples.

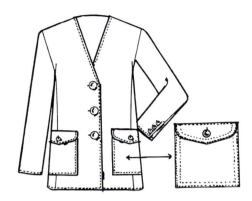

As ampliações mostram os detalhes

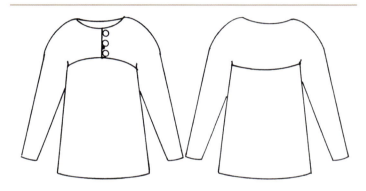

As vistas das costas são trabalhadas sobre as vistas frontais

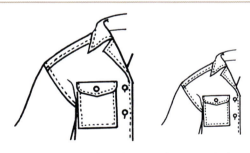

Os desenhos planos podem ser feitos em escala maior ou reduzida

Com a prática, o desenho à mão livre pode ser usado com outras técnicas

CAPÍTULO 35   DESENHO PLANO

Dior, 1947

36

Volume

Pense em um magnífico vestido de baile, em uma capa ou em um caftan extravagantes. A forma volumosa que o casaco preto Balenciaga cria sobre o corpo esguio do desenho possui um excesso rico e uma abundância de tecido. Esses tipos de roupas são difíceis de desenhar, exigindo o máximo de habilidade. O conhecimento completo da figura e da relação com a roupa é necessário, não só porque é uma roupa volumosa, mas também porque as roupas fazem suas próprias formas. Tanto o corte extravagante como a quantidade de tecido parecem dominar a figura. As porções do corpo parecem ficar perdidas dentro das formas que o tecido cria.

No início, você aprendeu que a roupa se sobrepõe à figura, mas as roupas volumosas muitas vezes levam essa sobreposição ao extremo. Um exemplo perfeito de uma peça de roupa volumosa é um vestido de noiva. A figura de moda muitas vezes está escondida sob inúmeras camadas de crinolinas e saias. O rosto da noiva mal se mostra através do véu. Os enfeites são extravagantes e em geral há uma longa cauda atrás dela.

Alexander McQueen, 2002

Balenciaga, 1965

449

Vamos estudar quatro tipos de roupas volumosas e ver como suas medidas se relacionam com as medidas da figura de moda.

Examinando primeiro os desenhos planos e, em seguida, colocando o corpo no interior, vemos que a relação entre o corpo e o espaço negativo é maior do que entre o corpo e a roupa. Há uma quantidade de "ar" entre a peça e a figura.

A primeira é um vestido de cetim de seda estampado, criado por Norman Norell, em 1958, para Traina-Norell. A saia tem uma amplitude de 3,40m e uma cintura de 63,5cm. A amplitude é mais de cinco vezes a medida da cintura.

Traina-Norell, 1958

Vestido de cetim de seda estampado.
Fotografia de Diane Yokes; Mount Mary College, Milwaukee.

3,40 m

O volume permite que a saia se mova como uma unidade.

CAPÍTULO 36 VOLUME

451

A segunda roupa é um casaco de flanela cinza com acabamento em couro, criado por Bonnie Cashin, em 1976. O casaco é cortado com partes em godê e tem uma amplitude de barra de 4,5m, a qual é sete vezes a medida da cintura. Como o volume é criado por formas godê, em vez de franzidos, a parte superior ainda é pequena, e a silhueta fica mais volumosa à medida que atinge a barra.

Bonnie Cashin, 1976

*Fotografia de Diane Yokes.
Mount Mary College, Milwaukee.*

A forma godê do casaco pode criar movimentos diferentes.

A terceira peça é um vestido de baile criado por Sarmi, em 1956. O vestido tem um corpete muito justo, estruturado e drapeado, com uma saia que tem uma amplitude de barra de 13,71m — o que é 21 vezes a medida da cintura! A saia de tule de muitas camadas é cortada em partes godê, as quais se juntam na cintura, criando uma forma que lembra os vestidos desenhados por Dior para o seu New Look, em 1947.

Sarmi, 1956

Fotografia de Diane Yokes. Mount Mary College, Milwaukee.

13,71 m

Os braços tornam-se um artifício para mover a saia.

A quarta roupa é um caftan de crepe de seda criado por Madame Grès, em 1982. As quatro partes, em branco, bordô, rosa escuro e roxo, têm uma amplitude de apenas 1,40m, apenas cerca de duas vezes a medida da cintura. Como a túnica tem aberturas para cada um dos pés, ela permanece basicamente retangular, e o movimento do corpo vai criar formas dramáticas.

Madame Grès, 1982

Coleção de Tecidos e Vertuário Históricos da Ohio State University.

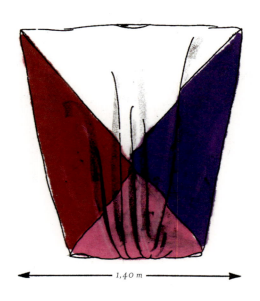

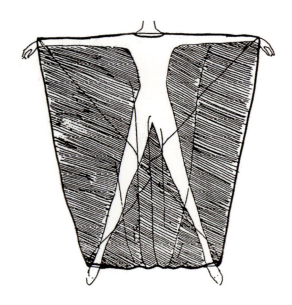

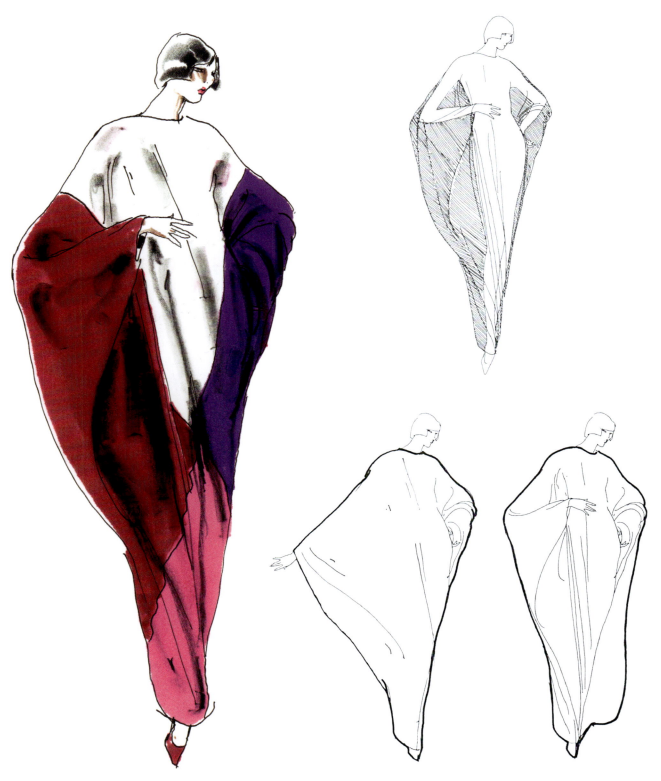

Os braços e as pernas criam as formas.

CAPÍTULO 36   VOLUME   457

Devido à metragem, observe a densidade com que os franzidos são desenhados na linha da costura e como eles se abrem à medida que atingem a barra. O espaço negativo entre a silhueta e a figura é crucial, pois ele ajuda a produzir o corte extravagante da roupa.

O primeiro ponto a lembrar é não perder a figura ao desenhar essas roupas. As roupas não podem ganhar vida sem a figura. A figura é um cabide vivo para as roupas com mais volume. Além disso, mantenha em mente que os braços e as pernas tornam-se mais importantes, pois são artifícios para manipular o tecido.

Em segundo lugar, a expressão do rosto e a inclinação da cabeça tornam-se um meio de dar à peça de vestuário a atitude que ela requer. As poses também devem ser mais gestuais e extravagantes para coincidir com a dramaticidade da peça.

Em terceiro lugar, tente trabalhar a roupa em seu potencial pleno. Ao mudar os detalhes do vestuário com mais volume para um lugar de destaque em seu desenho, você vai criar uma possibilidade mais rica para o vestuário.

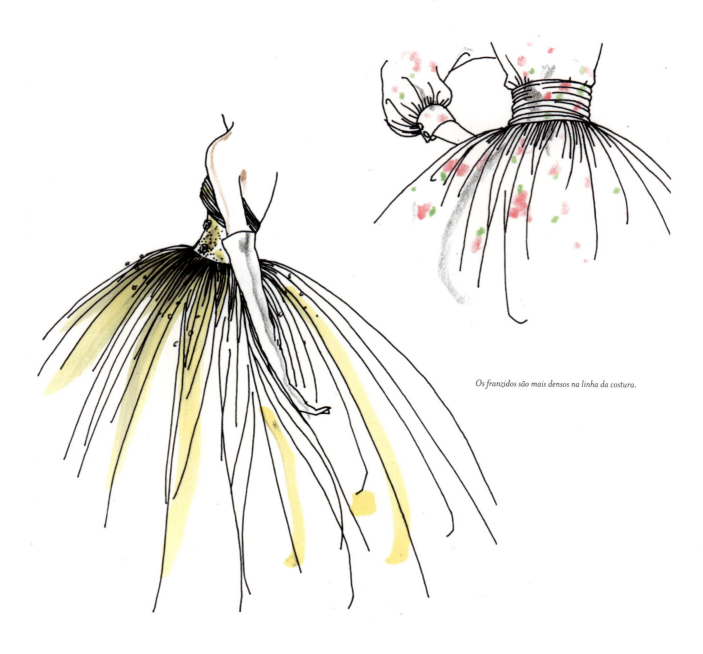

Os franzidos são mais densos na linha da costura.

A última coisa a lembrar é que esse tipo de roupa não é fácil de desenhar. Você deve trabalhar as diferentes possibilidades antes de começar a arte-final. É preciso combinar a capacidade de mover a roupa, a fim de que ela consiga fazer a sua própria forma, e ainda reter a figura abaixo dela. Mas os resultados dramáticos são infinitos!

Issey Miyake, 1985

Galanos, 1988

37

Manipulando a figura

Depois de tudo ter sido dito e feito, e de os fatos estarem entendidos, a coisa mais importante é você começar a desenhar com precisão e facilidade. Às vezes, um acidente inesperado pode funcionar para você, mas sempre tenha o controle para desenhar a figura do jeito que você quer que ela se pareça. A coerência tem de ser seu principal objetivo.

Você aprendeu muitas regras e conceitos até o momento. A parte criativa e divertida acontece quando você consegue manipular a figura, para que ela comece a trabalhar como uma unidade junto às roupas.

Agora, vou mostrar como um vestido com corpo de cintura baixa e saia rodada e franzida pode ser interpretado de quatro formas. Primeiro, vamos analisar o vestido e sua relação com o corpo. Há dois pontos de foco no vestido:

- O tronco longo.
- A saia rodada e sua relação com a cabeça, os braços e as pernas.

No primeiro desenho, a figura é tratada como um desenho clássico de moda. Existe uma igualdade entre as partes superior e inferior do vestido. Usei um bom marcador e lápis de cor. Selecionei uma pose que mostra a parte do tronco esticado e que contrasta com a amplitude da saia. Dividi a figura levemente e exagerei no gesto que queria alcançar.

Pensei no tronco esticado e fiz minha linha tensa, para transmitir tal sensação. Quando desenhei a saia, iluminei a linha e tentei dar mais vivacidade. Como trouxe a linha para as pernas, a curva em "S" tornou-se exagerada.

A figura adquire uma curva em "S".

No segundo desenho, quis trabalhar com mais contraste e um fluxo mais exagerado. Trabalhei com um marcador e lápis de cor Prismacolor. Queria que o movimento tivesse uma curva exagerada em "S", com a saia empurrada para trás. Queria que a cabeça e o pescoço estivessem posicionados um pouco mais para frente, com o tronco puxado para trás nos ombros, e empurrado para fora no quadril.

O braço é utilizado como um artifício para ajudar a balançar a saia para trás. A perna estendida foi puxada para trás. Utilizei o lápis de cor Prismacolor preto no tronco e abaixo, seguindo o movimento e trazendo-o levemente para a saia. Puxei a perna de apoio para baixo, quase colocando-a na sombra.

Uma curva em "S" exagerada usando o braço como artifício.

CAPÍTULO 37   MANIPULANDO A FIGURA

No terceiro desenho, segui uma abordagem mais gráfica na figura. Usei um marcador ainda mais pesado para o desenho e um marcador mais grosso para as áreas pretas. Em vez de ter um pouco da saia na frente, como no último desenho, queria que os braços estivessem na frente para empurrar toda a saia para trás.

Escureci a parte superior do vestido com o marcador mais pesado, mantendo a sensação gráfica, em vez de uma aparência suave. Estendi algumas áreas escuras na saia, fazendo-as fluir para trás, o que enfatizou o movimento da saia. As pernas também serviram como um meio para equilibrar a figura.

Selecionei um estilo de cabelo com um corte mais reto, que balança para frente e exagera ainda mais o movimento da cabeça.

Uma abordagem mais gráfica.

No quarto desenho, ainda mantive a curva em "S", mas coloquei a mão no bolso como um artifício para empurrar a saia para frente. Trabalhei com um marcador médio e um lápis Prismacolor preto. Também tratei o rosto com um toque um pouco mais realista, mantendo o cabelo crespo, livre do excesso de contorno.

Por causa da posição do braço, o movimento é mais amplo na parte superior, e a saia fica mais centralizada. A perna estendida é empurrada para frente. Tratei as áreas mais escuras com uma mão mais leve, com as sombras fluindo suavemente pela saia.

No caso de cada desenho, você vai notar que trabalhei tanto a figura quanto a roupa em conjunto, para melhor alcançar o visual desejado.

Tenha muito cuidado para distinguir distorções de exageros. Na distorção, perde-se o verdadeiro sentido da proporção. E a moda está baseada na proporção.

Por outro lado, o exagero é a manipulação da figura e da roupa em conjunto para atingir um fluxo harmonioso. Isso significa escolher, selecionar e destacar as partes mais importantes e minimizar as partes secundárias.

Tudo isso exige muita prática e começa quando você tem um conhecimento sólido e preciso da figura, da roupa e da figura na roupa.

Lembre-se de que não há moda até que a figura e a roupa tornem-se uma unidade.

Usando os bolsos para mover a saia para frente.

CAPÍTULO 37   MANIPULANDO A FIGURA

Além do estilo

Muitos estudantes se preocupam demais com a palavra "estilo". Estilo não é uma técnica. Estilo não é como se desenha algo ou com qual material artístico se desenha. Além disso, estilo não é se o desenho tem traços firmes ou soltos.

O mais importante é que o estilo nunca deve – sob quaisquer circunstâncias – ser baseado em um artifício. Ele é baseado em você e sobre o que você é. É tudo o que você reúne e tem reunido pela vida inteira, tudo o que o interessa e tudo o que você continua a aprender. É a soma total de todas as suas partes. Encontrar um estilo não pode acontecer de um dia para o outro e, se acontecer, não é real.

Estilo não é ter uma visão "singular", mas sim, estar aberto para todas as coisas relacionadas à sua vida e profissão. É sempre ser curioso, ter uma mente aberta e estar envolvido. Ficar preso ao tempo e ao espaço, bem como a uma fórmula estabelecida são os grandes inimigos do estilo e da arte, pois uma excelente arte sempre envolve riscos.

Ser honesto e objetivo sobre seu trabalho é essencial. Aprender, ser curioso e perspicaz e compartilhar seus pensamentos e conhecimento vão ajudá-lo a encontrar um estilo. Defina padrões altos, mas não impossíveis, e seu trabalho será bem-sucedido.

Lembre-se: se tudo é bom, nada é excelente.

Balenciaga, 1967

Índice

Os números das páginas em itálico referem-se às ilustrações.

a garota de Gibson, 162
acessórios, 295–311
    bolsas, 306–107
    chapéus, 296–299
    joias, 300–301
    lenços, laços e estolas, 302–303, 317
    luvas, 305
    sapatos e botas, 308–310
    xales, 304
Adrian, 221
adulta, figura de moda, 137, 140
Alaïa, Azzedine, 122
alta-costura, *139, 141*, 315
angorá, pelo de coelho, 396, *397*
argyle, 400
Armani, Giorgio, 252, 316
    análise do paletó de alfaiataria, 293
    ilustrações de design de moda, *21*
arte da moda
    desenvolvimento artístico, 4–5
    materiais, 6-7
    O que é a arte da moda?, 2–4
    qualidade da linha, 5–7

Balenciaga, 148, 152, 160, 263
    ilustrações de design de moda, *18, 121, 129, 146, 228*
balonê, harém ou bufante, silhueta, 160
barras, história das, 217–227
barril ou saco, silhueta, 152
básico, *look,* 316
Beene, Geoffrey, 227
Bergdorf Goodman, 3–4
Blass, Bill, 273, 335
    ilustrações de design de moda, *165, 324, 406*
Block, Kenneth Paul, 2
bloomers, 247
blouson, silhueta, 161, *286*
blusas, 209–210, 214, *215*
blusas e tops, 209, 211, *212-213*, 214, *215*
bocas, 94
bolsas, 306–307
braços, 109–111

cabeças (medição), 13, 27
    dividindo a figura de moda em 10 cabeças, 28–30
cabeças giradas, 100–103
cabeças inclinadas, 106
cabelo, 97–99
cabo ou corda, ponto, 399
caftan, silhueta, 165
calças, 247–259
    desenhando, 253–257; detalhes, *257*
    silhuetas, 258–259
    visão geral histórica, 247–252
Calvin Klein, 316
    ilustrações de design de moda, *118, 132*
Campbell, Naomi, 91
camurça, 382
canelado, ponto, 399
Cardin, Pierre, 337
    ilustrações de design de moda, *216, 224*

cashmere, 396
centro da frente (da figura de moda), 37–45
    decote em "V", 39
    detalhes do vestuário, 42–45
    figura girada, 40–41
cetim e tafetá, 380–381
Chanel, 219, 227, 249
    bolsa Chanel, *306*
    ilustrações de design de moda, *10, 16, 123, 166, 185, 252*
    pretinho básico, 15
chapéus, 296–299
chemise, silhueta, 162
chiffon, 386–387
cintura baixa, silhueta com, 158
clássico, *look,* 314
Cloche, 296
combinação de *looks*, 321
corpos, modelando, 119–129
    exemplos de ilustrações de design de moda, *121–124*
    recortes e pences, 120, *125–126*, 127–129
couro, 382
Courrèges, André, 224, 251
Crawford, Joan, *87*, 221
Creed (House of), 220
crianças (desenho de), 427–437
    2 a 3 anos, 430
    4 a 6 anos, 431
    7 a 10 anos, 432
    adolescentes, 433–434
    crianças, 428
    crianças de 1 ano, 429
    detalhes do vestuário, *436*
    moda infantil, *437*
croquis, 27
    esboços de rosto, 133
    fazendo desenhos planos, 441–445
    figura básica de 10 cabeças, 28–30
    linhas de estilo, 31
    método de corte, 55–56
    ver também figuras de moda
curva em "S", 49–50, 462–463, 465

decote em "V", 39
decotes, 167–173
Demeulemeester, Ann, *21*
desenhos planos (fazendo), 439–447
    camiseta, 442
    detalhes, 447
    golas, 446
    no modelo de figura de moda, 441–445
    paletós, 444
    saia, 443
    tops e bottoms, 443
Dior, 155, 164, 222, 318
    ilustrações de design de moda, *17, 216, 224, 265, 438, 448*
distorção *versus* exagero, 57
dividindo (a figura de moda), 65–71
    combinando mais de uma figura, 70
    figura com saia ou vestido, 66–68
Dolce & Gabbana, *26*
Donna Karan, *64*
Doucet, *10*
drapeados e viés, 261–277
    compreendendo, 266–277
    drapeado cascata, 267

    drapeado capuz, 268–269
    drapeado franzido, 270
    exemplos históricos, 261–265
    tensão de dois pontos, 268
    tensão de um ponto, 266

Ellis, Perry, 226
esboços com atitude, 133
especificações 3-4, 439
étnico, *look,* 317
exagero *versus* distorção, 57
excêntrico, *look, 139,* 320
extravagante, *look,* 318

fair isle, padrão de tricô, 400
fechamento acordado, *285*
figura girada , 40–41, 73–78
figuras caminhando, 407–411
figuras de moda
    acessórios, 295–311
    altura ideal de, 13
    blusas e tops, 209, 211, *212–213*, 214, *215*
    bocas, 94
    braços, 109–111
    cabelo, 97–99
    calças, 247–259
    camisas, 209–210, 214, *215*
    centro da frente, 37–45; e detalhes do vestuário, 42–45; e figuras giradas , 40–41; e decote em "V", 39
    corpos, modelando, 119–129; exemplos de ilustração de design de moda, *121–124*;
        costuras e pences, 120, *125–126*, 127–128, *129*
    crianças, 427–437
    decotes, 167–173; tipos, *172–173*
    definição, 11
    desenhando (visão geral), 27–31
    dividindo, 65–71; combinando mais de uma figura, 70; figura com saia ou vestido, 66–68
    drapeado e viés, 266–277
    esboços com atitude, 133
    figura básica de 10 cabeças, 28–30
    figura caminhando, 407–411
    figura de perfil, 79–83
    figura girada , 40–41, 73–78
    gestos (linhas de movimento), 47–53; a parte inferior aberta e a superior fechada, 52; o meio aberto, 53; a parte superior aberta e a inferior fechada, 51; a curva em "S", 49–50
    golas, 175–183; listrado, 179; tipos, *182–183*
    linha de equilíbrio, 33–35
    listras e xadrezes, 325–337, 376–377
    manipulando, 461–465
    mãos, 109, 112–113
    metáfora da bailarina, 143
    método de corte, 55–59; exagero especial, 57–58
    método do traçado 61–63; combinando mais de uma figura, 70
    moda masculina, 413–425; desenhando figuras de moda masculinas, 416–420; desenhando ternos masculinos, 421–425; história do terno, 413–415
    narizes, 95
    olhos, 94
    orelhas, 95
    pernas, 109, 114–115
    pés, 109, 115–116

proporção, 11–25; fatores que influenciam, 14
proporções de moda do século XX, 22–23
rostos, 85–107
roupa de alfaiataria, 279–287
saias, 229–245
silhuetas, 147–65; história das, 217–227
silhuetas de moda do século XX, 14–25
tipos/*looks*, 137–143; adulta, 137, 140;
  esportiva, *138*, 140, 142; executiva, *139*;
  clássica, 314; básica, 316; combinação, 321;
  excêntrica, *139*, 320; étnica, 317; alta-
  costura, *139*, 141, 315; jovem, *138*, 140;
  lingerie, 142; extravagante, 318; *plus-size*, 140;
  retrô, 319; sofisticada, *138*, 141; *sportswear*, 143
ver e planejar, 131–135
volume, 449–459
ver também modelos de figuras de moda;
representando
figuras de moda ativas, *138*, 140, 142

Galanos, James, 336
  ilustrações de design de moda, *72*, *161*, *460*
Galliano, John, 265, 318
  ilustrações de design de moda, *438*
Garbo, Greta, *86*, 249
Gaultier, Jean Paul, 334
  ilustrações de design de moda, *312*
Gernrich, Rudi, *19*, 224
Ghesquière, Nicolas, 228
Givenchy, 12, 150, 160, 315
  ilustrações de design de moda, *19*, *122*, *151*, *325*
golas, 175–183, 446
  estilos, *182–183*
  listrado, 179
Grès, Madame, 262, 316
  ilustrações de design de moda, *154*, *21*, *276*
  volume, 456, *457*
Griffe, Jacques, 274
Gucci, *54*

Halston, *162*, 316
Harlow, Jean, *86*
Heim, Jacques, 272
Hepburn, Audrey, 12, 88, *89*, 250, 315
Hermés, *249*
Hioko, *89*
Hood, Dorothy, 3-4
Hutton, Lauren, *90*

império, ou silhuetas de cintura alta, 157
intarsia, padrão de tricô, 400
Irene, 290

Jacobs, Marc, 227
  ilustrações de design de moda, *124*
James, Charles, *121*
Johnson, Betsy, *141*
joias, 300–301
jovem, figura de moda, *138*, 140

Kennedy, Jacqueline, 12, 88
Kenzo, *136*
Kleibacker, Charles, 264
  ilustrações de design de moda, *25*
Klein, Anne, 314
Klein, Calvin. *Ver* Calvin Klein

lã e outros tecidos texturizados, 341–344

Lacroix, Christian, 318
  ilustrações de design de moda, *134*, *370*, *407*
Lagerfeld, Karl, 227
  ilustrações de design de moda, *10*, *166*, *252*
lamé, 275, 383
Lanvin, *248*
Larson, Esther, 3-4
Lauren, Ralph. *Ver* Ralph Lauren
lenços, laços e estolas, 302–303, 317
linha A, silhueta, 155
linha de equilíbrio, 33–35
linhas de movimento, 47–53
  a curva em "S", 49–50
  a parte inferior aberta e a superior fechada, 52
  a parte superior aberta e a inferior fechada, 51
  o meio aberto, 53
listras e xadrezes, 325–337, 376–377
  compreendendo, 326
  desenhando, 327–333; linhas horizontais,
    329; figura girada em listras ou xadrezes,
    330–333; linhas verticais, 328
  exemplos de vestuário, 334–337
looks/tendências do século XX
  década de 1900, 217
  década de 1910, 218, *248*
  década de 1920, 14–15, 85, 158, 219, *248*, 414
  década de 1930, 15, *86*, 87, 119, *121*, 220,
    249, 414
  década de 1940, 15, 87, 221–222, 250, 414
  década de 1950, 11, 22, 88, 119, *121*, 150, 156,
    223, 251, 414
  década de 1960, 12–13, 22, 24, 88, *89*, 119,
    121–122, 185, 209, 224, 251, 264, 414
  década de 1970, 23, 24, 90, 225, 252, 264,
    415
  década de 1980, 1990 e além, 23, 90, 91, 119,
    122–124, 185, 209, 226–227, 252, 265, 415
Lord & Taylor, 3-4
luvas, 305

Madonna, *91*
Mainbocher, 314
malharia, 393–403
  barra enrolada, 402
  canelado, 402
  padrões de tricô, 400
  pontos de união, 402
  pontos planos, 398
  pontos texturizados, 399
  tipos de vestuário, 403
mangas, 185–207
  barras, 194
  cabeça da manga e amplitude, 196
  cavas, 200–201
  corte em uma parte do corpo, 202
  desenhando o braço, 199
  manga de alfaiataria ou manga alfaiate, 186–
    189, 206
  ombro caído, 190–193
  punhos e amplitude, 195
  raglan, 198, 201, 207
  reforços, 203
  tipos, 206–207
mãos, 109, 112–113
materiais de desenho, 6–7
McCardell, Claire, *154*, 250
McFadden, Mary, 317
McQueen, Alexander, 449

meia, ponto, 398
meia e tricô, ponto, 398
método do traçado, 61–63, 70
minissaia, 13, 224
Miyake, Issey, 320
moda masculina, 413–425
  desenhando figuras de moda masculina, 416–
    420
  desenhando ternos masculinos, 421–425
  história do terno, 413–415
modelando o corpo da figura de moda, 119–129
  exemplos de ilustrações de design de moda,
    121–124
  recortes, costuras e pences, 120, *125–126*,
    127–128, *129*
mohair, 396
Molyneux, 220
Montana, Claude, *20*, 226
Moss, Kate, *91*

narizes, 95
Norell, Norman, 160, 251
  análise do paletó de alfaiataria, 292
  ilustrações de design de moda, *36*, *46*, *122*, *288*

olhos, 94
orelhas, 95

padrões estampados, 359–369, 390–391
paetês, 384–385
paletós e casacos. *Ver* roupas de alfaiataria
Paquin, 218
Patou, 219, 223
peles, 378–379
peplum, silhueta, 164
Peretti, Elsa, 316
perfil, cabeças de, 100–101, 104–105
perfil, figura de, 79–83
pernas, 109, 114–115
Perry Ellis. *Ver* Ellis, Perry
pés, 109, 115–116
pescador, ponto, 399
pipoca, ponto, 399
plus-size, figura de moda, 140
pointelle, ponto, 399
Poiret, Paul, 218, *248*
proporção (na figura de moda), 11–25
  fatores de influência, 14
  proporções de moda do século XX, 22–23
  silhuetas de moda do século XX, 14–25
Pucci, 250

qualidade da linha, 5–7
Quant, Mary, 13, 224

Ralph Lauren, *174*, 314
recortes, costuras e pences, 120, *125–126*,
  127–128, *129*
representando
  camurça, 382
  cetim e tafetá, 380–381
  chiffon, 386–387
  couro, 382
  dicas com marcadores básicos, 371
  figuras caminhando, 407–411
  lã e outros tecidos texturizados, 341–344
  lamé, 383
  listras e xadrezes, 325–337, 376–377

malharia, 393–403; pontos planos, 398; pontos de união, 402; tipos de vestuário, 403; padrões de tricô, 400; canelado, 402; barra enrolada, 402; pontos texturizados, 399
padrões estampados, 359–369, 390–391
paetês, 384–385
peles, 378–379
sombras, 372
tecidos brilhantes, 345–350
tecidos de renda, 354–356; e tule, 388–389
tecidos preto e branco, 372, 373
tecidos transparentes, 351–353, 357–358
tweeds, 374–375
veludos, 383
vinil, 382
retangular, silhueta, 150–151
retrô, look, 13, 319
rostos, 85–107
cabeças de perfil, 100–101, 104–105
cabeças giradas, 100–103
cabeças inclinadas, 106
desenhando, 92–99; orelhas, 95; expressões e atitudes, 106; olhos, 94; cabelo, 97–99; bocas, 94; narizes, 95; forma externa, 96
étnico, 107
tipos do século XX: década de 1920, 85; década de 1930, 86, 87; década de 1940, 87; década de 1950, 88; década de 1960, 88, 89; década de 1970, 90; década de 1980, 90; década de 1990 em diante, 91
roupa com abotoamento simples, 43, 421, 444
roupa de alfaiataria, 279–287, 444
analisando a alfaiataria, 289–293
desenhando, 281–282
detalhes, 283, 284–285
paletó de alfaiataria, 280
silhuetas de paletós e casacos, 286–287
roupas com abotoamento duplo, 44, 422, 444
Rucci, Ralph, 246

saias, 229–245, 443
franzida, 232–234
godê, 235–237; mitrada, 238
história das, 217–227
minissaia, 13, 224
pregueada, 239–242
reta, 230–231
saia midi, 225
silhuetas, 244–245
Saint Laurent, Yves, 153, 225, 252, 317, 319
ilustrações de design de moda, 20, 136, 158, 159, 163, 208, 278, 279
vestido de baile de lamé, 275
sapatos e botas, 308–310
Schiaparelli, 220, 320
Shields, Brooke, 90
silhuetas, 147–165
balonê ou harém, 160
blouson, 161
caftan, 165
calças, 258–259
chemise, 162
cintura baixa, 158
história das, 217–227
império, ou cintura alta, 157
linha "A", 155
linha princesa, 159; variações, 149

paletós e casacos, 286–287
peplum, 164
reta, 150; trapézio invertido, 151
saco ou barril, 152
saias, 244–245
trapézio, 153
triângulo, 154
tubinho, 156
túnica, 163
sombras, 372
Stavropoulos, George, 264
Sui, Anna, 319
Swanson, Gloria, 85

tafetá, 380–381
Taylor, Elizabeth, 88
tecidos brilhantes, 345–350
tecidos de renda, 354–356
e tule, 388–389
tecidos preto e branco, 372, 373
tecidos transparentes, 351–353, 357–358
trapézio, silhueta, 153
triângulo, silhueta, 154
tricô, ponto, 398
tubinho, silhueta, 156
túnica, silhueta, 163
tweeds, 374–375
Twiggy, 13, 88, 89

Ungaro, Emanuel, 226, 265
ilustrações de design de moda, 130, 155, 160, 184, 185, 271, 277

Valentino, 60, 122, 141, 260, 270, 338
veludo, 383
Versace, Gianni, 265, 321
ilustrações de design de moda, 123
viés. Ver drapeados e viés
vinil, 382
Vionnet, 219, 261, 276
ilustrações de design de moda, 17, 121, 148
volume, 449–459
Vuitton, Louis, 227

Worth (House of), 217

xales, 304

Yamamoto, Yojhi, 227, 392

Zuckerman, Ben, 291

470 ÍNDICE